아리스토텔레스의 『정치학』 입문

아리스토텔레스의 『정치학』 입문

J. A. 스완슨, C. D. 코빈 지음 | 김영균 옮김

서광사

이 책은 Judith A. Swanson과 C. David Corbin의 *Aristotle's 'Politics'* (Bloomsbury Publishing Plc., 2009)를 완역한 것이다.

아리스토텔레스의 『정치학』 입문

J. A. 스완슨, C. D. 코빈 지음
김영균 옮김

펴낸이 | 이숙
펴낸곳 | 도서출판 서광사
출판등록일 | 1977. 6. 30.
출판등록번호 | 제 406-2006-000010호

(10881) 경기도 파주시 회동길 77-12 (문발동)
Tel: (031) 955-4331 | Fax: (031) 955-4336
E-mail: phil6161@chol.com
http://www.seokwangsa.co.kr | http://www.seokwangsa.kr

제1판 제1쇄 펴낸날 · 2014년 8월 10일
제1판 제2쇄 펴낸날 · 2023년 8월 30일

ISBN 978-89-306-0635-6 93160

옮긴이의 말

아리스토텔레스의 『정치학』은 서양에서 이 제목으로 쓰인 최초의 책이다. 그가 "인간은 정치적(사회적) 동물이다"라고 말하고 있듯이, 공동체를 구성해서 사는 것은 인간의 자연적 본성이다. 그러나 인간은 단순히 함께 모여 사는 존재가 아니다. 인간은 이성을 지니고 있기 때문에, 함께 모여 살 때, 공동체를 어떻게 조직하고, 누가 지배하고 지배를 받는 것이 최선인지를 논의할 수 있는 존재이다. 이런 문제들은 정치학의 기본적인 관심사이다. 따라서 정치학적 탐구는 인간 삶에서 근본적이고 중추적인 것이라 말할 수 있다.

아리스토텔레스는 『정치학』에서 단순히 사는 것이 아니라 '잘 사는 것'이 국가의 목적임을 명확히 하고, 이를 가장 잘 증진할 수 있는 정치체제에 대해 깊이 있는 분석을 하고 있다. 그의 견해에 따르면, 정치학은 가치중립적인 것이 아니라 '좋은 삶'을 지향하는 것이다. 『정치학』은 총 8권으로 구성되어 있는데, 그는 여기서 정체(政體)의 본질적원리와 특징들에 관해 논의하고, 왕정, 귀족정체, 혼합정체, 민주정체, 과두정체, 참주정체 등 다양한 유형의 정체들의 장점과 단점을 철저하게 밝히고 있다. 그리고 이런 논의를 통해서 그는 어떤 종류의 정치체제가 인간이 실현할 수 있는 최선의 정체인지를 탐구하고 있다.

이 입문서는 아리스토텔레스의 『정치학』 전체에 대한 충실하고 깊이있는 해설을 제시하고 있을 뿐만 아니라, 그의 정치사상이 서양 정치사상사에서 갖는 의미를 명확하게 밝히고 있다는 점에서 큰 가치가 있는 책이다. 이 책의 저자들은 아리스토텔레스 정치사상이 다음과 같은 세 가지 측면에서 당대의 지배적인 견해에 도전하고 있음을 지적한다. 첫째로, 국가는 자연적인 것이며 그 목적을 달성하기 위하여 인간에 의해 변화될 수 있다는 그의 주장은 국가는 신들의 선물이며 그래서 그것의 운명은 신들에게 종속되어 있다는 당대 그리스인들의 견해에 도전했다. 둘째로, 국가의 기능은 덕의 증진이라는 그의 주장은 그것의 기능은 자유를 극대화하는 것이라는 민주정체에 대한 아테네인들의 견해에 도전했다. 셋째로, 국가는 덕의 추구의 한 조건인 평화를 위해서만 전쟁을 해야 한다는 그의 견해는 국가는 승리와 정복을 위해서 전쟁을 해야 한다는 고대의 견해에 도전했다. 이러한 아리스토텔레스의 정치사상은 국가란 무엇이며, 그 목적은 무엇인가란 물음과 관련해서 언제나 되새겨 보아야 할 견해이다.

이처럼, 아리스토텔레스의 『정치학』은 서양 정치사상사에서 매우 중요한 의미를 지니고 있지만, 그동안 국내에는 이 책에 대한 충실한 해설서가 거의 없었다. 이 번역서가 서양 정치사상의 초석이 되었던 아리스토텔레스의 정치철학을 이해하는 데 도움이 되었으면 한다. 그리고 이 입문서를 번역하면서, 그 내용이 매우 함축적인 부분에 대해서는 독자들의 이해를 돕기 위해서 역자 주를 붙였음을 밝혀 둔다.

마지막으로, 철학 양서 출판에 헌신해 오신 서광사의 김신혁 사장님과 이숙 부사장님 그리고 편집부 직원분들께 감사드린다. 언제나 그렇듯이, 사랑하는 가족들의 격려와 배려가 이 책을 가능하게 했다.

2014년 5월

김영균

차례

서문

여기서 제공된 『정치학』에 대한 해설은 카네스 로드(Carnes Lord)의 번역에 의존하고 있고, 그래서 저자들은 그것을 이 『아리스토텔레스의 『정치학』 입문』(*Aristotle's Politics: Reader's Guide*)과 같이 읽을 책으로 추천한다. 이 해설에 도움을 준 혹은 참고할 가치가 있는 다른 번역 서들은 이 책 뒤에 '더 읽어야 할 책들'에 수록되어 있다.

저자들은 아래 표시한 대로 작업을 분담했다. 단, 주디스 스완슨은 I-VIII권에 대한 연구를 위한 물음들을 작성했고 그것들에 대한 해답과 데이비드 코빈이 쓴 IV-VII권에 대한 해설을 안내하는 개요를 제시했다.

1장: 전후맥락 - 스완슨

2장: 주제들의 개관 - 스완슨

3장: 본문 읽기

    I권에 대한 해설 - 스완슨

    II권에 대한 해설 - 스완슨

    III권에 대한 해설 - 스완슨

    IV권에 대한 해설 - 코빈

    V권에 대한 해설 - 코빈

    VI권에 대한 해설 - 코빈

VII권에 대한 해설 – 코빈

VIII권에 대한 해설 – 스완슨

4장: 수용과 영향 – 스완슨

2008년 8월

J. A. 스완슨

C. D. 코빈

감사의 글

나는 이 책을 쓰도록 요청한 컨티뉴엄 출판사에 그리고 공동 작업을 하자는 나중의 내 제안을 수용하여 준 데 대해 데이비드 코빈에게 감사를 하고 싶다.

J. A. 스완슨

나는 이 기획에 참여할 기회를 준 주디 스완슨에게 은혜를 입었다. 정치철학과 아리스토텔레스 철학 일반에 관해 가르침을 주었고, 아리스토텔레스『정치학』IV-VII권을 정리하고, 작업에 착수해서 탐구할 수 있게끔 탁월한 지도를 내게 해 준 데 대해 그녀에게 감사를 드린다.

나는 IV권과 V권에 대한 나의 해설을 검토해 준 킹스 칼리지 학생인 에스더 문(Esther Moon)과 뉴햄프셔 대학교 정치학과 강사인 매튜 팍스(Matthew Parks)에게 감사를 드린다.

IV-VII권의 해설에 대한 모든 해석과 오류는 전적으로 내 책임이다.

C. D. 코빈

이 책을 나의 아버지
돈 스완슨(Don R. Swanson)에게 바칩니다.

전후맥락

아리스토텔레스가 저술을 했던 시대적 맥락의 특징은 역사적 상황과 지적인 유산에서 찾아볼 수 있다. 이 장은 아리스토텔레스를 당파적인 인물이라기보다는 비판가로 묘사함으로써 그 두 가지에 대한 아리스토텔레스의 반응을 제시한다. 정치적이고 지적인 사안에 대한 그의 비판적 분석은 정치학과 윤리학 사이에는 필연적이고 객관적인 연관성이 있다고 보는 관점에서 나오는 것이다. 정치학은 가치중립적이고 기술적(記述的)인 것이 아니라 좋음을 지향하고 그래서 규정적인 것이다. 분석 혹은 학문을 하는 인간의 도구인 이성은 인간에 있어서 좋음을 필연적으로 추구하는데, 이러한 좋음은 정의(正義)를 포함한다. 이성의 능력, 즉 정의로운 것을 파악하려는 인간의 자연적 속성은 정의의 자연적이고 객관적인 토대가 있다는 사실을 나타낸다. 이 장은 자연적 정의에 대한 아리스토텔레스의 개념을 논의하고, 이것이 아리스토텔레스 저작의 통일성에 기여하고 있다는 점을 제시한다.

I. 생애와 지적인 배경

아리스토텔레스는 기원전 384년에 그리스 북동쪽에 있는 스타게이라(Stageira)에서 태어났는데, 이 도시는 동쪽의 칼키디케 반도에 위치해 있는 해안 도시이며 마케도니아의 영토였다. 아리스토텔레스는 아테네의 아카데미아에서 철학자 플라톤에게서 교육받은 후, 그 자신이 선생이자 작가가 되었다. 30대 때, 그는 그리스의 여러 섬들을 다니면서 가르쳤고, 41세에 필리포스 2세의 요청에 따라 그의 열세 살 아들인, 장차 마케도니아의 왕이 될 알렉산드로스 대왕의 가정교사가 되었다. (마찬가지로 필리포스 왕의 아버지인 아민타스 왕도 아리스토텔레스의 아버지인 의사 니코마코스를 궁정으로 초빙했었다.) 기원전 335년, 아리스토텔레스가 49살 때 그는 아테네로 돌아갔고 그 자신의 학원인 리케이온을 창립했다. 가르치는 동안에 제자들과 같이 걸어 다니는 그의 습관 때문에, 그의 교수법은 '소요학파적인' 것으로서 알려졌다. 아리스토텔레스의 저술들 가운데 일부는 강의록들로 여겨지지만, 출간된 그의 폭넓고 깊이 있는 전체 저술은 그가 살아 있을 때 제자들에게 미친 영향만큼이나 후대에도 큰 영향을 끼쳤다. 아리스토텔레스는 잘 생기고 턱수염이 있는 것으로 유명했는데, 그는 피티아스라는 이름의 여인과 결혼했고, 3년 뒤에 그녀가 죽은 후, 헤르필리스란 이름의 다른 여인을 동반자로 삼았다. 그는 기원전 322년에 62세의 나이로 죽었다.

　아리스토텔레스의 『정치학』의 특성은 이 책의 역사적이고 지적인 전후맥락을 파악하는 관점을 알려 준다. 독자는 텍스트가 아테네 혹은 그리스 국가[1]들의 정치를 주로 보고하거나 관찰하고 있지 않고, 오히려 정치체제와 정치의 기원과 특징들을 분석하고 있다는 것을 처음부터 알게 된다. 더구나, 분석적 접근은 정치 조직의 동기 혹은 정치의 기원에 관한 『정치학』의 주장들 가운데 하나인, 잘 살고자 하는 욕망 그 자

1　역자 주: 그리스의 '폴리스' (polis)는 일반적으로 영어로는 city-state 혹은 city로 번역된다. 그래서 우리는 '폴리스'를 '도시 국가'로 번역하기도 하는데, 이 번역서에서는 통상적인 방식에 따라 '국가' 혹은 '나라'로 옮겼다.

체로부터 비롯된다. 잘 살고자 하는 혹은 행복하고자 하는 우리의 욕망을 충족시키기 위해서, 우리는 그렇게 하는 것이 무엇을 의미하는지를, 그리고 정치적 공동체 안에서 혹은 밖에서 그 가능성 여부에 대해 결정해야 한다. 아리스토텔레스는 그의 스승인 플라톤에게서 잘 사는 것 혹은 인간의 훌륭함의 의미와 수단을 고찰하는 법을 배웠고, 이것이 그로 하여금 그가 역사적으로 처해 있던 상황을 넘어서고 비판하지 않을 수 없게 만들었다. 그렇기 때문에 그의 교육 혹은 지적인 배경에 부합되게, 『정치학』은 고대의 역사가 아니라 정치철학을 제시한다.

마찬가지로, 아리스토텔레스가 그의 동료들, 즉 그리스 성인 남자들과 전적으로 같은 사람이라고 주장하는 것은 그를 순응하는 사람으로, 즉 복고적이고 보수적이며 독립적으로 생각할 수 없는 사람으로서 단순하게 미리 판단하는 것이다. 정말로, 16세기의 회의주의자인 몽테뉴는 아리스토텔레스를 명백히 각기 다른 부류의 개인들의 정치적 기능에 관한 그의 주장과 관련해서 '독단론자들의 우두머리'(the prince of dogmatists)라고 불렀다. 아마도 여기서 독단론은 그가 영위했던 문화를 그대로 받아들이는 태도를 뜻하는 것일 것이다. 그러나 몽테뉴는 "우리는 더 많이 아는 것은 의심할 기회를 더 많이 준다는 사실을 [아리스토텔레스]에게서 배운다"[2]는 것을 인정했다. 그렇다면, 몽테뉴가 제시하듯이, 만일 아리스토텔레스가 그런 독단론을 복잡하게 하거나 그 토대를 침식하고 있다면, 그는 그가 살던 시대의 문화를 지배하는 견해를 단순히 표현하고 있는 것은 아니다. 반대로, 플라톤에게서 배웠던, 인간의 좋음으로 향해 있는 혹은 그것에 관심을 두고 있는, 아리스토텔레스의 철학적 관점은 그를 동시대인들의 의견과 실천들에 대해

---

2 *The Complete Essays of Montaigne*, trans. Donald M. Frame. Stanford: Stanford University Press, 1958. 376쪽.

비판적이게끔 만들었다. 비록 그가 그러한 의견과 실천들 모두를 결코 포기하지는 않았을지라도, 그는 『정치학』 전체에 걸쳐 그것들을 평가한다.

아리스토텔레스는 경험적, 귀납적인 방법을 채택함으로써 그 자신을 플라톤과 차별화하는데, 이 방법은 그로 하여금 그의 동료들을 조심스럽게 관찰하고 그들의 힘 있는 의견들을 진지하게 취급하도록 만든다. 모든 문제에 대한 탐구는 명백한 것 혹은 참인 것에 대한 고찰과 함께 시작한다. 그러나 하나의 문제를 해결하는 것은 현 상태에 대한 양보를 포함할 수 있지만, 그것은 또한 가능한 한 최선의 시나리오를 구현하는 것이다.

더욱이, 아리스토텔레스의 지적인 배경은 그 자체로 플라톤보다 더 많은 것으로 이루어져 있다. (소크라테스를 해석하는) 플라톤과 아리스토텔레스는 그들의 동시대인들뿐만 아니라 그들의 문화적 그리고 지적인 선조들, 특히 호메로스, 아이스킬로스, 소포클레스와 같은 시인들 그리고 헤라클레이토스, 피타고라스, 파르메니데스와 같은 소크라테스 이전 철학자들에 응답했다. 플라톤과 아리스토텔레스의 직·간접적인 응답은 서양 문화사에서 두 개의 기념비적인 발전을 확장하고 도입했다. 한편으로, 그들은 객관성과 지식의 개념을 신성한 것에서부터 인간의 정신으로까지 확장했고, 다른 한편으로, 그들은 정치철학의 개념을 도입했다.

서양에서 소크라테스 이전 자연철학자들이 등장하기 전에는, 대중들은 물리적 우주와 인간들에게서 일어나는 일들을 올림포스 신들, 즉 제멋대로이고 예측할 수 없고 변덕스러운 근원에서 기인하는 것으로 생각했는데, 시인들이 이런 견해를 취했고 조장했다. 대조적으로, 소크라테스 이전 철학자들은 우주에 대한 객관적인 설명을 추구했고, 그것의 구성과 운동을 예를 들어, 불이나 물과 같은 개별적인 요소들, 수적인 배합, 신성한 로고스(*logos*) 혹은 하나의 순수한 존재에 귀속시켰다.[3] 소크라테스 이전 철학자들 이후에, 플라톤과 아리스토텔레스는 우주에 대한 우리의 이해를 설명하기 위해서 객관적 지식 개념을 확장했다. 즉 언어에 초점을 맞추어서, 그들은 서양 문화에 이성, 지성 혹은 정신 개념을 도입했다.[4]

덧붙여서 말하면, 정치적 제도와 실천이 인간관계에 관한 진실을 드러낸다는 것을 논증함으로써, 소크라테스, 플라톤, 아리스토텔레스는 서양 문화에 객관적 **정치학** 즉 **정치철학**을 도입했다.[5] 정치적 삶에 대한 일관된 설명을 추구하기 때문에, 정치철학은 좋음과 나쁨 그리고 정의와 부정의의 객관성과 이것들에 대한 인식을 포함한다. 이러한 인식 혹은 의견들을 바탕으로, 정치철학은 정치에 내재하는 역동성을 파악하고 그에 반응하면서 언제나 이성에 의한 정부, 즉 최선의 삶을 위한 최선의 모델을 염두에 둔다.[6] 이처럼 그것의 궁극적 목적은 실천적인 것,

---

3 직관에 의해 파악될 수 있는, 하나의 순수한 존재에 대한 파르메니데스의 주장은 "독립적인 실재로서 지성에 의해 이해될 수 있는 세계를 발견했다는 것을 우리에게 알려 준다." Snell, Bruno. *The Discovery of the Mind in Greek Philosophy and Literature*. New York: Dover Publications, Inc., 1982. 149쪽.

4 "언어에는 인간 지성의 구조의 씨앗들이 자리잡고 있다. 그런 구조가 그 자체로 충분히 발전할 수 있기 위해서는 인간 언어의 성장, 그리고 궁극적으로 철학적 사유의 노력이 필수적이다"(같은 책, 245쪽).

5 '소크라테스는 우리가 호메로스로부터 시작해서 추적했던 전통과 결별했고, 키케로가 말하고 있듯이, 철학을 하늘로부터 지상으로 복귀시켰다'(같은 책, 151–2쪽). 또한 Strauss, Leo. *The City and Man*, chapters I and II. Chicago: University of Chicago Press, 1964를 참조하라.

6 이와 같이 아리스토텔레스는 민주주의의 원리에 내재하는 문제점을 간파하였고, 그가 그 안에서 대부분의 삶을 살았던 아테네 정치체제에 대한 무비판적인 지지자는 아니었다. 질적인 차이에 따라 특권을 부여하지 않고 양적으로 의견의 차이를 해소하는 것은 이성적이지 않은 것일 것이다. 민주주의는 의지와 이성이 일치되는 것을 막지

즉 주어진 상황에서 살아갈 최선의 방식을 실현하는 것이다.

II. 아리스토텔레스의 자연적 정의 개념[7]

주어진 상황에서 살아갈 최선의 방식에 대한 이해는, 아리스토텔레스에 따를 때, 부분적으로는 자연적이기도 하고 부분적으로는 법적이기도 한 정치적 정의에 대한 이해를 요구한다. 따라서 그의 윤리적-정치적 저술들은 자연적 옳음 혹은 정의의 개념을 전제하고 옹호한다.[8]

많은 사람들은 자연이 도덕적 지침을 포함하거나 암시한다는 것을 믿지 못한다. 왜냐하면 그들은 자연법칙으로부터 자연이 언제나 일정불변하게 작용한다고 추론하고, 인간의 법률과 제도 그리고 실천은 공동체마다 다르다는 것을 알기 때문이다. 국가들은 살인에 대해 같은 처벌을 정하고 있지 않지만, 전 세계에 걸쳐 불은 나무를 태우고 강물은 바다로 흘러가며 사물은 밑으로 떨어진다. 자연법칙의 일정불변함과

않지만, 그것은 다수의 의지를 그것이 합리적이든 아니든지 간에 정치적으로 권위 있는 것으로 만들기 때문에, 민주주의는 시민들이 합리적인 것으로 생각하는 것보다는 오히려 그들이 원하는 것을 집단적으로 결정하도록 그들을 고무한다. 합리적인 논증은 시민들이 다수의 동의를 산출하기 위해서 사용하는 많은 수단들 가운데 기껏해야 하나일 뿐이며 우연적인 것이다. 달리 말해서, 민주주의는 다수의 의지가 이긴다는 것을 보증하기 때문에, 그것은 이성이 우연적으로나 이차적으로 의지를 이기는 경우 이외에는 절대로 이길 수 없다는 것을 보증한다. 민주주의는 이성에 대해 단순히 중립적이지 않고 그것에 반대하는 경향을 갖고 있다.

7   유사한 설명에 대해서는, Swanson, Judith A. 'Aristotle on Nature, Human Nature, and Justice'. In *Action and Contemplation: Studies in the Moral and Political Thought of Aristotle*. Ed. Robert C. Bartlett and Susan D. Collins. Albany: State University of New York Press, 1999. 240-2쪽을 참조하라.

8   특히 *Nicomachean Ethics* V. 7을 참조하라.

규칙성에 주목할 때, 많은 사람들은 언제나 변화해 왔던 정치적 정의가 어떻게 자연적 기초를 가질 수 있는지 상상할 수 없다.

정치적 정의의 일부는 단순히 관습적이며, 제멋대로 확립된 것임은 사실이라고 아리스토텔레스는 확언한다. 자연은 분명히 정의와 관련된 많은 특수한 문제들의 실행, 이를테면 투표 결과 집계, 빚의 상황, 그리고 결혼 의식 등에 대해 무관심하다. 그럼에도, 지구의 형태에 관한 다양한 의견들이 그것이 구형(球形)이 아님을 입증하지 못하는 것과 마찬가지로, 인간 공동체의 다양한 실천들은 자연적 정의의 가능성을 없애지 못한다.

실제로 자연적 정의는 모든 시대와 장소에서 똑같은 힘을 갖고 있고 보편적으로 적용된다. 그러나 그것의 변화가능성은 그것을 인식하기 어렵게 만든다. 기원전 4세기에 아테네에서 정의로운 것은 21세기 초에 보스턴에서 정의로운 것과 마찬가지로 자연적인 기초를 갖고 있지만, 각각의 경우에 자연적 정의의 요구는 다르다. 자연은, 자연세계에 대해서 그러한 것처럼, 인간 존재가 따라야 할 시간을 초월한 격언, 교훈 혹은 법률을 공포하지 않는다.[9] 구속력이 있는 것이면서도 변할 수 있는 것으로서, 자연적 정의는 인간 존재에게 그들의 상황에 주목할 것을 요구한다.

선천적으로는 결정될 수 없을지라도, 자연적 정의의 명확한 특성들 그리고 윤리학의 제일원리들은 그것들이 존재론적 토대를 갖고 있기 때문에 알려질 수 있다. 그것들이 변할 수 있다는 특징은 그것들의 존재론적 토대를 부정하지 않으며, 그래서 또한 그것들의 인식 가능성 자체를 부정하지 않는다. 직관 혹은 지성(nous)의 능력을 갖고 있는 선택

9　그러므로 정치체제는 하나의 세계-국가의 형태를 결코 취할 수 없었다.

된 인간들은 자연적 정의를 파악하고, 그렇게 함으로써 윤리적 문제에 있어서 인간이 어떤 진리들을 유의해야만 하는지 인지한다. 자연의 물리적 사실이 있는 것과 마찬가지로 자연의 윤리적 사실이 있다.

정의의 존재론적 요소는 그것이 질서 있는 우주의 부분이기 때문에 정의를 구속력이 있는 것으로 만들 뿐만 아니라, 제멋대로가 아닌 혹은 객관적인 것으로 만든다. 즉 인간에게 자연적으로 옳은 것은 우주와 조화된다. 그럼에도 그것은 단지 구체적으로만 분명하게 나타난다. 인간에 있어서 자연적 정의의 옳음은 부분적으로는 자연적인 정의가 개별적인 것과 분리될 수 없다는 사실에 근거한다. 자연은 실천적인 것을 이론적인 것으로 혹은 정치학을 물리학으로 환원하지 않기 때문에, 아리스토텔레스는 정의의 이론을 확인할 수 있게 해 주는 선천적으로 연역적인 혹은 가정적인 입각점을 제공하지 않았다.[10]

달리 말해서, 자연적 정의는 인간에게 선택을 하는 것을 면제해 주지 않는다. 정말로, 자연은 우리가 최선의, 자연적으로 옳은, 선택을 스스로 할 수 있도록 우리에게 이성을 주었다. 주어져 있는 어떤 상황에서든, 우리는 한편으로는 자연이 허용하는 여지나 가능성을, 다른 한편으로는 자연이 부과하는 제한 혹은 한계를 단지 식별할 수 있을 뿐이다.[11]

인간은 한편으로는 법과 교육과 같은 숙고된 의식적인 수단들에 의

---

10   또한 Ambler, Wayne H. 'Aristotle's Understanding of the Naturalness of the City', *The Review of Politics* 47, no. 2(April 1985): 177을 참조하라.

11   Eric Voegelin이 설명하듯이, "문제가 되는 것은 자연적으로 옳은 것에 관한 불변적이고 일반적인 올바른 원리들도 아니고, 불변적인 진리와 그것의 가변적인 적용 사이의 긴장에 대한 예리한 의식[도] 아니라 … 변화가능성, 즉 변화할 수 있음(*kineton*) 자체 그리고 그것을 진리의 실재성으로 향하게 하는 방법이다. 행위의 변화할 수 있음은 인간이 그의 진리를 얻는 장소(*locus*)이다. 존재의 진리는 그것이 구체화되는 곳에서, 즉 행위에서 도달된다." 'What is Right by Nature?' in *Anamnesis*, trans. and ed. Gerhart Niemeyer. Notre Dame: University of Notre Dame Press, 1978. 63쪽.

해서, 다른 한편으로는 관습이나 사회적 실천과 같은 습관적이고 무의
식적인 수단에 의해서 자연적 정의를 깨달을 수 있다. 자연의 신성한
원리는 자연 전체를 인식하고, 그리하여 자연이 인간에게 부과하는 가
능성과 제한성을 모두 인식해서 법과 교육에 영향을 미칠 수 있는 현자
들의 판단을 통해서 작용한다. 자연은 또한 그런 지혜가 시간을 통해
검증된 실제 관습에서 불완전하게나마 통용되도록 해 준다.[12]

III. 자연과 아리스토텔레스 저작의 통일성[13]

일반적으로 자연적 정의와 자연에 대한 아리스토텔레스의 주제와 관련
해서, 그의 저작의 통일성이 논쟁거리이다. 아리스토텔레스는 수많은
주제들에 대해서 많은 작품들을 썼고, 각각의 주제에 관해서 다른 정도
의 정확성이 획득될 수 있다고 주장한다. 자연학, 논리학, 생물학, 그리
고 형이상학은 정확성에 있어 윤리학, 정치학 그리고 수사학을 능가한
다. 동시에, 각각의 주제는 그것들의 연관성 혹은 통일성을 가리키면서
자연을 함축한다. 그러나 자연은, 그 자체가 다수성이라는 사실로 말미

---

12 Voegelin이 설명하듯이, 우주의 신성한 원리(*arche*)는 이성, 지식 그리고 덕의 습
관들과 같은 인간적인 수단들을 사용하거나 직접 곧바로 인간의 행위에 관계할 수 있
다. "운이 좋은 현명하지 않은 사람이 아니라 현명한 사람의 경우가 정상적인 것이다.
··· [현명한 사람의] 지식이 실제 행위에서 진리에 도달하기 위해 신성에 의해 사용되
는 도구인 ··· 한에 있어서, 윤리학 자체는 변화할 수 있는 것에서 끝나는 존재의 운동
에서의 한 국면이고, 윤리학의 창안은 부동의 원동자(the unmoved mover)에 봉사하
는 일이다. 윤리학의 철학적 성취는 행위의 진리로 인도하는 신성한 운동의 한 부분으
로서 그 존엄성을 갖는다'(같은 책, 64쪽).
13 이 부분은 Swanson, 'Aristotle on Nature, Human Nature, and Justice', 226-9
쪽에 실려 있다.

않아, 아리스토텔레스가 그의 논리적-형이상학적 저작들에서 확립한 인식가능성의 요건, 즉 범주화 혹은 분류가능성을 충족하지 못하는 것으로 보인다. 하나의 부류나 범주 혹은 한 가지를 형성하는 것은 알려질 수 있다. 사물의 부류들 혹은 범주들은 그것들 각각이 구별되는 형상이나 종들을 지니고 있기 때문에 알려질 수 있거나 파악될 수 있다. 부류들은 다른 종들을 지니고 있기 때문에, 그것들은 탐구 혹은 지식 체계의 분리된 주제를 형성하고, 그래서 그것들이 알려지기 위해서는 분리된 방법 혹은 학문을 요구한다. "유(genus)에 있어서 다른 것들은 각각 다른 것으로 이행할 수단을 갖지 못하고, 너무 멀리 떨어져 있어 비교될 수 없다"(*Met.* 1055a6).[14] 분류될 수 없는 다수성으로서, 자연은 그 자신에 대한 학문을 결여하고 있는 것으로 여겨지며, 그래서 알려질 수 있을, 파악될 수 있을 가망이 없는 것처럼 여겨진다.

다른 한편, 아리스토텔레스가 그의 다양한 저작들에서 자주 자연을 참조하고 있다는 바로 그 사실이 자연적 다수성의 본성에 대해 고찰하도록 이끈다. 왜냐하면 그것은 연구의 다양한 분과들을 포괄하고 그것들을 어떤 방식으로든 결합하거나 혹은 연관시키고 있는 것으로 여겨지기 때문이다. 적어도 자연적 다수성의 네 가지 특징이 탐구의 다양한 가지들을 서로 연관시키거나 결합할 수 있는 근거를 제공한다. 이 네 가지 특징은 (1) 목적론 혹은 목적성 (2) 형상과 질료의 통합 (3) 인간 중심성 그리고 (4) 단일성과의 관계이다.

첫째로, 자연은 각각의 살아 있는 존재에게 목적 혹은 목표를 정해

---

14 Aristotle, *Metaphysics*, trans. Hugh Tredennick. Cambridge: Harvard University Press, 1935. 또한 Pierre Pellegrin, 'Logical Difference and Biological Difference: The Unity of Aristotle's Thought'. In *Philosophical Issues in Aristotle's Biology*. Ed. Allan Gotthelf and James G. Lennox. Cambridge: Cambridge University Press, 1987. 321–2쪽을 참조하라.

준다는 아리스토텔레스의 견해는 그가 유비에 의해서 지식의 일반적 분과들을 연관시키는 토대이다.[15] 그는 『정치학』에서 국가 — 무엇보다도 전적으로 관습적인 것으로 여겨질 것 — 가 어떻게 자연적인 것인지를 설명한다. 도토리나 강아지와 같은 살아 있는 유기체와 마찬가지로, 국가는 하나의 자연적 목적을 갖고 있으며, 그 목적은 도토리나 강아지의 목적과 마찬가지로, 그것의 가장 발달한, 성숙한 그리고 자족적인 형태이다. 정치적 자족성은 적어도 생물학적 성숙과 대응하며, 따라서 인간학 혹은 정치학의 발견물들은 자연과학의 발견물들과 대응한다.

　자연적 다수성의 두 번째 특징은 그것이 형상과 질료에 의해 결합되어 있다는 점인데, 이 특징은 그것의 목적성과 연관된 것이며, 분리된 연구 분과들을 위한 공통된 근거를 제공하는 것으로 보인다. 만일 자연이 살아 있는 것들에 목적을 정해 준다면, 그것은 그러한 목적들을 실현할 원리들 혹은 형상들을 그것들에 주는 것이다. 형상들은 질료적인 것들의 '지성에 의해 알 수 있는'(intelligible) 원리로서 질료에 내재한다. 질료와 형상 각각은 그 자체로 앞서서 실재하는 것이 아니다. 즉 그것들은 필연적으로 함께 존재한다. 아리스토텔레스는 인간의 육체 속에 내재하는 형상 혹은 '지성에 의해 알 수 있는' 원리를 영혼이라 부른다. 아리스토텔레스가 『니코마코스 윤리학』 1권 13장에서 주목하고 있듯이, 만일 인간의 영혼이 이성과 욕망의 부분뿐만 아니라 식물적 혹은 육체적 부분을 가지고 있다면, 육체의 습관이나 기능에 대한 연구인 생물학은 영혼의 습관에 대한 탐구인 윤리학에 단순히 대응하는 것이 아니라 그것과 상관적이지 않은가? 만일 육체와 영혼이 하나를 형성한다면, '육체'의 습관은 '영혼'의 습관에 영향을 미치고 그것을 반영해

15　Pellegrin, 'Logical Difference' 321-2쪽을 또한 참조하라.

야만 하며, 그 역도 마찬가지이다. '육체'는 '영혼'이 또한 좋은 상태
나 건강한 상태에 있지 않다면, 그런 상태에 있을 수 없고, 그 역도 마
찬가지이다.

자연적 다수성의 세 번째 특징은 인간을 생명체 위계질서의 정점에
있는 것으로 그 정체성을 확립하는 것인데, 이 특징은 인간학과 자연과
학을 결합하는 것으로, 그리고 특히 생물학과 윤리학 사이의 연결을 확
증하는 것으로 보일 것이다. 능동적 이성은 단지 인간 영혼을 특징짓는
것이기 때문에, 인간은 생명체의 세계에서 '가지성'(可知性: intelligi-
bility)의 모델이다. 만일 모든 생명체의 '가지성'이 인간의 '가지성'에
관계한다면, 인간 이외의 동물들의 특성은 인간 존재의 특성에 단순히
유비되는 것이 아니라 비교될 수 있는 것이다.[16] 그의 『동물의 역사』에
서, 아리스토텔레스는 인간 이외의 동물들의 특히 심리적 특징이 인간
의 것에 비교될 수 있다는 것을 설명한다. 인간처럼, 그것들 역시 용감
함, 동정심, 그리고 속일 수 있음과 같은 특성을 갖고 있다. 인간 영혼
의 습성과 동물들의 습성 사이의 유사성은 영혼의 습성 — 윤리학의 주
제 — 은 단순히 인간의 문화나 양육의 산물이 아니라는 것, 즉 단순히
획득되거나 계발되는 것이 아니라 육체적 본성 속에 어느 정도 주어진
것임을 제시한다. 정말로, 만일 육체화된 영혼(bodily soul)이 있다면,
그것에 대한 탐구는 윤리학이 아니라 생명 윤리학(bioethics)으로 가장
적합하게 특징지을 수 있는데, 『동물의 역사』는 이에 해당하는 것으로
보인다.

자연적 다수성의 네 번째 특징은 단일성과의 역설적 관계인데, 이 특
징은 연구 분과들을 연관시킬 근거를 제공한다. 아리스토텔레스는 분

---

16 같은 책, 330쪽.

류의 원리를 설명하는, 즉 어떤 원리가 지식의 체계를 구분하는지를 설명하는 동일한 텍스트에서, 이러한 분과들을 통일할 자연의 역설을 또한 간접적으로 설명하고 있는 것으로 보인다. 『형이상학』 10권 서두에서, 그는 모든 대립자는 단일성과 다수성이라는 일차적인 혹은 일반적인 대립자들로 환원될 수 있다는 것을 주목한다(*Met.* 1054a21-1055b29). 단일성은 분할 불가능한 것이고 다수성은 분할 가능한 것이기 때문에, 단일성과 다수성은 대립자들 혹은 반대되는 것들이다. 대립의 현상은 결여로부터 생기는 것이다. 악 혹은 나쁨은 덕 혹은 좋음의 결여인 것과 마찬가지로, 홀수는 짝수의 결여이다. 이와 같이, 단일성과 다수성이 대립자라면, 다수성은 단일성의 결여임에 틀림없다.

하나의 범주 혹은 부류의 결여는, 덕이 악과 연속체를 형성하는 것처럼, 그것과 연속되는 대립자로 되거나 혹은 홀수가 짝수로부터 생기는 것처럼, 다른 부류를 형성하는 대립자가 될 수 있다. 연속체를 형성하는 대립자들의 경우에, 그것들은 기체(基體: substrate) 혹은 공통된 기반을 공유한다(*Met.* 1056a31-1056b1).

만일 자연이 다수이거나 혹은 정말로 단지 두 개라면, 그것은 다수성이고 단일성의 반대이다. 하나가 아닌 것은 다수성이다. 자연이 어떤 의미에서는 다수라는 것은 명백하지만, 아리스토텔레스에 따르면, 자연의 기체는 하나가 아니고 둘이라는 것도 명백하다. 자연의 이중성은 질료와 형상, 비이성적인 것과 이성적인 것을 결합해서 갖고 있는 우리 인간 자신의 구성으로부터 명백하다. 우리는 자연의 이중성을 우리의 좌절과 갈망에 의해서 알게 된다. 우리가 짐승도 아니고 신도 아니며 그 사이에 있는 존재라는 인식은 우리가 경험하는 자연이 이성적인 형상의 결여, 즉 비이성적인 질료로부터 생긴 것이라는 사실을 알게 해준다. 그러한 반성 자체 속에서, 우리는 자연 전체를, 즉 단지 사고의 영역 안에서만 존립하는 자연에 관한 진리를 조망한다.

참으로, 아리스토텔레스 그 자신은 『니코마코스 윤리학』(*Ne* 1134b19 -20)에서 자연적인 것은 모든 곳에서 언제나 동일한 힘을 갖고 있다는 것을 주장하기 위해서 자연 전체를 조망했음에 틀림없다. 만일 지성이 자연 전체를 파악하거나 직관할 수 있다면, 자연의 기체 혹은 통일성 (unity)은 지성에 의해 이해될 수 있는 종류의 것임에 틀림없다.

만일 전체로서의 자연이 지성에 의해 이해될 수 있는 것이라면, 달리 말해서 자연의 통일성이 '지성에 인식되는 것'(noetic)이라면, 분명히 연구의 다양한 분과들 — 각각 독립적으로 자연적인 것, 인간적인 것 그리고 신성한 것에 초점을 맞추는 생물학적, 심리학적, 정치적, 윤리 적 그리고 형이상학적인 것 — 은 어떻게 해서든 지성에 의해 인식될 수 있는 것이며, 그래서 서로 상관적인 것임에 틀림없다. 자연 개념 밑 에 계몽주의 이후의 사고방식처럼 자연적 혹은 경험적인 것을 포함시 킬 뿐만 아니라 인간적 그리고 신성한 것을 또한 포함시킴으로써, 아리 스토텔레스는 자연적, 인간적, 그리고 신성한 것에 관한 학문이 서로 상관된다는 것을 제시한다.

그렇다면, 자연은 그 자신의 적합한 방법 혹은 학문을 갖고 있는 것 으로 여겨진다. 만일 자연 전체가 조금이나마 알려질 수 있다면, 그것 은 논증할 수 있는 것과 논증할 수 없는 것 모두를 파악하는 활동, 즉 철학을 통해서만 그렇다는 것은 명백하다.

2장
주제들의 개관

『정치학』의 주제들을 확인하고 이러한 주제들이 나타나고 전개되는 각 권들을 확인하는 것은 각 권들이 어떤 순서로 계획되었는지 하는 문제와 관련되는데, 이 문제는 "모든 것이 가정(假定)일 뿐인 영역이다."[1] 계획된 순서에 관한 어떠한 가정도 텍스트로 하여금 가정들을 뒷받침하게 만들려고 하는 유혹을 일으킨다. 한 예로서, 피에르 펠레그랭 (Pierre Pellegrin)은 그러한 유혹에 빠지는 것에 대해 다음과 같이 경고한다. 우리는『정치학』을 구성하는 각 권들의 어떤 순서가 이치에 맞는다는 확신을 정당하게 가질 수 있지만, 우리는 그런 순서에 대한 주장을 하나의 해석을 뒷받침할 수 있는 명제로서 간주해서는 안 된다. 우리는 각 권들의 순서에 관한 어떤 입론으로 끝을 맺을 수는 있지만 그것으로 시작할 수는 없다.[2] 마찬가지로 카네스 로드(Carnes Lord)가 말하고 있듯이, "『정치학』의 해석은 … 이것이 어떤 종류의 작업을 하고 있는 것인지 그리고 누구를 염두에 두고 작성된 것인지에 대한 해석자의 견해에 중요하게 의존해야 하지만", 해석자는 "전체로서의 작업에 대한 포괄적인 해석에 의해서만"『정치학』의 특성에 대한 이해에 도

---

1 Carnes Lord, 'The Character and Composition of Aristotle's *Politics*', *Political Theory* 9, no. 4(1981): 45-60.

2 "La "Politique" d'Aristote: Unité et fractures éloge de la lecture sommaire", *Revue Philosophique de la France et de L'étranger* 177, no. 2(1987): 133.

달해야 한다.[3] 각 권들의 특성과 순서에 관한 그 어떠한 주장도 그 내용의 분석에 기초해서 시도되고 실증되어야 한다.

좀 더 구체적으로 말해서, 『아리스토텔레스의 『정치학』 입문』(*Aristotle's Politics: Reader's Guide*)에 의해 제시된 해석의 전제는 "VII권과 VIII권은 위치가 바뀌었으며 원래 III권과 IV권 사이에 속했다는 오래된 견해"에 도전하며,[4] 각 권들은 그것들이 우리에게 전승된 순서대로 원래 구성된 것이라는 예거의 견해를 지지하는 **근거들**(reasons)에도 도전하는 것이다. 베르너 예거(Werner Jaeger)에 따르면, 아리스토텔레스는 그가 나이 들어 성숙한 자신의 작품을 썼을 때보다 더 플라톤의 영향하에 있었던 초기에 저술한 권들(I-III권과 VII-VIII권)의 플라톤적 관념론을 교정하거나 완화하기 위해서 IV-VI권을 III권과 VII권 사이에 삽입했다는 것이다.[5]

우리에게 전승된 각 권들의 현재 순서를 아리스토텔레스 자신이 원래 계획한 순서라고 주장하는 것은 그럴듯하지만, 아리스토텔레스의 지적인 발전을 주장하기 위해 제시된 근거들은 그의 생각들에 논리적 연속성이 있다는 것을 뒷받침하는 근거들보다 설득력이 떨어진다. I-III권은 두 가지 넓은 주제, 즉 국가의 자연성과 가정(家庭)의 도덕적 의미에 관한 것이다. 이러한 주제들 각각에는 두 개의 소주제가 있다. 국가의 자연성을 논의하면서, 아리스토텔레스는 (a) 다스림의 자연성 — 지배는 국가 구성원들 간의 가장 유익한 관계를 낳는다 — 그리고 (b) 관습적 혹은 시민적 덕과 자연적 혹은 완전한 덕 사이의 차이점 및

---

3 "Character and Composition", 459, 469쪽.
4 같은 책, 460쪽. 또한 Lord의 "Character and Composition", 470-1쪽.
5 W. Jaeger, *Aristotle: Fundamentals of the History of His Development*, 2nd edn, Trans, Richard Robinson, Oxford: Clarendon, 1948, 263-75쪽.

그런 차이점이 올바른 정체(政體)들과 비정상적인 정체들에서 나타나는 방식을 주목한다. 가정(家庭)을 논의하면서, 그는 (a) 사적인 관계들과 (b) 공적으로 공유된 사적인 것들이 도덕적 덕의 향상을 위해 본질적인 것임을 명백히 한다. 비록 이러한 『아리스토텔레스의 『정치학』 입문』의 해석은, I-III권은 그것들이 최선의 정치체제의 특징들을 기술한다는 점에서 VII권 및 VIII권과 일관된다는 일반적 견해와 모순되지는 않지만, 이 해석은 그것들이 VII권 및 VIII권과 관계없이 현재와 같은 위치에 있다는 입장을 나타낸다. 왜냐하면 I-III권의 특징들은 최선의 정체의 특징들만이 아니라 중간에 위치한 권들에서 기술된 가능한 최선의 혹은 차선의 그리고 더 못한 정체의 특징들이기도 하기 때문이다.

더 구체적으로 말해서, I-III권은 지배와 가정은 정체의 본질적 특징들(즉 실행될 수 있는 정체는 이런 특징들을 구체화한다)이며, 아주 비정상적인, 결함이 있는 정체들도 다스림과 가정의 훌륭한 혹은 올바른 형태를 유지할 수 있다고 논증한다.[6]

그렇다면, (예거가 I권에 대해 주장하고 있듯이) I-III권은 단순히 '국가의 일반 이론' 혹은 (예거가 II권과 III권에 대해 주장하고 있듯이) '이상 국가'를 소개하고 있는 것이 아니라, 최선의 정체를 포함하여 모든 정체의 본질적 특징들을 소개하고 있는 것이다.[7] 이와 같이 최선과 차선의 정체들 사이의 구분은 예거와 다른 사람들이 주장하듯이

6   더욱이, I권과 II권에서 좋은 가정에 대한 아리스토텔레스의 논의는 『니코마코스 윤리학』에서 개인들은 그들이 살고 있는 정체(政體)와 독립적으로 도덕적 덕을 향상시킬 수 있다는 그의 주장을 설명하는 데 도움이 된다. P. A. Vander Waerdt가 주목하듯이, "열악한 정체에서 사는 아버지는 그것의 열등한 목적에 따라서 그의 아이들을 교육시켜야 한다는 제안은 『니코마코스 윤리학』 10권 9장에 없다." "The Political Intention of Aristotle's Moral Philosophy", *Ancient Philosophy* 5, no. 1(1985): 87.
7   W. Jaeger, *Aristotle*, 267, 273쪽.

그렇게 엄격한 것이 아니고, 중간에 위치한 권들에서 입법자들에게 그들의 정체들을 보존할 뿐만 아니라 개선하기 위해서도 제시된 교훈에 이바지한다. 반더 베르트(Vander Waerdt)는 이 점을 다음과 같이 설명한다.

> 정치가는 IV권 1장에서 공표된 정치학의 프로그램의 기초가 되는 이중적인 목적론에 의해 인도될 것이다. 그의 최소한의 목표는 정체의 보존일 것이지만, 그의 더 높은 목표는 상황이 허락하는 만큼 그것을 좋은 삶과 행복(eudaimonia)으로 향하게 하는 것일 것이다. … 정치가의 총기획적 학문의 목적은 단순히 현행의 정체를 위하여 입법하는 것이 아니라 정치적 덕을 통하여 다른 사람들을 위하여 좋은 삶과 행복을 가능한 한 증진하는 것이다.[8]

해리 재퍼(Harry V. Jaffa)의 말로 요약하자면, 최선의 정체와 더 못한 정체 사이의 경계는 "최선의 정체가 모든 각 권들의 함축된 주제"[9]이기 때문에 희미해진다고 말할 수 있다.

---

8 "The Political Intention", 87-8쪽.

9 Jaffa는 계속해서 다음과 같이 설명한다. "I권에서, 국가(polis) 생성에 대한 이해는 그것의 완전성, 즉 최선의 정체에 대한 이해를 함축한다. 왜냐하면 자연적으로 존재하는 어떤 것의 생성을 이해하는 것은 그것이 완전성에 도달했을 때 그것의 활동을 이해하는 것을 의미하기 때문이다. … II권은 수많은 정체를 검토하고 … 그것들은 부족함을 갖고 있는 것으로 드러난다. 그러나 아리스토텔레스가 이러한 결핍들에 주목할 때 근거하는 원리는 최선의 정체의 원리이다. III권은 국가의 최고 권력에 대한 주요한 경쟁적인 주장들을 검토할 때 정점에 이른다. … 이러한 주장들의 조정이 … 그 자체로 최선의 정체의 원리를 구성한다. IV권, V권 그리고 VI권은 외적인 조건들이 그것의 완전한 수행을 막을 때 이러한 조정 혹은 조화가 일어나는 다른 방식들을 논증한다." "Aristotle", In *History of Political Philosophy*, 2nd edn. Ed. Leo Strauss and Joseph Cropsey. Chicago: University of Chicago Press, 1972. 125-6쪽.

그렇다면, 절대적인 최선의 정체는 순수하게 사변적인 것도 아니고 모든 정체를 위한 청사진도 아니다. 오히려 그것은 입법자들이 그들 자신의 특정한 정체를 그것에 근접한 형태로 변화시키도록 하는 데 이바지하는 것이다. 절대적인 최선의 형태는, 즉 "우리가 회구할" 국가는 적절한 준비가 되어 있을 때에만 생겨날 수 있다. 적절한 준비가 되어 있지 않은 곳에서는, 입법자들은 주어진 조건하에서 가능한 최선의 정체를 성립시키는 것을 목표로 해야만 한다. 그렇다면, VII권과 VIII권은 배타적인 정체의 형태가 아니라 모든 정체를 판단할 통찰력이 있는 관점을 제시한다. 동시에 만일 그런 형태가 그것이 요구하는 모든 조건을 충족한다면, 그것은 한정되고 실제적인 정체가 될 것이다.[10]

요약하자면, 『정치학』의 현재 순서의 각 권들은, 첫째로, I–III권에서는 입법자들에게 정체의 **본질적**(essential) 원리와 특징들에 관해 가르친다. 그리고 둘째로, IV–VI권에서는 수많은 각양각색의 **우연적으로 일어나는 일들**(contingencies)에 관해 가르친다. 그리고 셋째로, VII–VIII권에서는 **이상적인**(ideal) 특징과 조건들에 관해 가르친다.[11]

이제 각 권들의 순서에 초점을 맞추지 말고 주제들에 대한 논의를 하도록 하자.

각 권들의 순서에 초점을 맞추지 않고서 이제 주제들에 대한 논의에 착수할 때, 우리는 모든 각 권에서 정체의 지배적인 주제가 그것의 부분들과 그것들이 기능하는 방식에 대한 분석에 의해 나타난다는 것을 알게 된다. 이런 분석만으로는 과거와 현재의 정체들, 즉 아리스토텔레

---

10 또한 Pellegrin, "La 'Politique' d'Aristote", 137–58쪽을 참조하라.

11 위의 논의는 J. A. Swanson, *The Public and the Private in Aristotle's Political Philosophy*, Ithaca: Cornell University Press, 1922, 222–5쪽의 내용을 개작한 것이다.

스의 『아테네의 정체』와 유사한 목록 혹은 카탈로그를 기술하는 엄밀하게 경험적인 작업을 하는 것일 것이다. 그러나 1장에서 정체의 주제를 도입한 후에, 2장은 자연의 주제를 도입하고, 그것에 대한 새로운 개념은 인간을 통해 국가 및 그 통치를 자연에 연결시킨다. 즉 인간은 국가에서, 특히 자족성에 도달한 국가에서 번영하는 **정치적**(poltical) 동물이다. 국가는 그것이 인간의 동물적인 필요를 충족시키기 때문에 '자연적으로'(by nature) 존재하는 것일 뿐만 아니라, 그것이 인간의 정치적 본성을 충족시키는 한에 있어서 '자연에 따르는'(according to nature) 것이다. 그래서 『정치학』의 처음 두 장은 이 저작 전체를 지배하는 주제를 제기한다. 즉 어떤 종류의 정체가 인간의 정치적 본성을 충족시키는가 혹은 자족적인가? 그래서 그것들은 『정치학』이 존재하는 정체들을 단순히 기술하는 것이 아니라, 이 물음에 대한 하나의 답을 약속함으로써, 비록 미래의 정체를 위한 것은 아닐지라도, 그것들의 개선을 위한 처방을 제시하고 있다는 것을 입증한다. 그렇다면 '정체'와 '자연'이라는 공동의 지배적인 주제들은 윤리학과 정치학의 떨어질 수 없는 관계를 나타낸다.

'정치학'은 인간의 정치적 본성이 다른 사람들과 함께 살고자 하는 본능에 의해서가 아니라 언어에 대한 그의 능력, 즉 좋은 것과 나쁜 것 그리고 정의로운 것과 정의롭지 못한 것에 관해 그가 생각하는 의견을 말하는 능력에 의해 주로 특징지어지기 때문에 생겨난다. 인간들이 자손을 낳고 생존하려는 욕구 때문에 함께 모여 살 때, 그들은 어떤 방식으로 그렇게 하는 것이 최선인지, 즉 어떻게 사는 것이 최선인지에 관해 그들의 생각을 말한다. 이것은 어떻게 그들 자신을 조직하고, 지배하고, 그들의 시간을 사용하는 것이 최선인지에 관한 논의로 이끈다. 따라서, 최선의 정체는 최소한도로 말해서 그와 같은 논의, 현대적인 말로 말하자면, '언론의 자유'를 허락할 것으로 여겨진다.

만일 언론 자유의 여건들을 마련하는 것이 정체의 한 기능이라면, 그것은 관습의 기능이기도 하다. 역설적으로 관습은 자연에 따른 정체를 위한 여건들을 확립한다. 달리 말해서, 정체의 자연성은 인간들의 기여를 요구한다. 인간 본성을 포함함으로써, 자연은 관습을 포함한다. 자연은 인간들로 하여금 그들의 삶의 성질에 부분적으로 책임지게 만든다. 하지만 그것이 인간들에 있어서의 성질을 전적으로 결정하는 것은 아니다.

그럼에도 자연은 인간 본성과 별도로 인간들의 삶의 어떤 성질들을 결정한다. 그것은 인간이 거주하는 모든 장소에 언제나 유효한 자연적 방책들을 제공할 뿐 아니라 각각의 인간 존재에게 그의 가능성을 부여한다. 모든 유아는 성인의 남자나 여자가 될 것이고, 그들의 성(性)과 개인적 기질에 따라 다른 정도로 욕구, 감정 그리고 이성의 능력을 타고난다. 자연은 각 개인의 가능성을 결정함으로써, 또한 각각의 한계를 결정짓는다.

아리스토텔레스가 『정치학』을 국가의 자연성을 선언함으로써 시작하기로 결정한 것은 정치적 실천과 연관된 다음과 같은 두 가지 점을 나타낸다. (1) 자연은 인간 본성을 포함하기 때문에, 국가는 정의에 관한 의견들을 반영하는 인간의 노력과 인간의 주도(initiative) 없이는 생기지 않는다. 인간은 한 국가에서 삶의 질에 영향을 미치는 그와 같은 주도에 책임이 있다. (2) 국가는 엄밀히 말해 인간이 주도해서 생겨난 것, 즉 전적으로 인간이 이룬, 관습적 존재로 여겨질지라도, 자연은 그것들의 구성을 제한한다. 실제로, 어떠한 법도 남자를 여자로, 혹은 남자를 신으로 바꿀 수 없다. 인간 존재는 그들이 상상하거나 희구하는 그 어떤 종류의 국가라도 창조할 수는 없다.

이러한 두 가지 요점은 사상의 역사에서 아리스토텔레스가 기여하고 있는 바가 어떤 지점에 위치하는지를 알려 준다. 즉 그는 한편으로는, 국가의 운명을 올림포스 신들의 탓으로 돌리고 자연을 국가와 구별되는 존재로 보았던 고대의 시인들과 자연철학자들, 그리고 다른 한편으로는, 자연에 대한 지배와 관리를 주장하고, 그래서 국가에 대한 자율권 혹은 '사회계약'을 주장한 근대 계몽주의가 기여하고 있는 것 사이에 위치한다. 첫 번째 관점은 수동성 혹은 단순한 기원을, 그리고 두 번째 관점은 과도한 혹은 지나친 통제를 부추긴다. 인간 존재는 그들의 삶을 만들어 갈 수 있지만, 전적으로 그럴 수 있는 것은 아니다. 그들은 주도해야 하지만, 가능성과 일어날 수 있는 결과들을 고찰하면서 신중하게 주도해야 한다.

아리스토텔레스가 국가의 자연성을 명백히 한 것은 또한, 플라톤이 했던 것보다 더 직접적으로, 국가를 철학적 탐구의 대상으로 용이하게 만들었다. 만일 국가가 전적으로 인간의 환상에 의해 창조된 단순히 관습적인 존재라면, 그것은 인간 조건에 대한 영원한 일반화나 통찰을 낳지 못하는 제멋대로인 것일 것이다. 국가에 관한 논의는 우리를 가르칠 수 없을 것이다. 그것은 주도된 것들이 실패하거나 성공한 **이유**를 알 수 있게 해 주지 못한다. 즉 왜 어떤 정책들은 효과가 있고 다른 것들은 그렇지 못한지를 알 수 있게 해 주지 못한다. 만일 자연이 정치적 삶에서 아무런 역할도 하지 못한다면, 그것에 대해 아무런 일관성도 진리성도 부여할 수 없다. 그러나 아리스토텔레스는 그와 정반대되는 것을 논증한다. 다양한 국가들에 대한 반성은 공통성을 드러낸다. 우리는 정치적 삶에 관해 어떤 진리를 결론적으로 말할 수 있다. 따라서 국가는 철학적 사유를 할 가치가 있는 유익한 주제이다.

지적되었듯이, 정치적 삶에 관한 진리는 자연이 인간에게 준 능력뿐

만 아니라 그것이 부여하는 한계를 포함한다. 혹은 달리 말해서 자연에
따른 인간의 가능성을 포함한다. 그러한 가능성의 실현은 공적인 공간
및 활동과 사적인 그러한 것들 사이의 구분을 낳는데, 이것은 『정치학』
전체에 걸쳐 있는 다른 주제이다. 더 구체적으로 말해서, 인간들 — 남
자들, 여자들, 아이들, 자연적 노예들, 뛰어난 리더십 능력을 지닌 사람
들, 철학적인 명민함을 지닌 사람들, 나이든 사람들 등 — 의 속성에 따
른 구성은 가정, 다양한 수준의 정치적 관직들, 공동의 농장, 여가가 있
는 상태에서의 논의 그리고 사제직을 생기게 한다.[12]

　　더구나, 기존 인구의 속성이 그들이 살고 있는 정체의 형태를, 즉 왕
정인지 귀족정체인지 혼합정체인지 민주정체인지 과두정체인지 참주
정체인지를 크게 결정한다. 『정치학』의 중간에 위치한 권들(IV–VI)에
서, 아리스토텔레스는 잘 사는 것이라는 목적과 관련해서 이러한 여섯
가지 유형의 정체뿐만 아니라 그것들의 변형들의 장점과 단점을 철저
하게 논의한다. 달리 말해서, 그는 정체의 유형들에 대한 분석과 더불
어 자신이 처음에 제기한 문제, 즉 **어떤 종류의 정체가 인간의 정치적
본성을 충족시키는가 혹은 자족적인가?**라는 문제를 철저하게 탐구하고
있다.

　　그러한 분석은 다음과 같은 부가적인 주제와 문제들을 야기한다. 시
민권의 자격(출신 성분? 태어난 장소? 정치적 참여?), 인간의 지배 대
(對) 법의 지배(국가는 둘 다 요구하는가? 이 중 어느 것이 필연적으로
정의를 위한 더 나은 수단인가?), 이성과 제멋대로 함(그것들의 힘은
어떻게 정치에 영향을 미치는가? '사람들의 의지'는 국가라는 배의 좋
은 키잡이인가?), 덕과 자유(정부는 둘 중 어느 하나에 우선권을 부여

12　더 풍부한 설명을 위해서는 Swanson, *The Public and Private in Aristotle's Political Philosophy*를 참조하라.

해야 하는가? 정치 제도는 덕과 자유를 서로 보완되는 것으로 만들 수 있는가?), 변화 대 현상 유지(모든 변화는 진보인가? 전통은 좋은 정치적 안내자인가?), 정치적 행위와 철학적 관조(훌륭한 정체는 두 가지를 모두 구현하는가? 철학이 통치의 원리가 되어야만 하는가? 만일 그렇다면, 어떻게?), 그리고 마지막 문제와 관련된 것으로, 교육(어떤 것들이 최고의 수단인가? 그리고 무엇이 그것의 목적인가?).

3 장
본문 읽기

『정치학』 I권

입문

『정치학』I권은 하나의 핵심적인 역설, 즉 국가는 단일한 전체이면서도 부분들로 이루어진 다수성이라는 사실에 주목하도록 하고 이를 해명한다. 만일 우리가 국가는 왜 하나인 동시에 다(多)인지를 이해한다면, 우리는 국가들을 더 잘 유지할 수 있다. 이를 통해 아리스토텔레스는 지식과 실천의 연관성을 함축한다.

국가의 역설적 특성은 그것을 알기 위한 근본적인 물음들만이 아니라 대답들도 산출한다. 하나의 예비적인 방법론적 물음 — 단일한 동시에 다수인 것을 어떻게 탐구하거나 연구해야 하는지 하는 것 — 은 왜 국가는 연구될 수 있으며, 연구되어야 하고, 실제로 연구되어야 하는지를 설명하는 대답들로 이끈다. 불가능한 것처럼 보이는 것이 필수적인 것으로 드러난다. 왜냐하면 국가의 부분들은 인간들을 포함하고, 인간들은 그들이 어떤 방식으로 살아야 하는지를 묻기 때문이다. 인간의 비판적 능력, 이성 혹은 언어 능력은 시민들을 구분할 뿐 아니라 통합하기도 한다. 이처럼 국가의 분할된 혹은 복합적인 단일성은 인간이 본성적으로 이성 혹은 언어 능력을 지니고 있기 때문에 자연스러운 것이다.

방법론적 문제 이외에, I권은 국가의 특별한 한 부분, 즉 가정에 관한 수많은 문제들을 언급한다. 가정은 그것이 그 자체로 부분들의 복합체이기 때문에, 국가의 특히 문제가 있는 부분이다. 한 남자와 한 여자, 아이들과 노예들로 구성되어 있기 때문에, 가정은 국가의 딜레마와 유사한 기능적 딜레마에 직면한다. 즉 어떻게 별개의 하나의 존재로서 그것의 특성을 유지할 수 있는지 하는 문제에 직면한다. 남편과 아내 사이의, 부모와 자식 사이의, 주인과 노예 사이의 관계에 대한 논의는 I권을 지배하는 것으로 보이지만, 두 가지, 서로 관련된 것이기는 하나, 부가적인 주제, 즉 다스림과 돈 버는 일이 또한 진지하게 더 집중적일 정도로 취급된다. 그렇다면, 지배 방식, 경제 그리고 가정에 관심을 기울이면서, I권은 모든 국가에 밀접한 관계가 있는 문제들을 언급한다.

이 권의 구성 방식은 국가의 단일성과 그 부분들 사이의 연관성이라는 전체에 걸쳐 있는 중요한 문제를 자연적 본성을 통해서 부각시키고 있다. 왜냐하면 아리스토텔레스는 처음 두 장에서 국가의 복합적 단일성은 살고자 하고, 잘 살고자 하는 인간의 자발적인 혹은 자연적인 욕망에서 생기는 것임을 보여 주기 때문이다. 자기 보존, 생식, 그리고 자급자족은 자연에 의해 주어진 목적이다. 비록 자연은 이러한 목적들을 실현할 수단을 또한 우리에게 주었을지라도, 어떠한 수단도 그것들의 실현을 보증하지 못한다. 정말로, 아리스토텔레스가 2장에서 논의하고 있는, 자연이 우리에게 준 실현의 주요 수단인 이성은 자연의 의도를 명확하게 한다. 즉 생존하고 잘 사는 방법을 생각해 내는 것은 우리에게 달려 있다. 그래서 I권과 『정치학』의 나머지 부분에서, 이를 행하는 방법에 관해 아리스토텔레스는 관찰에 근거한 광범위한 충고를 우리에게 하고 있다. 3장부터 I권 끝 부분까지, 가정의 경영, 좀 더 일반적인 의미에서의 다스림 그리고 재산획득 기술에 관한 그의 논의는 이 권 처음에 초점을 맞춘 것, 즉 자연의 지시에 응답하는 것이다.

I. 1

『정치학』을 시작하는 문장에서, 아리스토텔레스는 그의 주제와 그것이 요구하는 탐구의 방법을 다음과 같이 표명한다. 즉 국가에 관해서 배우기 위해 우리는 그것을 관찰해야만 한다. 우리는 개별적인 관찰들에 근거해 경험적으로 나아가야만 하며 귀납적으로 추론해야 한다. 아리스토텔레스는 국가는 연합체 혹은 공동체이며, 그것은 어떤 좋음을 목표로 하기 때문에 모든 다른 공동체들과 유사하다는 것을 관찰함으로써 시작한다. 그러나 그것은 다른 공동체들을 포함한다는 점에서 독특한 것이다. 사정이 그렇기 때문에, 국가가 목표로 하는 좋음은 다른 공동체들이 목표로 하는 좋음보다 우위에 있다. 국가는 다른 공동체들이 형태를 취하고 기능할 수 있게 하는 데 분명히 책임이 있다. 바로 이것이 그것의 기능 혹은 목적이다. 이처럼 아리스토텔레스는 다음과 같은 점들을 지적한다. 첫째로, 국가에 관한 다음의 탐구에서 도달된 어떠한 결론도 우리에게 명백한 것으로 보이는 혹은 명백한 것으로부터 도출된다는 것, 둘째로, 국가는 다른 모든 공동체를 포함하기 때문에, 그것은 이러한 공동체들에 대한 이해 없이는 파악될 수 없다는 것, 그리고 셋째로, 인간의 공동체는 어떤 좋음에 의해 동기 유발되는 것으로 보이기 때문에, 국가, 정치적 공동체 그리고 그것을 구성하는 공동체들에 대한 탐구는 좋음 혹은 윤리학에 대한 탐구를 함축한다는 것을 지적한다. 즉 우리는 인간의 참여에 대한 평가 없이 그것을 관찰할 수가 없다.

1장의 나머지 부분은 국가는 부분들로 구성되어 있다는 관찰을 확대하는데, 이는 국가의 부분들은 다른 형태의 지배를 요구하며, 그래서 그것의 부분들에 대한 탐구는 정치적 지배, 왕의 지배, 가정 관리와 주인의 지배 등과 같은 다른 형태들을 해명해 줄 것이라고 주장함으로써 이루어진다.

I. 2

2장은 『정치학』의 가장 중요한 장인데, 그 까닭은 국가는 자연적인 것이라는 놀랄 만한 주장을 제시하고 있기 때문이다. 국가보다 무엇이 더 관습적인 것, 다시 말해 더 인간에 의해 만들어진 것일 수 있는가?

아리스토텔레스는 국가의 기원과 그것의 발달 단계를 기술함으로써 이 장을 시작한다. 마치 국가는 하나의 유기체처럼 자라거나 발달할 수 있기 때문에 자연적으로 존재하는 것임을 제시하려는 것처럼 말이다. 비록 그의 설명은 처음에는, 나중의 정치 이론에서 발견되는 자연 상태에 대한 설명과 유사한, 연대기적인 설명처럼 보일지라도, 그것은 오히려 **목적적인** 설명임이 밝혀진다. 즉 그것은 국가 각각의 구성 부분들이 **왜** 존재하는지를 설명한다. 정말로 인간 공동체들에 대한 최선의 이해는 그것들의 기원에 대한 연구로부터 나오지만, 참된 기원은 포함된 것들의 동기이다. 모든 발달은 사람들이 원했던 목적에서 비롯될 수 있는 것이다.

이제 이 장의 전반부를 포함하는 발달적 설명을 고찰해 보도록 하자. 두 쌍의 사람들은 숙고해서 선택한 것은 아니지만 자발적으로 원했던 목적을 달성하기 위해서 서로를 필요로 한다. 남자와 여자는 생식을 위해서 서로를 필요로 하고, 그리고 선견지명은 있지만 육체적으로 강하지 못한 사람들과 그 정반대의 사람들은 생존하기 위해 서로를 필요로 한다. 생식과 자기 보존은 한 사람이 원하기는 하지만 혼자서는 도달할 수 없는 목적들이기 때문에, 인간들은 야생에서 혼자 살지 못한다.

만일 선견지명이 어떤 사람들의 특징이고 육체적 강함이 다른 사람들의 특징이라면, 아리스토텔레스는 전자는 지배하기에 더 적합하고 후자는 지배받기에 더 적합하다고 추론한다. 여기서 아리스토텔레스는 자연적 주인과 자연적 노예라는 그의 개념을 도입하는데, 그는 이것에 대해 4-7장에서 상세히 다룰 것이다.

　남자와 여자 그리고 주인과 노예의 존재는, 그들이 필연성을 충족시키기 위해서 맞추어 만들어진 수단인 한에 있어서, 자연의 관대함을 입증한다.[1] 이들 각각의 유형은 많은 기능들보다는 하나의 일차적 기능에 봉사한다. 아리스토텔레스가 지적하듯이, 단지 야만인들 혹은 다스리는 능력을 결여한 사람들만이 출산하는 일과 다른 육체적 노동을 구분하지 못한다. 그들은 모든 여자를 노예처럼 취급한다.

　그렇다면, 필연성을 위해서 구성된 두 가지 결합, 즉 남자와 여자 그리고 주인과 노예의 결합은 가정을 발생시킨다. 이 주장은 역사적 진리를 말하고자 하는 것이 아니다. 왜냐하면 아리스토텔레스는 가난한 가정은 노예 대신에 소를 소유한다는 헤시오도스(Hesiodos)의 관찰을 당장 주목하기 때문이다.[2] 여기서 요점은 그리고 영원한 진리는 가정이 기본적 필요를 충족하기 위해서 형성되었다는 점이다. 인간들은 아이들과 양식을 갖기를 원한다.

　가정들의 연합이 마을이다. 마을들은 자연적으로 생겨나지만 필연적으로 형성되는 것은 아니다. 그것들은 가정 혹은 씨족들이 확장된 가족들이고, 기본적인 욕구들을 만족시키는 것은 아니다. 마을들은 없어서는 안 되는 것이 아니라 단지 가정들의 필연적 귀결이기 때문에, 그것들은 **의도적으로 형성된** 것이 아니다. 아마도 이 때문에 아리스토텔레

1　역자 주: 아리스토텔레스는 I권 2장에서 대장장이가 칼을 다용도로 쓰도록 만드는 것을 인색하다고 평가하면서, 각각의 도구를 각각의 목적에 적합하게 만드는 것이 좋다고 언급한다. 이런 관점에서, 그는 자연이 남자와 여자, 주인과 노예를 구분하고 있는 것은 자연의 관대함을 보여 주는 것이라 말하고 있다.

2　역자 주: 기원전 700년경의 그리스 서사시인 헤시오도스의 관찰에 따르면, 가난한 사람들은 먼저 집과 여자, 그리고 노예 대신에 밭갈이할 소를 소유해서 가정을 꾸린다. 이를 염두에 두면, 가정이 남녀의 결합과 주인과 노예의 결합에서 생겨난다는 아리스토텔레스의 주장은 역사적 진리를 말하고 있는 것은 아니다.

스는 『정치학』에서 그것들을 좀처럼 다시 언급하지 않는다. 그는 여기서 마을들은 일상적이지 않은 필요들을 충족시킨다고 말한다. 비록 그는 이러한 필요들이 무엇이고 그것들이 어떻게 충족되는지를 명확히 말하고 있지 않지만, 물품과 도구들을 빌리거나 공유하는 것을 뜻했을 것 같은데, 그는 이것을 나중에 좋은 경제의 한 특징으로서 확인한다.

   아리스토텔레스는 마을의 주제에 대한 논의를 그만두기 전에 두 가지 역사적 주장을 한다. 첫 번째로, 왕은 원래 단순히 씨족의 최고 연장자였다고 하는 점이다. 즉 왕정의 전통은 마을의 권위구조로부터 유래했다는 것이다. 이처럼 고대인들은 아리스토텔레스가 교정하기 위해 1장에서 언급한 잘못을 범했다. 즉 그들은 작은 국가를 다스리는 것은 큰 가정을 다스리는 것과 전혀 다르지 않다고 가정했다. 아리스토텔레스가 여기서 하고 있는 두 번째 역사적 주장 또한 전통적인 사유 방식으로부터 벗어나 있지만, 그것은 신들에 대한 인간의 개념에 도전하고 있기 때문에 더 주목할 만하다. 고대인들은 왕들의 치하에서 살았기 때문에, 그들은 신들 또한 왕들을 갖고 있다고 주장했다고 아리스토텔레스는 언급한다. 이처럼 인간들이 신적인 것을 의인화했을 때 그들은 또 다른 잘못을 범했다고 아리스토텔레스는 함축적으로 말하고 있다.

   마을에 대한 아리스토텔레스의 논의는 그것의 주제를 축소하면서도 역설적으로 많은 것을 성취한다. 마을은 가정의 부산물이며 자발적인 개인적 욕구에 의해 현재와 같은 모습으로 활성화되지 않았다는 것을 주목함으로써, 아리스토텔레스는 비교를 통해 가정의 중요성을 부각시킨다. 또한 이 논의는 큰 가정들에 대한 1장에서의 언급을 설명하고, 그리고 마을은 교환을 용이하게 하는 데 크게 기여한다고 제시함으로써, 마을이 지배의 문제에 대한 탐구의 적절한 대상이 될 수 없다고 배제한다. 마을은 국가를 이해하는 데 상관없을 수 있지만, 아리스토텔레스는 이 주제를 떠나서 전체로서의 국가에 대한 논의에 착수하기 직전에, 신적인 것에 대한 올바른 개념은 상관없는 것이 아닐 수 있다는 암시를 한다.

여러 마을들로 구성된 완전한 연합체가 국가이다. 아리스토텔레스는 '완전한'에 의해 '자족적인'을 의미하고, '자족적인'에 의해 잘 사는 것을 향상시킬 준비가 되어 있는 것을 뜻한다. 국가는 필요를 충족시키는 공동체들의 최종 목표이기 때문에, 그것 역시 필요를 충족시키지만, 그것은 그 부분들의 총합 이상의 것이며 그 특성은 그것의 기초가 되는 것들의 총합 이상의 것이다. 인간의 본성이 아이의 본성과 같지 않고 가족의 본성이 노예의 본성과 같지 않은 것과 마찬가지로 국가의 본성은 그것을 근본적으로 구성하는 공동체들의 본성과 같은 것이 아니다. 자연은 최선의 것을 산출한다. 그리고 좋은 삶은 단순한 삶보다 더 나은 것이다.

자연은 어떻게 최선의 것을 산출하는가? 국가에 의해 형성되기도 하고 국가를 형성하는 자들로서, 그래서 본성적으로 '정치적인' 인간들의 협력을 얻어서 그렇게 한다. 가족과 법에 의해 교화되지 못하는 자는 야비하고 공격적인 존재이거나 혹은 신적인 존재이며, 그리고 어떤 방식으로든 언어를 사용하지 못해서 국가에 기여하지 못하는 자는 인간이 아니다. 아리스토텔레스는 우리의 정치적 본성은 협력하거나 함께하고자 하는 본능보다도 우리의 언어 능력과 더 관련된다는 사실을 우리를 벌과 군서 동물들과 대비함으로써 지적한다. 달리 말해서, 우리는 단순히 혹은 최고의 사회적인 존재가 아니다.

정말로, 우리는 좋은 것과 나쁜 것 그리고 정의로운 것과 정의롭지 못한 것에 대한 인식을 언어를 통해서 주장하기 때문에, 언어의 기능은 협력뿐만 아니라 충돌의 가능성을 나타낸다. 우리는 본성적으로 판단하는 존재인 까닭에, 판단은 우리가 의도적으로 형성한 공동체들인 가정과 국가를 특징짓는다. 그러므로 가정과 국가는, 우리가 알고 있듯이, 조화로울 수도 있고 그렇지 못할 수도 있다.

아리스토텔레스는 국가가 가정의 목적이라는 그의 주장을 상세히 설명할 때, 단지 개인은 국가와 관계없이는 생각될 수 없다는 것, 그래서 적절히 논의되고 분석될 수 없다는 것만을 함축적으로 지적함으로써, 가정 자체뿐만 아니라 개인 자체를 온전한 상태로 계속 유지하고 있다. 발이나 손이 몸과 연관해서 기능할 수 있듯이 가정과 개인은 국가와 연관해서 기능을 발휘하기 때문에, 국가는 개념적으로 가정과 개인에 '본성적으로 앞서는' 것이다. 가정과 개인은 전체 국가의 작동에 본질적인 그 자신의 고유한 생명력과 목적을 갖고 있기 때문에, 국가 자체는 ― 올바르게 생각되었을 때 ― 그것들의 온전한 상태를 훼손하거나 그것들의 독특한 지위를 무시해서 동질적으로 만들지 않는다. 이처럼 아리스토텔레스는 부분들은 전체에 의존하지만, 전체는 또 그것의 부분들에 의존한다는 것을 분명히 한다. 인간들은 혼자 사는 짐승들도 아니고 그들 스스로 자족하는 이 세상의 신들도 아니지만, 국가는 역동적인 이들 부분의 기여 없이 불가사의하게 자족할 수 있는 것이 아니다.

아리스토텔레스는 국가의 자연성에 대한 그의 분석을 몇 마디 덧붙여 말하면서 끝맺고 있다. 비록 우리가 국가를 형성하려는 본능적 욕구를 갖고 있을지라도, 처음으로 국가를 구성한 사람에게 커다란 명예를 부여해야 한다고 언급함으로써, 그는 다시 사회적 본능이 정치적으로 토대가 된다거나 가장 중요한 것이라는 것을 부정한다. 우리는 확인할 수 없는 그러한 사람에게 큰 빚을 지고 있다. 왜냐하면 법과 정의의 지배 없이는 인간은 법을 창조하고 정의를 행하는 바로 그런 능력을 대립적인 목적을 위해서 사용할 수 있어서 동물들 가운데 가장 최악의 존재가 될 수도 있기 때문이다. 만일 법과 정의가 인간들로 하여금 덕을 지니게 하지 못한다면, 그들은 가장 불경하고 가장 야만적이며 색욕과 식욕을 가장 밝히는 존재가 된다. 현대의 독자는 이런 주장의 진실성을, 로마의 방탕함으로부터 전 지구적인 섹스 관광에 이르기까지, 고대와 지금 이 시대의 문화와 관련해서 고찰할 수 있다. 법과 정의의 지배에 의해 결정되는 국가의 특성은 그와 같은 행위들을 교정할 뿐만 아니라 막을 수도 있을까?

2장에서 국가의 발생과 본성에 대한 아리스토텔레스의 분석은 많은 것을 함축하고 있다. 무엇보다도 그것은 우리 현대 독자들이 자연에 대한 우리의 개념, 즉 육체적 그리고 도덕적 요구들을 정해 주는 목적들이 아니라 사건들을 예측하는 불변의 법칙들에 의해 지배되는 자연 개념을 유보해야 한다는 것을 함축한다. 자연은 망아지가 말이 되는 것을 정할 뿐만 아니라 사람이 정치적인 존재가 되는 것을 그리고 국가가 자족적으로 되는 것을 정해 준다. 인간의 본성 혹은 주도성은 자연의 목적을 달성하기 위한 수단을 제공하면서, 자연은 헛되이 아무것도 하지 않는다는 것을 입증한다. 목적이 수단의 실행을 포함하는 한에 있어서, 즉 자연이 인간으로 하여금 그의 판단을 행사하도록 정해 준 한에 있어서, 그러한 수단은 그러한 목적을 보증한다. 그럼에도, 인간은 정의와 잘 사는 것을 방해하는 관습을 만듦으로써 서투르게 판단하고 자연에 어긋나는 일을 할 수 있다. 인위적인 실천과 제도들이 반드시 최선의 목적에 이바지하는 것은 아니다.

달리 말해서, 비록 자연은 인간의 본성을 포함하지만, 인간의 본성은 좋은 삶에 대한 육체적 그리고 도덕적 요구 즉 자연에 의해 정해진 목적을 인식할 수도 있고 못할 수도 있는 판단에 의해 특징지어진다. 그래서 인간에 의해 창조된 삶의 모든 방식이 좋은 것이거나 자연에 따르는 것은 아니다.

자연은 인간의 판단을 국가에 필수불가결한 것으로서 인가하고 있다고 주장함으로써, 아리스토텔레스는 국가를 신의 지배로부터 자유롭게 한다. 국가를 신들에 의해 신성하게 운명이 정해져 있거나 보호받는 것으로 보는 당대의 그리스인들의 견해는 그것을 인간의 노력의 산물로 보는 생각에 의해 대치된다. 국가는 신들에 의해 좌우되거나 그 뜻에 맡겨져 있는 것이 아니다. 기도와 희생으로는 충분하지 않다. 아리스토텔레스는 전통적인 고대의 믿음에 과감히 도전하고 현대 정치적 사유에 특징적인 관념으로 나아가지만, 국가에 대한 완전한 권위 혹은 자유를 우리에게 허용하고 동의만이 정당성 혹은 최선의 삶의 방식을 확립한다는 것을 주장하는 국가에 대한 사회계약설로까지 나아가지는 않았다. 오히려 자연의 목적을 드러냄으로써, 그는 인간의 자유에 이러한 목적을 달성할 책임을 부여하였다. 우리는 국가의 특성에 대해 책임을 져야 하고, 자연은 우리를 정치적 혹은 판단을 하는 창조물로 만듦으로써 국가를 좋고 정의롭고 자족적인 것으로 만들 의무를 갖게끔 했다.

다른 식으로 말해서, 아리스토텔레스는 가능성과 한계를 동시에 제시하고 있다. 좋은 것과 나쁜 것 그리고 정의로운 것과 정의롭지 못한 것에 대한 인간의 인식은 다른 정도로 지속하는 새로운 제도들을 낳는데, 그 지속성은 그것들이 인간 조건에 적합한지를 나타낸다. 즉 우리는 우리가 좋아하기만 하면 어떤 방식으로나 살 수 있는 것은 아니라는 것을 알게 된다. 자연은 우리를 개별적으로든 집합적으로든 강제한다. 우리의 다른 개인적 특질은 각각을 독립적으로 만들 뿐만 아니라 서로 의존하게 한다. 판단하는 우리의 능력은 동의를 위한 근거뿐만 아니라 불일치의 근거도 우리에게 제공한다. 또한 자연은 잘 살 수 있는 방법을 알려 주지는 않으면서도, 잘 살고자 하는 욕망과 수단을 유발함으로써 우리를 제약하는 동시에 자유롭게 한다.

　자연은 우리가 자유와 제약 조건을 지니고서 가능한 최선의 삶을 살 도록 도전하게 만듦으로써 국가가 위엄을 갖추게 한다. 우리의 무조건 적인 자유로운 선택 혹은 창조성은 국가를 인간 존재에게 가치 있는 것 으로 만들 수 없다. 국가는 낮은 본성과 높은 본성 그리고 우리의 충동 과 열망을 모두 유의해야 한다. 이처럼 아리스토텔레스는 『정치학』 서 두에서 정치학의 과제가 쉬운 것이 아니라고 제시한다.

　이와 같이 아리스토텔레스가 관념주의자인지 혹은 실재론자인지에 대한 논쟁은 자연의 복잡성이 우리에게 부과하는 책무를 회피하는 것 이다. 한편으로, 만일 자연이 자족적인 국가를 통한 인간의 성취를 정 해 놓고 아무것도 헛되이 하지 않는다면, 우리는 좋은 삶에 대한 전망 을 확신해야 한다. 다른 한편, 인간이 본질적으로 충동적이거나 방탕하 고 공격적이라면, 우리는 끊임없는 혼란을 예상해야 한다. 첫 번째 주 장을 강조하는 것은 우리를 느슨하게 만든다(우리는 잘 살 수 있게 될 것이다). 두 번째 주장을 강조하는 것은 우리를 낙담하게 만든다(충돌 은 여기서 계속된다). 그러나 아리스토텔레스는 예단하지 않는다. 오 히려 그는 인간 본성의 발명 혹은 산물들 — 가장 큰 것이 국가이다 — 에 왜 의문을 제기하거나 검토할 수 있고 반드시 그렇게 해야만 하는지 를 설명하기 위해, 인간 본성에 영향을 미치는 자연의 존재를 드러내 보여 준다. 국가는 인간 본성의 특성인 적극적인 언어 사용이나 판단에 의해 특징지어지기 때문에, 그것은 본성적으로 자기 비판적인 성격을 갖는다. 그것은 그 구성원들이 어떻게 살아야만 하는가라는 물음을 회 피하지 않는다. 국가는 그 스스로 질문할 수단, 의지 그리고 요구를 지 니고 있을 뿐만 아니라 그것이 제기하는 물음들에 대답을 이끌어 낼 경 험 또한 갖추고 있다. 우리는 '관찰하라'는 아리스토텔레스의 첫 번째

가르침으로 되돌아가야 한다. 어떻게 사는 것이 최선인지에 대한 대답
은 우리가 경험한 것들을 관찰하거나 관조할 때 얻을 수 있다. 성공 혹
은 실패는 우리를 자연의 목적으로 향하게 한다. 만일 우리가 경험한
것들을 반성하고 그에 따라 행위한다면, 우리는 자연이 정해 준 좋은
삶에 대한 전망을 증가시킬 수 있으며 자연이 허용하는 혼란을 미리 피
할 수 있다. 아리스토텔레스가 국가의 자연성을 제시한 것은 그런 기도
(企圖)에서 우리의 성공이나 실패를 예측하기 위한 것이 아니라, 일차
적으로 반성적인 혹은 철학적인 그런 기도가 가능하다는 것을 보여 주
기 위한 것이다.

　그렇다면 아리스토텔레스의 요점은 이중적이다. 즉 기존의 어떤 국
가의 좋음 혹은 권위는 그 자체로 우리의 손안에 달려 있을 뿐만 아니
라 그것에 대한 인식 혹은 결정은 철학적 반성의 기능이다. 국가나 정
치학 자체가 아니라 단지 철학만이 한 국가가 자족성이라는 자연의 목
적을 성취하는지 못하는지를 결정할 수 있다. 그렇다면 국가의 자연성
을 제시함으로써, 아리스토텔레스는 그의 청중들로 하여금 그 목적과
이를 달성하기 위한 결정적인 수단들을 관조하도록 초대하고 있다. 만
일 그런 초대가, 정치학이나 국가 자체가 아니라, 정치철학이 인간 삶
을 완성할 가장 권위 있는 수단임을 역설적으로 제시한다면, 그것은 또
한 최선의 국가는 그런 통찰에 친화적임을 함축한다.

I. 3

아리스토텔레스는 I권의 나머지 열한 장을 가정과 그것의 경영에 대한
고찰에 바치고 있다. 그가 이러한 주제들을 주목하는 정도는 그것들의
중요성을 보여 주는 한편, 그러한 주제들을 주목하는 위치는 국가 자체
에서 가정의 필요불가결함을 입증한다. 왜냐하면 I권은 국가 일반의 주

제를 도입하고 있기 때문이다. 즉 2장에서 밝혀졌듯이, 국가는 정의상 가정들을 포함하거나 혹은 아리스토텔레스가 3장 첫 부분에서 관찰하고 있듯이, 모든 국가는 가정들로 구성되어 있다.

　가정은 그 자체로 복합적이기 때문에, 가정 경영은 단일한 지배 기술이나 형태가 아니다. 그러나 가정의 부분들은, 그렇게 여겨질 수도 있겠지만, 가정의 구성원들 자체로 환원될 수 있는 것이 아니고, 오히려 그들의 역할, 즉 주인과 노예, 남편과 아내, 아버지와 자식으로 환원될 수 있는 것이다. 이러한 역할들은 그들의 상대방에 대한 일종의 관계 혹은 태도를 함축한다. 이러한 관계는 일종의 전문적 지식(expertise) 혹은 상호성(responsiveness)을 형성한다. 확인된 역할들은 세 종류의 전문적 지식 혹은 상호관계, 즉 주종관계, 부부관계 그리고 자식들에 대한 지배를 보여 준다. 아리스토텔레스는 그의 언어가 남편과 아내 사이의 관계에 대한 정확한 단어를 결여하고 있다는 것을 관찰하는데, 이는 결혼을 통한 그들의 결합이 그 자체로 역동적인 혹은 상호적인 관계 방식을 의미하지는 않는다는 것을 함축한다. 유사하게, 그리스어 텍스트에서 '자식들에 대한 지배'를 의미하는 단어의 지위는 불확실하다. 아리스토텔레스는 아버지의 지배를 의미할 수도 있고 부모의 지배를 의미할 수도 있다. "비록 아버지의 지배는 어머니의 역할을 배제한 채 아버지의 역할을 인정하는 그의 입장과 일치하지만, 아리스토텔레스는 자신의 언어가 그가 실제로 의미하는 지배의 종류를 정확히 표현하지 못하고 있음을 재차 언급하는데, 이는 그가 부모의 지배 개념을 염두에 두고 있음을 보여 준다. 왜냐하면 그 당시 '아버지의 지배'를 뜻하는 '파트리케'(patrike)가 통용되고 있었기 때문이다." 이러한 언어적 난점이 인정된 두 경우는 특히 공통된 하나의 특성, 즉 (노예가 아니라) 자유민의 신분을 갖고 있는 가정의 구성원들과 관계되기 때문에, 그것들은 아리스토텔레스 분석의 방향성뿐만 아니라 새로움도 제시한다. 즉 가정에서 자유민들 사이의 관계들은 적절히 생각되지 않았고 그래서 명확한 그리스어로 표현되지 않았기 때문에 탐구를 요구한다. 역으로 '주종관계' — 그리스어로 '데스포티케'(*despotike*) — 란 말은 언어적으로 전제적 지배를 생각나게 하는 표현이다. 그러나 아리스토텔레스는 주종관계 역시 논의를 필요로 하고, 그래서 아마 연상된 의미는 잘못되었다고 말한다. 어쨌든, 그는 가정의 세 가지 관계가 각각 무엇 **이어야만 하는지**를 확정할 것이라고 언급한다.

그러한 확정은 가정 경영의 또 다른 명백한 부분, 즉 획득술 혹은 재산획득 기술에 대한 고찰을 요구한다(왜냐하면 아리스토텔레스가 주목하듯이, 소유물 없이 생존하거나 잘 사는 것은 불가능하기 때문이다). 누가 그리고 어떤 목적으로 가정에 필요한 것을 공급해야 하는가? 이와 같이 아리스토텔레스는 노예제에 대한 실질적인 논의를 위한 준비를 한다.

I. 4 - 7

역사적이고 정치적인 이유 때문에, 노예제에 대한 아리스토텔레스의 논의는 아마도 『정치학』 가운데 가장 잘 알려져 있고 논쟁적인 부분이다. 그가 일반적으로 노예제와 관련된 관행들의 옹호자라는 평판을 받을 만한지의 여부를 독자들은 판단할 수 있을 것이지만, 아리스토텔레스의 경험적 관찰들과 그것들로부터 그가 도출한 이론적 일반화에 대한 고찰 없이 이를 평가하는 것은 현명하지 않다. 5장에서 주로 집중적으로 논의되는 이러한 이론적 일반화는 주인-노예 관계에 대한 그의 개념뿐만 아니라 『정치학』 전체에 걸쳐 논의된 지배의 다른 형태들에 대한 그의 개념에도 중심적인 것이기 때문에, 다음 해설은 그것에 초점을 맞추고 있다.

4장은 '노예'와 '주인'에 대한 사실적인 혹은 논증할 수 없는 정의(定義)를 제시한다. 노예는 소유된 살아 있는 활동을 위한 도구이다(이것은 베틀이나 커피메이커와 같은 소유된 생명이 없는 생산을 위한 도구와 구별된다). 주인은 노예를 소유한 자이다. 노예가 소유된 것이라면, 그는 그 자신에 속하는 것이 아니다. 이로부터 아리스토텔레스는 노예는 "본성적으로 그 자신에 속하지 않는" 인간이라고 결론을 내리고, 그리하여 소유물로서의 노예의 지위는 그의 본성의 결과 혹은 표출이라고 제시한다. 5장에서, 아리스토텔레스는 왜 어떤 인간들은 본성적으로 그들 자신에 속하지 않는지를 설명하기 시작한다.

그는 —『정치학』의 가장 중요하고 학문적으로 통찰력이 있는 구절들 가운데 하나에서 — 철학적으로나 경험적으로 그 대답을 아는 것은 어렵지 않다고 말한다. 왜냐하면 우리가 살고 있는 세상을 관찰하고 생각해 보면, 우리는 '지배하고 지배받는' 현상 혹은 한마디로 말해 계급제도들을 볼 뿐만 아니라 그러한 현상 혹은 계급제도들의 필연성과 유익함을 보게 된다. 우리는 열등한 존재와 우월한 존재들 간에 있는 필연성을 본다. 예를 들어, 어미 호랑이는 새끼 호랑이들을 보호하기 위해 위험을 피해서 안전한 굴로 데려간다. 우리는 상호 보완적인 존재들에서 지배의 유익함을 본다. 말은 인간을 위해서 마차를 끌 수 있는 반면에, 인간은 말의 발굽으로부터 돌을 제거할 수 있다. 우리는 또한 더 나은 그리고 더 못한 지배의 형태를 분간할 수 있는데, 지배의 성질은 언제나 지배를 받는 것의 성질에 달려 있다. 물어뜯는 개, 졸라 대는 아이, 강도짓을 하는 남자는 그렇지 않은 사람들로부터 다른 방식으로 취급되어야 한다. 더 나은 본성과 행위는 더 나은 지배를 이끌어 낸다. 이처럼 지배의 활동은 지배하는 자와 지배받는 자를 기능적으로 연관시킨다. 각각이 기능하는 방식은 다른 것에 의존한다. 아리스토텔레스는, 근대 물리학적 입장을 예견하는 문장에서, 이것이 참이라고 언급한다. 즉 지배와 지배받음이 하나의 전체를 구성하든 혹은 분리된 부분들이든 그리고 그것들이 생명이 있는 것이든 생명이 없는 것이든 그것은 참이라는 것이다. 지배의 현상은 개개의 생명체들, 즉 동물이나 인간들 가운데서 관찰하기가 가장 쉽지만, 음악적 조화와 같은 생명이 없는 전체에도 본질적으로 존재한다. 즉 음들은 다른 음들을 지배하고 지배받음에 의해서 음악을 창조한다. 아리스토텔레스는 초점을 맞추기 위해서 이런 방식의 논증을 그만두지만, 그것을 확장할 또 다른 종류의 탐구를 언급한다. 아마도 이것은 어떤 종류의 지배 혹은 힘들에 의해 합쳐진 — 암석들과 같은 — 다른 생명이 없는 통일체들(wholes)을 탐구하는 학을 제시하는 것이다.

분리된 존재들 사이의 지배와 생명이 없는 통일체 속에서의 지배를 논의한 다음에, 아리스토텔레스는 생명이 있는 통일체, 즉 하나의 생명체 안에서의 지배에 대해 논의한다. 그가 그렇게 하는 분명한 이유는 단일한 생명체가 자연에 따른 지배 혹은 좋은 지배와 나쁜 지배 사이의 차이를 가장 명백히 보여 주기 때문이다. 최선의 상태에 있는 생명체는 그것의 영혼이 그 몸을 지배할 때 그것의 우월한 부분과 열등한 부분 사이의 자연적으로 좋은 관계를 예증한다. 대조적으로 타락한 상태는 나쁘고 부자연스러운 지배를 반영하는데, 이 경우 몸이 영혼을 지배한다. 그런데 아리스토텔레스는 '최선의 상태'에 의해 그가 단순히 육체적 건강을 의미하는 것이 아님을 분명히 한다. 영혼 역시 우월한 부분과 열등한 부분들을 갖고 있으며, 이것들은 지성이 감정을 지배할 때 적절한 자연적 관계를 이룬다. 아리스토텔레스가 『니코마코스 윤리학』에서 행복과 연관해서 제시한 이러한 주장들은, 모든 종류의 지배를 위한 정당화 조건인 우월함과 열등함의 기준을 확립하기 때문에, 그의 정치철학에서 중심적인 것이다.

아리스토텔레스는 이런 맥락에서 다스림의 방식은 지배받는 것의 본성 혹은 성질을 반영한다는 것을 다시 주목함으로써 다음과 같은 내용을 미리 밝힌다. 즉 영혼은 주인에게 특유한 지배 방식으로 육체를 지배하는 반면에, 지성 혹은 이성을 지니고 있는 영혼의 부분은 정치적인 그리고 왕의 지배 방식으로 감정적인 부분을 지배한다. 우리는 여전히 모든 종류의 지배에 관해 배워야 하지만, 아리스토텔레스는 자연이 그런 기준을 확립했기 때문에 모든 경우에 우월한 것이 열등한 것을 지배해야 한다는 것 — 인간이 동물을, 수컷이 암컷을, 일반적으로 더 나은 인간이 열등한 인간을 지배해야 한다는 것 — 을 강조한다. 자연의 정치적 상관성은 논쟁의 여지가 없다.

영혼이 육체와 다르고 혹은 인간이 짐승과 다르듯이, 만일 자연이 어떤 사람들을 다른 사람들과 다르게 만들었다면, 그들은 지배받아야만 한다. 즉 만일 그들이 할 수 있는 최선의 일이 육체적 노동이라면, 그들은 본성적으로 노예이고 그들 자신의 좋음을 위해서 그와 같은 존재로 취급되어야만 한다. 노예는 다른 사람에 속할 수 있기 때문에, 달리 말해서 자기 스스로 결정할 수 없기 때문에 다른 인간에 속한다는 앞서의 주장을 분명히 하면서, 아리스토텔레스는 본성적인 노예는 이성을 따를 수는 있으나 스스로 이성을 갖지 못하고 있다고 덧붙인다. 이처럼 아리스토텔레스는 — 육체적 노동을 위한 필요성이 아니라 — 노예의 행복을 주종관계에 대한 최고의 정당화 조건으로서 제시한다. 그리고 그는 노예를 필요로 하는 것은 가축을 필요로 하는 것과 거의 다를 바 없다고 언급한다. 둘 다 육체적 일을 할 수 있는 것이다.

학자들은 아리스토텔레스가 지금 모순되는 주장을 하고 있는 것은 아닌지 논쟁을 한다. 왜냐하면 2장에서 그는 언어 혹은 이성(*logos*)을 인간을 규정하는 특성으로 확인하고 있기 때문이다. 어떤 학자들은 모순이 반어적으로 의도된 것이라고 주장하기도 한다. 즉 만일 노예가 본성적으로 이성을 결여하고 있는 자라면, 본성적으로 노예인 사람은 아무도 없다는 것이 아리스토텔레스의 함축된 요점이라는 것이다. 다른 해석 방향은 지도하거나 인도하기보다는 따르려는 성향에 노예성의 초점을 맞춘다. 노예의 수동성은 이성의 능력을 발휘하지 못하게 하거나 혹은 그것의 손상을 보여 준다. 즉 그것은 그의 정신적 결함의 원인이거나 징후이다. 이 논쟁의 완전한 해결은 아리스토텔레스가 그의 많은 저작에서 밝히고 있는 영혼의 상태뿐만 아니라 이성의 종류 혹은 차원들에 대한 분석을 통해서만 가능하다. 그럼에도 아마 현재 만족할 만한 해결 방식은, 아리스토텔레스가 분명히 도달하고자 했던, 대중적 견해의 수정에 초점을 맞춘다. 즉 본성적인 노예들은, 그들이 기술(技術)적으로 혹은 정치적으로 인간이든 아니든 간에, 인간적으로 취급되어야만 한다는 것이다. 그들은 그들의 노예적 성질이 허락하는 한에 있어서 혹은 더 정확히 말해 그들의 노예적 성질 때문에 인간처럼 취급되어야 한다. 즉 그들을 지도하는 것은 지도받아야 할 그들의 필요에 부응하는 것이다.

　이러한 해석과 일치되게, 아리스토텔레스는 본성적인 노예들을 확인하는 것은 반드시 쉬운 일은 아니라고 말한다. 이성 혹은 주도하는 특성을 결여한 인간들은 많이 있을 수도 있고 없을 수도 있지만, ─ 아리스토텔레스는 단지 그들이 존재한다는 것만을 입증한다 ─ 그들이 다른 사람들과 언제나 다른 모습으로 나타나는 것은 아니다. 자연의 의도가 실현될 때, 이성이 부족한 인간들은 하인의 일들에 적합한 강한 육체를 갖고 있고, 충분히 이성적인 사람들은 시민적 생활, 주로 정치적인 일과 군사적인 임무에 적합한 육체를 갖고 있다. 그러나 강건한 사람들이 자주 또한 이성적이고, 기민하고 리더십을 갖추고 있기도 하고, 그리고 평범한 체격이나 작은 키를 가진 사람들이 자주 적합하게 행동할 수 없거나 주도적이지 못할 수 있다. 자연의 분명한 의도와 반대되는 일이 왜 자주 일어나는지에 대해 아리스토텔레스는 말하고 있지 않다. 그러나 누가 노예이고 누가 주인이어야 하는지 하는 문제는 어떤 사람들이 신들처럼 보인다면 쉽게 해결될 것임을 주목하고서,[3] 그는 다음과 같은 양립 가능한 두 가지 생각을 추론한다. 즉 인간 존재에 대한 어떤 의무도 자연 속에는 내재해 있지 않다는 것과, 자연이 드러내는 난점들은 인간들로 하여금 스스로 의무감을 갖도록 고무한다는 생각이다. 자연은 어떤 인간들을 신들의 모상으로 만들어서 즐거운 마음으로 신들에게 봉사할 수 있도록 하는 데 실패했을 뿐만 아니라, 누가 자연적으로 더 우월한지를 우리가 쉽게 확인할 수 있도록, 육체의 아름다움처럼 영혼의 아름다움을 명백한 것으로 만드는 데 실패했다. 그러나 어떤 사람들은 본성적으로 노예들이고 다른 사람들은 본성적으로 자유민이라는 명백한 사실은 후자가 전자를 이롭게 하고 그들을 지배함으로써 더 유용하게 만들도록 장려한다.

달리 말해서, 본성적인 노예들의 존재는 노예제의 실행을 장려한다. 그러나 모든 노예제가 올바른 것은 아니다. 아리스토텔레스는 6장에서 이 점을 분명히 하는데, 거기서 그는 세 가지 입장을 밝히고 있다. 이 중 두 가지는 노예제의 실행을 옹호하고, 세 번째 것은 이를 반대한다. 노예제를 옹호하는 한 가지 입장은 포로를 포함해서 전리품은 법적으

3   역자 주: 만일 신상(神像)들이 인간들과 다른 것만큼이나 인간들이 서로 다르다면, 열등한 자들이 우월한 자들의 노예가 되어야 한다는 것에 모두가 쉽게 동의할 것이라는 뜻이다.

로 승자에게 속한다는 것을 주장한다. 이런 관행에 반대하는 사람들은, 정의는 상호 간의 호의에서 성립하는 것이기 때문에, 우월한 힘이나 그 밖의 어떤 것도 노예화를 정당화할 수 없다고 논증한다. 아리스토텔레스는 양자의 견해에서 옳은 점을 지적한다. 즉 힘은 그 자체로 옳은 것이 아니라, 덕에 의해 뒷받침되고 열등한 자에게 행사된 힘이 옳은 것이다. 더구나, 첫 번째 견해의 주장자들도 전쟁의 기원이 언제나 정의로운 것은 아니며, 전쟁에서의 적들 중에는 노예에 적합하지 않고 가장 높은 수준의 사람들이 포함될 수 있다는 것을 인정한다. 전쟁의 모든 포로가 노예가 될 만하지는 않다는 것을 인정함으로써, 그들은 '본성적인 노예'를 찾고 있다고 아리스토텔레스는 언급한다. 달리 말해서, 그들은 어떤 사람들은 좋게 태어나고 본성적으로 고귀한 반면 다른 사람들은 그렇지 않다는 것을 전제하는데, 이들은 후자만이 노예가 될 만하다는 아리스토텔레스의 입장에 본질적으로 동의한다.

그럼에도 아리스토텔레스 자신은 닮은 것이 닮은 것을 언제나 산출하지는 않는다는 것을 인정한다. 노예와 주인들 각각의 자손들이 반드시 그들 부모의 자질을 이어받는 것은 아니다. 만일 자연이 예상대로 그것의 명백한 의도를 수행하지 못한다면, 우리는 누가 노예가 될 만한지를 식별하기 위해 인간의 판단에 의존해야만 한다. 만일 우리가 잘 판단한다면, 모든 사람이 이익을 볼 것이다. 주인과 노예는 일종의 친구까지도 될 것이다.

비록 분간할 수 있는 특성들이 주인-노예 관계를 확립할지라도, 주인과 노예 각자의 행위는 각자에게 고유한 일 혹은 기능을 규정하는데, 이는 노예에 적합한 지식과 주인에 적합한 지식을 함축한다. 노예들은 가사를 수행하는데, 요리처럼, 어떤 것들은 다른 것들보다 더 필수적이다. 노예들에 대한 지배는 고귀한 일의 수행이 아니라 노예들에게 지시

하는 능력에 근거하는 것이라고 아리스토텔레스는 말한다. 왜냐하면
그것은 분명히 삶에서 단순히 필요한 일들을 감독하는 것이기 때문이
다. 그래서 만일 어떤 자유민이 노예들을 관리할 집사를 고용할 수 있
다면, 그는 정치나 철학에 종사할 수 있을 것이다. 그러나 그는 그의 노
예들을 확보할 의무를 위임해서는 안 된다. 왜냐하면 그것은 다시 자유
민의 인식을 요구하는 일이기 때문이다. 이와 같이 아리스토텔레스는
노예제의 정당한 실행이 정치학과 철학(『정치학』에서 '철학'에 대한
최초의 언급)의 조건이라고 제안하면서 노예제에 대한 그의 논의를 끝
맺는다. 본성적으로 우월한 자들이 다른 중요한 일을 할 수 있도록, 본
성적인 노예들은 직접적으로 필요한 일들을 해야 한다. 그래서 만일 본
성적인 노예의 행복이 노예제를 성립시키는 첫 번째 요인, 운동인(ef-
fective cause) 혹은 정당화 조건이라면, 정치학과 철학은 그것의 목적
혹은 목적인(final cause)이다.

I. 8 - 11

다음 네 개의 장에서, 아리스토텔레스는 I권의 일반적 문제, 즉 인간에
있어서 무엇이 자연에 따른 것인지 하는 것과 좀 더 특수한 문제, 즉 가
정의 구성과 그 경영에 있어서 무엇이 자연에 따른 것인지를 계속 언급
한다. 7장에서 가정의 살아 있는 소유물의 주제에 대해 논의한 뒤에,
아리스토텔레스는 8장에서 생명이 없는 소유물들 혹은 물질적 재화들
의 주제로 이동한다. 가정 경영은 그것들의 사용만이 아니라 그것들의
획득을 포함하는가? 재산의 획득이나 산출의 자연스러운 어떤 방식들
이 있고 부자연스러운 다른 방식들이 있는가? 이러한 문제들에 대한
대답은 국가를 위해 가르침을 주는가?
  아리스토텔레스는 다음 네 개의 장에 걸쳐 재산의 획득은 가정 경영

과 같은 것이 아니라 그것에 종속되는 것임을, 획득의 어떤 방식은 다른 것들보다 더 자연스러운 것이고, 그리고 가정의 자연적인 혹은 좋은 물질적 조건은 국가에 교훈적이라는 점을 논증한다. 그렇게 하면서, 더나아가 그는 다음과 같은 세 가지 대립 쌍들을 제시한다. 그는 본성적인 노예와 관습적인 혹은 부자연스러운 노예를 구분하듯이, 재산을 획득하는 자연스러운 방식과 부자연스러운 방식을 구분하고, 재산에 대한 자연스러운 양과 부자연스러운 양을 구분하며, 그리고 돈의 자연스러운 사용과 부자연스러운 사용도 구분한다. 궁극적으로 그는 가정과 국가는 자연적으로 재산이 있거나 혹은 자족적이어야 함을 제시한다.

아리스토텔레스는 가정이 기능하기 위해서 필요한 먹을 것들을 가정에 가져다주는 수단으로서의 획득술은 가정 경영을 보조한다는 것을 논증함으로써 시작한다. 그러나 획득의 많은 형태들, 이를테면 두 가지 대표적인 것들로 농사와 유목, 그리고 사냥, 약탈, 고기잡이와 같은 것들이 있고 그것들이 삶의 방식을 결정한다. 이러한 형태들은 먹을 것들을 산출하거나 모으기 때문에, 그것들은 단순히 먹을 것들을 주고받는 물물 교환이나 장사와 다른 것이다. 만일 땅이나 바다로부터 단일한 방식의 획득이 자급자족을 위해 적합하지 않다면, 사람들은 이를 위해 때때로 두 가지 혹은 그 이상의 방식들을 결합한다. 자연은 인간들이 사용하고 먹을 것으로 동물들을 그들에게 제공하고, 동물들에게는 그들이 사용하고 먹을 것인 식물들을 제공함으로써 자급자족의 목표를 돕는다. 그럼에도 전쟁은 — 그것은 동물들의 사냥뿐만 아니라 '지배받기에 적합하지만 이를 거부하는' 인간들의 획득을 포함하기 때문에 — 획득술의 자연적 형태이다. 자유민에게 그 자신의 노예들을 구하라고 충고함으로써 아리스토텔레스는 이미 7장에서 이러한 두 번째 종류의 정의로운 전쟁이 가정 경영의 부분임을 암시했다.

　자연이 제공하는 물질적 자원들과 위계질서는 가정의 필요를 충족시킬 뿐만 아니라 더 일반적으로는 국가의 필요를 충족시킨다. 이처럼 자연의 지시를 따르는 획득의 형태들은 획득가능성과 필요에 의해 자연적으로 제한되는 참된 재산을 산출하는 것으로 보인다. 만일 제한된 재산이나 자급자족이 좋은 삶을 특징짓는다면, 가사 관리인과 정치적 지배자들은 똑같이 그런 한계를 넘어서 물질적 재화를 추구해서는 안 된다. 아리스토텔레스는 이 주제에 대한 시인 솔론의 견해를 반박함으로써 시가 언제나 지혜나 훌륭한 충고를 전하는 것은 아님을 보여 준다. 무제한적으로 부를 추구하는 것은 결정적으로 비시인적인 삶의 방식이다.

　그럼에도 아리스토텔레스는 돈과 상업은 합리적인 발달 과정이라고 말한다. 왜냐하면 그것들은 그 자체로 필요해서 생겨난 물물 교환이나 교환에서 유래하기 때문이다. 가정에서 물품들은 특정한 목적을 위해서 사용되기 때문에 교환의 필요성이 없는 반면에, 가정들 간에는 그러한 물품들을 보충하거나 유지하기 위해서 그러한 필요성이 있다. 이것은 비일상적인 필요를 충족하기 위해 마을을 이룬다는 앞서 제시된 근본적 이유를 우리에게 상기시켜 준다. 일단 외국인들이 필수품들을 수입하고 여분의 것들을 수출하자마자, 돈이 고안되고 상업이 교환을 대체하게 된다. 시간이 흐르고 경험이 쌓여서, 상업은 이익을 얻는 기술이 되고, 이 기술은 돈을 필요나 자연적 충족과 분리시킨다. 그렇다면, 돈은 분명히 자연스럽게 혹은 단순히 관습적으로 유통될 수 있다. 이익을 위해 유통된 돈은 필수품을 위해서는 무용한 것이기 때문에 가치가 없는 것이다. 미다스(Midas)와 같은 부자는 굶어 죽을 수 있다. 많은 돈은 자연적인 것도 참된 재산도 아니다.

　자연적 충족을 위한 돈과 상업의 유용성은 역설적으로 그것들의 남용의 기원이다. 우리는 국가에 물품들을 수입하기 위해 그리고 가정들 간의 교환을 용이하게 하기 위해 그것들을 필요로 하지만, 그것들은 축재(蓄財)를 지향할 수 있다. 폭식이 우리가 어떤 음식을 필요로 하고 먹는 것을 그만둘 수 없다는 사실로부터 생기듯이, 이득을 위한 상업은 우리가 살기 위해서 어떤 것들을 필요로 하고 그것들을 얻기 위한 상업을 그만둘 수 없다는 사실에서 유래한다. 그러나 아리스토텔레스는 기술들에 대한 탐구를 통해서, 먹는 것이 폭식의 원인이 아니듯이, 상업은 불필요한 축재의 원인이 아니라는 것을 보여 준다.

물론 그 원인은 욕망이다. 왜냐하면 모든 기술은 그 목적에 의해 제한되기 때문이다. 건강은 의술의 한계를 정한다. 일단 상처가 치료되거나 감기가 나으면, 더 이상 습포를 쓰거나 감기약을 먹을 필요가 없다. 같은 것이 부와 상업 기술에 대해 이야기될 수 있다. 단, 부는 건강과 달리 두 가지 형태, 즉 충분함과 과잉을 갖고 있다(비록 건강과 관련해서도 유사한 이분법이 성형 수술의 발명과 더불어 생겨났지만 말이다). 따라서 각각의 목적을 산출하는 두 가지 다른 기술이 있다. 자연적 재산을 산출하는 상업적 기술 혹은 재산획득 기술과 돈을 산출하는 그러한 기술은, (음식처럼) 돈은 양자에 공통적인 수단이기 때문에, (먹는 것과 폭식처럼) 다시 매우 밀접한 연관성이 있고 자주 혼동된다. 그래서 어떤 사람들은 가정 경영의 기술은 돈을 증식하는 것이거나 혹은 단지 그것을 간수하는 것이라고 생각한다. 그러나 돈의 목적은 유용한 것들을 위해 그것을 쓰는 것이다. 충분한데도 만족하지 못하는 욕망은 더 많은 돈을 목적으로 돈을 유통시키기 위해 재산획득 기술을 잘못 사용한다. 이처럼 돈과 재산획득 기술은 그 자체로 비난받을 만한 것이거나 모든 악의 원천은 아니다.

정말로, 돈에 대한 욕망이 우세해질 때, 재산획득 기술을 통해 돈을 모으는 데 실패한 사람은 그들을 마찬가지로 타락시킬 다른 기술들을 시도한다. 부자가 되기 위해 어떤 배우들은 연기하고, 어떤 작가들은 글을 쓰고, 어떤 의사들은 의술을 사용하고, 어떤 장군들은 전투 지휘를 한다. 그들은 용기, 주도하는 능력, 그리고 에너지를 돈이란 목표로 잘못 향하게 함으로써, 그들의 일, 성실성 그리고 자존감을 훼손한다. 마치 돈이 삶의 목적인 것처럼, 그들은 사는 것에 관해 진지하지만, 잘 사는 것에 관해서는 그렇지 않다.

　잘 사는 것은 가정과 국가 모두의 목적이기 때문에, 가정 경영에 관한 교훈은 정치적 지배에도 적합하다. 가사 관리인처럼, 정치적 지배자 역시 재산획득 기술을 사용해야 한다. 돈과 상업의 적절한 그리고 자연적인 사용은 가정과 국가가 잘 살기 위해서 필요로 하는 것들을 제공한다. 그들 각각의 경제 관리를 잘 사는 것을 향상시켜야 하는 그들의 의무에 맞춤으로써, 가정과 국가는 자연에 따라서, 목적에 대한 수단으로서 돈을 사용한다.

　그럼에도 가정과 국가는 더 혹은 덜하게 자연에 따라 살 수 있다는 것이 사실인 것처럼 여겨진다. 가정과 정치 경제에 대한 아리스토텔레스의 논의 밑에 놓여 있는 그러한 복잡성은 11장에서 구체적으로 나타난다. 비록 이 장은 다양한 획득의 방식들이 요구하는 실천적 지식에 초점을 맞추고 있지만, 그것은 부분적으로는 다른 것을 도입함으로써 그리고 또 부분적으로는 그것들이 포함하는 종류의 일들에 등급을 매겨서, 이러한 방식들의 자연성을 복잡하게 만든다. 8장의 논의 서두에서, 땅으로부터의 획득은 가장 자연스러운 획득의 방식이고, 상업은 가장 그렇지 못한 것으로 언급된 바 있다. 첫 번째 것은 농작물의 경작과 동물들을 돌보는 것에 관한 지식을 요구하고, 두 번째 것은 화물을 수송하고 파는 것, 돈의 대부와 임금 노동에 관한 지식을 요구하는데, 임금 노동은 장인들과 육체노동자들에 의해 행해진다. 그러나 11장은 세 번째 획득 기술 혹은 재산 획득 기술을 도입하고 그것은 자연성의 측면에서 볼 때 농사와 상업 사이에 속한다고 언급한다. 이것은 땅으로부터 나는 것들을 채취하는 것, 즉 벌목과 채광이 주된 것이다. 마찬가지로 여기에 포함된 실천적 지식은 부분적으로는 농사에 필요한 것과 유사하고, 부분적으로는 상업에 필요한 것과 유사하다. 비록 인간에게 가장 자연스러운 삶의 방식은 여전히 땅에 가장 밀접한 것이지만, 아리스토텔레스는 세 가지 획득 방식에 포함된 일의 특성을 기술함으로써 그런 결론을 복잡하게 만들고 있다.

최선의 종류의 일은 기술을 가장 많이 요구한다. 그것은 문제를 우연에 맡겨 버릴 수 없다. 손에 가장 의존해서 하는 천한 일은 육체를 가장 많이 손상시킨다. 가장 노예적인 종류의 일은 육체적인 힘에 가장 많이 의존한다. 그리고 가장 비천한 것은 덕이나 훌륭함을 가장 필요로 하지 않는 종류의 일이다. 그러므로 인간에게 최선의 종류의 일은 그의 정신과 육체를 가장 잘 보존하는 것이다.

세 가지 방식의 획득술이 인간의 삶에 대해 갖는 상대적인 자연성은 분명히 땅의 사용이나 자연적 환경에의 근접성에 상응하지 않는다. 농사, 채굴, 양모 생산은 기술을 요구하고 날씨와 같은 우연적 요인을 최소화하지만, 그것들은 또한 몸이 손상될 우려가 있는 육체적 노동을 요구한다. 그리고 상업 혹은 물품들을 운송하는 것은 화물을 나를 육체적 노동을 요구하지만, 그것은 또한 물품들을 제조하고 돈을 관리할 기술을 요구한다. 사실상, 아리스토텔레스는 농사에 관해서 많은 안내서가 있지만, 장사에 대해서는 더 많은 것이 필요하다고 언급한다. 더욱이, 돈의 운영이 적어도 과잉보다는 충족성의 목적에 이바지한다면, 현명한 사업 방식들 이외에, 그것은 주목할 만한 덕 또는 훌륭함을 요구하지 않는가?

돈의 운영이 적극성 혹은 용기를 포함하여 지성과 훌륭한 품성을 요구한다는 것을 확실하게 하려는 듯이, 아리스토텔레스는 밀레토스 출신의 탈레스에 관한 일화를 이야기한다. 그는 가난 때문에 비난받았을 때 많은 돈을 벌기 위해서 그의 과학적 지식을 사용한 사람인데, 그렇게 해서 그는 많은 돈을 벌 수 있다는 것을 입증했지만, 그런 식으로 살기를 원하지는 않았다.

빠른 시간 안에 돈을 많이 버는 방법을 아는 것은 가정에 그리고 국가에 더욱 유익하기도 하다고 아리스토텔레스는 말한다. 정치적 지배자들은 재정을 늘리기 위해서 그런 종류의 실천적 지식을 알아야만 한다. 정부 내의 몇몇 사람들은 오로지 그 일에만 전념하기도 한다.

그런 지식에 대해 자세히 말하는 것은 현재의 탐구에 적절하지 않지만, 그것이 필요하다는 사실을 말하는 것은 적절하다. 왜냐하면 그것은 두 가지 요점, 즉 돈을 버는 것이 우선적이어서는 안 된다는 점뿐만 아니라 그것을 피해서도 안 된다는 점을 확립하는 데 도움을 주기 때문이다. 만일 가정과 국가가 했던 모든 일이 돈을 늘리는 것이었다면, 아마도 그것들은 돈을 빨리 늘리는 방법을 알아야 할 어떤 필요도 없었을 것이다. 동시에, 탈레스의 예를 통해 제시된 경직된 대안들, 즉 가난하게 살면서 지식 추구에 헌신하는 삶과 빨리 돈을 버는 데 헌신하는 삶이라는 대안은 그것들이 유일한 대안들인지 우리로 하여금 의문을 갖게 만든다. 정말로, 아리스토텔레스는 탈레스가 고안한 사업 계획은 천문학에 대한 그의 지식(이 지식은 그가 풍작을 예측할 수 있게 해서 쓸 수 있는 모든 올리브 짜는 기계를 미리 임차할 수 있도록 해 주었다) 덕분일지라도, 독점의 원리는 보편적으로 효력이 있는 재산 획득 기술이라고 언급한다. 만일 정치적 지배자들과 가사 관리인들이 똑같이 그러한 재산 획득 기술을 쉽게 구사했다면, 아마도 그들은 돈을 빨리 벌 필요가 없었을 것이다.

이와 같이 획득의 방식들에 대한 아리스토텔레스의 논의는 8장에서 농사에 의해 산출된 먹을 것들의 형태로 제한된 부가 좋은 삶을 증진한 다는 것을 제시함으로써 시작하고, 11장에서는 상업에 의해 산출된 돈 의 형태로 재산을 비축하여 그렇게 한다는 것을 제시함으로써 끝난다. 그 사이에, 그는 어떤 방식의 획득이 인간에게 최선인지 혹은 가장 자 연적인지 하는 문제는 전체로서의 인간의 구성과 그의 고유한 목적에 대한 고찰을 요구한다는 것을 밝힌다. 그러나 그 이전에 그는 모든 인 간이 동일하게 구성되어 있는 것은 아니고, 그래서 다른 목적 혹은 기 능들을 갖고 있다는 것을 보여 주었다. 그렇다면 분명히 어떤 획득 방 식이 최선인지는 문제되고 있는 대중의 특성에 달려 있다.

I. 12 - 13

주인-노예 관계에 대한 분석으로 시작해서, 가정과 국가의 경제에 대 해 길게 논의한 다음에, 아리스토텔레스는 I권의 마지막 두 장에서 가 정을 구성하는 다른 두 가지 관계, 즉 남편과 아내 사이의 관계와 부모 와 자식 사이의 관계 문제로 향한다. 본성적으로 자유민들 사이의 관계 들일지라도, 그것들은, 이미 논증된 것처럼, 본성에 따른 모든 관계가 그렇듯이, 주인과 노예 관계처럼 또한 지배에 의해 특징지어진다. 문제 는 각각의 경우에 지배가 어떤 종류의 것인지 하는 것이다.

아리스토텔레스는 자식들에 대한 지배는 왕의 지배와 같다고 추론한 다. 왜냐하면 왕들은 그들의 피치자들보다 어떤 측면에서 우월하지만 그들과 같은 종족이어서 그들을 자애롭게 지배하기 때문이다. 나이는 상대적인 성숙함 혹은 발달을 확립하기 때문에, 그것은 열등함과 우월함을 특징짓는다. 나이가 많다는 것은 어머니와 아버지가 자식들에 대해 갖는 우월성을 확립하지만, 아리스토텔레스는 다시 앞서와 마찬가지로, 아버지의 지배와 남자 왕에 대해서만 언급하고 어머니의 지배와 여왕에 대해서는 언급하지 않는다. 아버지만이 왕의 지배를 행사할 수 있는지 하는 문제는 아리스토텔레스가 남자와 여자 그리고 남편과 아내의 관계를 특징짓는 방식에 주목하게 만든다.

아리스토텔레스는 자연에 배치되는 예외적인 경우가 아니라면 남자가 여자보다 지배하는 데 더 낫고, 그래서 정치적 지배와 일치되는 방식으로 결혼 생활을 인도해야 한다고 선언한다. 정치적 지배에서 지배자와 피지배자는, 그들이 본성적으로 평등한지 그리고 서로 교대로 지배하고 지배받는지 여부와 관계없이, 외형과 말투 그리고 예우에서 구별된다. 그러나 남자와 여자 사이의 본성적 차이는 리더십의 능력을 넘어서 도덕적이고 지적인 모든 덕에까지 확장된다.

더구나, 가정의 각 구성원들의 덕들은 서로 다른데, 이 점이 가정의 좋은 경영을 위해 중추적인 것이라고 아리스토텔레스는 말한다. 그래서 그는 13장에서 이것들을 열거하고 분석한다.

남자들, 여자들, 노예들 그리고 자식들의 덕은 그들 영혼의 특질이 다르기 때문에 다른 것이다. 노예는 심사숙고하는 요소를 결여하고 있어서 주로 규율 바른 행동과 그의 일에 대한 헌신을 통해 덕을 보여 준다. 유사하게, 아이는 심사숙고하는 능력이 아직 발달하지 못해서 단지 가끔만 자제력을 보여 준다. 대조적으로, 여자는 심사숙고하는 능력을 발달시킬 수 있지만, 남자의 심사숙고하는 능력이 언제나 그 자신을 다스리는 경향이 있는 것처럼 그렇게, 그녀의 심사숙고하는 능력이 언제나 그녀 자신을 다스리는 것은 아니다. 남자의 심사숙고하는 능력은 여자가 절제, 용기, 정의와 같은 도덕적 덕들을 발휘하는 데 영향을 미친다. 그래서 아리스토텔레스는, 어떤 사람들이 그렇게 규정하고 있듯이, 덕을 일반적으로 영혼의 좋은 상태 혹은 올바르게 행위하는 것으로 규정하는 것이 아니라 수많은 다른 덕들로서 규정하는 것이 제일 좋다고 결론 내린다.

그러므로 가정 경영은 가정의 다양한 구성원들에게 다양한 덕을 심어 주거나 혹은 그들에게서 그것들을 이끌어 내는 것을 포함한다. 주인은 노예들에게도 그들의 일을 일일이 지시해서는 안 되고 덕을 심어 주어야 한다고 언급하면서, 아리스토텔레스는 그의 앞선 설명으로부터 어느 정도 지배의 위엄을 재확립한다. 가장 중요한 것으로, 그는 『정치학』에서 처음으로 교육에 대해 언급하면서 가정의 기능은 교육이란 점을 논증한다. 여자들은 국가에서 자유민의 반을 차지하고 있으며 아이들은 미래의 시민임을 지적하면서, 아리스토텔레스는 아마도 어머니들의 역할을 제시하고 있다. 어머니는 아버지가 하는 방식으로 아이들을 인도하지는 않지만, 그녀 자신의 독특한 덕은 아이들의 지적인 덕은 아닐지라도 그들의 도덕적 덕을 발달시키는 것을 도울 수 있다. 여하튼, 국가의 탁월함은 여자들과 아이들의 탁월함에 의존한다.

연구를 위한 물음들

1. 국가가 지배되어야 하는 방식을 이해하기 위해서 어떤 탐구가 요구되는가?
2. 국가는 자연적으로 존재한다는 주장에 의해 아리스토텔레스는 무엇을 의미하는가?
3. 인간은 왜 정치적 동물인가?
4. 아리스토텔레스가 국가는 본성적인 것이라는 논증으로 그의 저작을 시작하는 이유는 무엇인가?

5. 왜 노예와 주인이 있는가?

6. 아리스토텔레스는 노예제의 실행을 옹호하는가? 왜 그런가 혹은 왜
   그렇지 않은가?

7. 자연에 따른 어떤 획득 방식들이 있는가?

8. 아버지는 자식과 어떤 방식으로 관계 맺어야 하는가? 어머니는 어
   떤 방식으로? 그 이유는?

9. 남편과 아내는 서로 어떤 방식으로 관계 맺어야 하는가? 그 이유는?

10. 아리스토텔레스는 덕에 대한 어떤 규정을 다른 규정보다 더 선호하
    는가?

『정치학』 II권

입문

II권에서, 아리스토텔레스는 최선의 정체를 발견하려는 일에 착수한
다. 그런 정체는 모든 사람에게 적합할 수는 없고, 최선의 방식으로, 즉
사람들이 바라고 기원하는 방식으로 살 수 있는 사람들에게만 적합할
수 있다. 그가 I권에서 추천하고 있는 방법론과 일치되게, 아리스토텔
레스는 다양한 정체들의 특징과 제도들 — 즉 부분들 혹은 개별적인 것
들 — 을 고찰하고, 이를 통해서 최선의 정체는 그 전체를 단번에 파악
할 수 있는 통찰의 대상이 아니라 그 요소들을 발견해 갈 수 있는 것이
라고 제시한다. 그렇다면 이상적인 삶의 방식에 대한 희망과 기원은 이
성적인 탐구를 고무해야 하는 것이다.

　II권에서 특징적인 것은 분명한 모델이 되는 정체에 대한 탐구이다.
이 권은 수많은 사람들 — 철학자들, 통치자들, 그리고 개인들 — 에

의해 제안된 상상적인 정체들과 칭찬을 받는 현존하는 정체들을 모두 탐구한다. 철학자 소크라테스, 통치자 팔레아스 그리고 도시설계자 힙포다모스는 모두 여태까지 결코 시도되지 않았던 정치 제도들을 제안한 반면에, 스파르타, 크레테 그리고 카르타고 국가들은 오래된 명성을 지니고 있다.

그러나 이런 정체들 모두는, 그것들이 현존하는 것이든 그렇지 않은 것이든 간에, 정치적 통일성과 조화의 문제에 대해 언급한다. 무엇이 국가를 통일시키고 당파적인 분열을 피할 수 있게 해 주는가? 이에 대한 모든 대답은 세 가지 문제, 즉 재산의 분할, 여자와 아이들에 대한 규정, 정치적 관직의 조직에 초점을 맞추는 경향을 보인다.

아리스토텔레스는 II권의 거의 절반 ─ 열두 장 가운데 다섯 장이 약간 넘는 부분 ─ 을 플라톤의 『국가』와 『법률』편의 논의에 할애하면서 소크라테스의 해결책에 가장 주목한다. 팔레아스 그리고 힙포다모스의 생각은 각각 한 장 정도를 할애해서 논의할 가치가 있고, 스파르타, 크레테, 그리고 카르타고의 정체에 대한 논의도 마찬가지이다. 마지막 장은 '정체의 틀을 짜는 것'이 '입법 활동'보다 더 나은 것인지 아니면 그 역이 그러한지를 고찰함으로써 결론을 맺는다.

II. 1 - 6

처음 여섯 장에서, 아리스토텔레스는 플라톤이 그의 중요한 두 대화편인 『국가』와 『법률』에서 제시하고 있는 소크라테스의 정치적 제안들을 비판한다. 그러나 아리스토텔레스는 플라톤의 이름을 전혀 언급하지 않는데, 그렇게 함으로써 그는 플라톤 자신이 생각했던 것을 여전히 용인하고 있는지, 그리고 플라톤이 소크라테스를 통해서 말하고 있는지 하는 문제를 회피하고 있다. 분명히 아리스토텔레스는 대화편들의 복잡한 내용을 논의하기를 원치 않았고, 그보다는 오히려 거기서 기술된 '가정상의 정체들'(hypothetical regimes)의 기본적 특징을 고찰하기를 원했다. 따라서 아리스토텔레스의 주석을 읽는 독자는 플라톤이 무엇을 의미했는지에 관한 문제들로 말미암아 혼란을 겪어서는 안 된다. 현재의 문제는 아리스토텔레스가 플라톤을 올바르게 해석하고 있는지에 대한 것이 아니다. 비록 어떤 학자들은 아리스토텔레스가 플라톤에 대한 공통된 오해의 약점을 드러내기 위해서 그런 오해를 비판했다고 실제로 논증했을지라도, 그런 논증은, 아리스토텔레스를 이해하는 데 불필요한, 플라톤 대화편들의 반어법에 대한 논의를 필요로 할 것이다.

더욱이, 소크라테스의 논증에 대한 아리스토텔레스의 대결은 단순히 수사적인 요점들을 비난하거나 학문적인 논쟁에 관여하는 것을 목적으로 하지 않는다. 6장에서, 그는 이러한 논증들에 대해 "소크라테스의 모든 논의는 기발하고 … 세련되고, 독창적이고 탐구적이라고" 칭찬할 뿐만 아니라, 1장에서는 그것들이 팔레아스나 힙포다모스의 이론적 구상처럼 현존하는 정체들의 단점을 유용하게 해명한다고 말한다.

철학적이고 실천적인 가치를 결합한 논의는 자연적인 혹은 명백한 문제로 시작한다. 최선의 정체에 대한 탐구는 시민들은 무엇을 공유해야 하는지 하는 물음으로 자연스럽게 시작할 수 있다. 최소한도로 그들은 영토를 공유해야 하지만, 그 밖에 무엇을 공유해야 하는가? 그들은 소크라테스가 제안하듯이 여자와 아이들과 재산까지 공유해야만 하는가? 2-5장은 『국가』가 기술하는 정체를 논의함으로써 그런 문제들에 초점을 맞춘다. 2장은 이 정체의 전제들에 도전하지만, 3장과 4장은 여자와 아이들에 대한 제도들을 비판하고, 5장은 궁극적으로 덕을 위한 정체의 귀결을 반성하기 이전에, 물질적 재산 문제에 대해 고찰한다.

아리스토텔레스에 따르면, 소크라테스는 그가 상정하고 있는 이상

국가를 위한 불가능한 목적, 즉 그것은 가능한 한 전적으로 **하나**이어야
만 한다는 것을 전제하고 있다. 다중을 하나로 만드는 것은 국가의 특
성을 파괴해서, 국가를 가정이나 개인으로 바뀌게 할 것이다. 더욱이,
국가는, 한 부셸(bushel)의 사과들이나 마을들의 연합체인 부족들처럼,
유사한 개인들로 이루어진 다중이 아니다. 국가는 그 각각의 부분들이
상호 도움을 제공하는 한에 있어서 부족을 닮아 있지만, 그런 도움의
특성은 주목할 만하게 다르다. 마을들의 연합체의 경우에 도움은 자발
적으로 우연적인 것들에 반응하는 것이고 종류에 있어서 유사한 것인
반면에, 개인들로 이루어진 다중의 도움은 지속적인 것이며 종류에 있
어서 다른 것이다. 국가가 지니고 있는 훨씬 더 큰 상호의존성은 그것
의 부분들의 차이에서 비롯한다. 어떤 부분도 그 자신의 힘만으로는 생
존할 수 없기 때문에, 그러한 상호의존성이 국가를 유지한다. 개인들이
자유민이고 동등할 때에도, 그들은 다른 역할 — 어떤 사람들은 지배하
는 반면에 다른 사람들은 지배받는다 — 을 각 그룹이 교대로 한시적으
로라도 맡고 있다는 것을 아리스토텔레스는 관찰한다. 상호적인 역할
과 기능의 수행이 국가의 목적인 자족성을 생기게 하는 것이다. 이처럼
통일성에 대한 소크라테스의 열망은 국가의 목적을 오해한 것이다.

　다음 두 장[3장과 4장]에서, 아리스토텔레스는 처자(妻子)와 재산이
공유되어야 한다는 소크라테스의 제안의 수사술과 내용을 비판하는데,
재산 문제에 관한 비판은 5장에서 부가적으로 이루어진다. 우리는 "모
든 사람은 '내 것' 그리고 '내 것이 아닌 것'이라고 말한다"는 구절을
개별적인 소유 혹은 공동의 소유를 의미하는 것으로 해석할 수 있다.
사실상 그렇게 여겨지듯이,[4] 만일 소크라테스가 후자를 위해서 논증하

4　역자 주: 아리스토텔레스는 여기서 '모든 사람'(pantes)이라는 표현이 이중적인
의미를 가지고 있다는 것을 주목한다. '모든 사람'은 (1) '각각 개별적인 사람 모두'

고 있다면, 네 가지 부정적인 실제적 결과가 예측될 수 있다. 첫 번째
는, 인간들은 오로지 자신에게만 속한 것보다는 공동으로 속한 것을 덜
보살피기 때문에 생기는, 여자나 아이들 그리고 재산에 대한 소홀함이
다. 두 번째는, 자식을 알아보지 못하도록 막는 제도로 말미암아 생기
는, 아마도 어머니들보다 아버지들에게 더 심각할 수 있는, 심리적으로
불안정한 마음의 상태이다. 이런 상태는 어떤 아이들이 자신의 자식이
라는 것을 보여 주는 육체적으로 닮은 모습 때문에 더 악화된다. 소홀
함과 정신적 불안보다도 더 나쁜 것은 친척들을 알아보지 못하는 것이
다. 친척들을 알아보는 것과 비교해 볼 때, 이런 상태는 비방, 폭행 그
리고 살인 사건도 증가시킨다(이것은 현대 범죄 통계학에 의해 이의가
제기된 주장이다). 간단히 말해서, 세 번째는, 심각한 마찰이 많이 일
어날 수 있다는 점이다. 마지막으로 네 번째는, 친척들 간의 성적 관계,
즉 친척들을 결속시켜 줄 수도 있는 자연적 애정을 왜곡하는 근친상간
의 문제이다. 종합하면, 처자 공유는 행동과 관련된 결과만큼이나 심리
적인 결과를 초래한다. 공산주의는 인간의 행동만이 아니라 영혼에도
영향을 미친다. 그것은 각기 개별적인 관계에서 생겨나는 자연적 애정
을 약화함으로써 주로 그렇게 한다.

　재산에 관한 제도에 초점을 맞추면서, 5장은 재산을 사유하되 그것
의 이용만 공유할 것인지 아니면 두 가지 모두 공유할 것인지 묻는다.
예를 들어, 땅은 사적으로 소유하되 그 생산물은 공유하거나 혹은 그
반대로, 땅은 공동으로 소유하되 그 생산물은 분배하거나 혹은 농사지

---

(2) 집합적인 의미에서의 '모든 사람'을 뜻할 수 있다. 첫 번째 의미의 경우, 각각의
사람은 저마다 같은 소년을 제 아들이라고, 같은 여자를 제 아내라고 부를 것이다. 그
러나 아리스토텔레스는 소크라테스가 두 번째 의미로, 즉 모든 사람이 다 함께 아내와
자식을 공유한다는 것을 주장한 것으로 이해한다.

을 땅과 그 생산물을 모두 공유할 수도 있다. 그러나 아리스토텔레스는 『국가』에서 제시된 것과 같은 완전한 공산주의는, 농민들이 자신들은 다른 사람들과 동등하게 자신의 땅을 갖고 있고 노예가 아닐지라도, 수호자들과 같은 그 밖의 모든 사람들을 위해 생산물을 제공해야 하기 때문에 그들의 원망을 야기할 것이라고 예상한다. 아리스토텔레스는 재산은 사적으로 소유하되 자진해서 공동으로 사용하는 것이 더 낫다고 말하는데, 이는 친구들 간에 저절로 일어나는 일이다. 이때 모든 사람은 여전히 이익을 볼 것이며 재산을 더 잘 보살피게 될 것이다. 이를테면 스파르타에서는 모든 사람이 서로 다른 사람의 노예와 말들 그리고 개들을 빌리며, 여행을 할 때는 가까운 밭에서 그들이 필요로 하는 것을 얻는다. 그럼에도 시민들이 서로에게 호의적이고 그래서 공유하려는 성향을 갖도록 교육하는 것은 입법자와 지배자들의 임무라고 아리스토텔레스는 덧붙인다.

이처럼 아리스토텔레스는 성향에 관심을 기울일 것을 주장한다. 재산 제도는 인간의 성향이나 감정에 영향을 끼치고, 그 역도 마찬가지이다. 재산 소유 제도는 자연적인 인간의 경향성을 부정하거나 그와 모순되는 것이 아니라 그것을 수용하는 것이다. 사적 소유권은 사람이 본성적으로 자기를 사랑하는 마음 혹은 자기 보존에의 충동을 갖고 있다는 것에 호소하는데, 이것은 이기심 혹은 탐욕과는 다른 것이다. 동시에 그리고 역설적으로, 사적 소유권은 관용을 가능하게 한다. 예를 들어, 우리는 자신의 것이 아닌 것을 친구에게 빌려 주거나 줄 수 없다. 관용은 다른 덕들과 마찬가지로 법률이나 다른 수단들에 의해 장려될 필요가 있고 또는 그렇게 해서 증진되는 것일지라도, 그 전제 조건은 사유 재산이고, 그 결과는 호의를 베푸는 사람 쪽에서의 즐거움이다. 따라서 공산주의는 관용을 배제하고 그렇게 함으로써 큰 즐거움을 주는 덕을 배제하는 것이다. 소크라테스의 국가는 또한 다른 도덕적 덕을 희생시킨다고 아리스토텔레스는 주목한다. 일부일처제가 없다면, 남자들은 여러 여자들에 대한 그들의 성적인 충동을 억제할 필요가 없다. 즉 억제는 쓸데없는 것이 된다. 절제에 의해 생기는 고귀함과 선심을 베푸는 즐거움을 남자들에게서 빼앗음으로써, 공산주의는 그들의 힘과 주도성을 약화시킨다.

마찬가지로 공산주의의 전제, 즉 물질적 조건이 인간의 행위를 결정한다는 공통의 가정은 인간 동기의 복잡성을 올바로 평가하지 못한다. 만일 사유 재산이 갈등을 일으킨다면, 공동으로 재산을 소유한 사람들은 또한 왜 싸우며 — 실제로는 더 싸우는가? 아리스토텔레스에 따르면, 물질적 조건보다는 품성이 더 인간 행위를 동기 유발한다. 부패가 분쟁을 야기한다. 이처럼 교육은 사회의 조화를 위한 열쇠이다. 국가는 가족, 학교 그리고 법률에 의해서 좋은 행위를 도와시켜야 한다. 부모는 습관을 들이게 할 수 있고, 선생은 설득할 수 있으며, 입법가는 행위에 대해 보상과 처벌을 할 수 있다.

소크라테스의 국가에서 농부들과 장인들을 배제하고 수호자들만을 교육하는 조치는 서로 적대적인 두 국가를 실제로 생기게 한다. 국가를 보호하는 행정제도와 법률뿐만이 아니라 교육이 결여되어 있을 때, 국가의 시민들인 농부와 장인들이 평화롭게 살며 지배자들에게 복종할 이유가 있는가? 시민들이 어떤 종류의 사람들인지 하는 것은 수호자들의 공동체와 국가 전체의 보존과 관련해서 중요하다. 다시 『국가』의 애매성에 관해 불평하면서, 아리스토텔레스는 피치자의 가정 제도에 관해 의문을 제기한다. 즉 만일 여자들이 일을 하되 부인이 아니라 공동의 소유라면, 누가 가사(家事)를 돌볼 것인가? 지배가 교대로 이루어지지 않고, 지배자와 피지배자 각각의 자격을 영구화하는 것은 이들 사이의 명백한 근본적인 분쟁을 더 악화시킨다. 더구나, 지배자들의 삶의 조건은, 그들에게 사적인 생활을 전적으로 배제함으로써, 그들을 확실히 불행하게 만든다. 최선의 지배자들은 엄밀히 말해서 공복(公僕)이라는 생각은 비인간적이다. 종합하면, 아리스토텔레스는 국가의 안정성, 수명, 조화 그리고 행복을 의심한다. 그는 궁극적으로 국가의 구성원 대부분이 행복하지 않다면 어떻게 국가 전체가 행복할 수 있느냐고 묻는다.

아리스토텔레스는 또한 플라톤의『법률』에서 묘사된 국가의 측면들을 문제가 있는 것으로 파악한다. 이 국가의 대규모 군대는 실제로 무제한의 영토를 필요로 할 것이며,[5] 더 나아가 인접 국가를 지도하는 외교 정책을 요구할 것이다. 국가는 그 자신을 방어할 뿐 아니라 그 적들이 두려워하도록 침략도 해야 하는데, 이 국가는 이상하게도 인접 국가들에 대한 입장이 결여되어 있다. 게다가, 인구 조절 없이 재산을 고정된 방식으로 분배하는 것은 많은 사람들을 가난하게 만들 수 있다. 즉 초과된 인구는 어떤 재산도 갖지 못할 것이며, 빈곤은 계층들 간의 갈등과 범죄를 낳을 수 있다. 더욱이, 그런 정부는 실행할 수는 있지만, 최선의 것은 아니다. 이것은 과두정체와 민주정체의 혼합 — 즉, 소수의 부자에 의한 지배와 다수의 가난한 자의 지배의 혼합 — 인데, 그것은 과두정체의 경향이 더 강하다. 왜냐하면 부자에게는 정치참여가 의무이고, 다수의 공직자를 부자들 중에서 뽑고 최고의 부자가 가장 힘 있는 공직자가 되기 때문이다. 그리고 그들은 민회에 참석하고 투표하며, 다른 선출과정들도 과두정체적이다. 정부는 좀 더 혼합적이고 좀

---

5 역자 주: 아리스토텔레스는『법률』에서 묘사된 국가의 전사들 수가 5000명이기 때문에, 이런 규모의 전사들과 그에 딸린 여자들과 하인들을 먹여 살리려면 엄청난 규모의 영토가 필요하다고 비판한다.

더 민주정체적이어야 한다. 그것은 또한 부에는 덜 관심을 기울이고 탁월함에는 더 관심을 기울임으로써 좀 더 귀족정체적이어야 하며, 뛰어난 한 사람의 리더십인 군주정체적인 요소를 결합해야 한다. 종합적으로 볼 때, 이 국가의 계획은 자유와 힘이라는 그것의 목표를 증진하지 못한다. 『국가』에서의 국가와 같이, 그것의 기대와 요구들은 비현실적이다.

II. 7 - 8

다음 두 장에서, 아리스토텔레스는 처자 공유라는 소크라테스의 독특한 제안보다 덜 급진적인 정치적 제안들을 언급한다. 비록 다양한 직업을 가진 사람들에 의해서 제시되었지만, 많은 제안들은 재산이 모든 갈등의 원인이라는 가정을 공유한다. 따라서 그것들은 재산의 적절한 분배가 마치 정치적 만병통치약인 양, 그것만을 제안하거나 혹은 주로 그것을 구상한다.

칼케돈 출신의 팔레아스(그에 관해서는 더 이상 알려진 것이 없다)는 사적인 소유는 허용하지만 균등한 분배를 제안했다. 이것은 새로운 식민도시에서는 쉽게 이룰 수 있지만, 현존하는 국가들에서 사유 재산의 균등화는 부자들은 가난한 사람들에게 지참금을 주도록 의무화하고 가난한 사람들은 부자들에게 지참금을 주지 못하게 금지하는 것과 같은 재분배 조치를 포함한다. 아리스토텔레스는 두 가지 특별한 비판을 하는데, 이것들 각각은 인간의 행위에 관한 일반적 주장으로 재빨리 대체된다. 첫째로, 재산을 균등화하려는 어떠한 수단도 그것이 효과를 보기 위해서는 각 가정이 가질 수 있는 아이들의 수를 명기해야 한다. 그러나 개인의 가정 재산에 대한 상대적으로 지나친 요구는 부자들의 반발을 야기할 수 있는데, 이들은 그들을 가난하게 만들 수 있는 재분배

정책에 대해 분노하기 쉽다. 재산을 빼앗겼을 때, 재산이 분쟁을 야기한다고 주장하는 사람들은 참으로 옳다.

둘째로, 균등한 분배에 대한 팔레아스의 제안은 가정에 적정한 중간 정도의 재산의 양을 결정하는 데 소홀히 하고 있다. 왜냐하면 사람들은 [재산 규모를 너무 높게 책정하여] 사치를 부리거나 [너무 낮게 책정하여] 궁핍한 생활을 할 수 있기 때문이다. 그러나 이것보다 더 문제가 되는 것은 인간의 욕망에 관한 문제를 간과한 것이다. 사람들은 다른 사람들과 동등한 양보다 더 많은 재산을 원하거나 혹은 더 많은 재산 대신에 더 많이 인정받거나 더 많은 쾌락을 원할 수 있다. 비록 팔레아스는 균등한 재산과 더불어 똑같은 교육을 제안하지만, 획일적인 교육은 그 자체로 욕망을 자제하도록 만들지 못한다. 부자, 권력자 혹은 향락적인 사람이 되는 방법을 가르침으로써 교육은 욕망 혹은 야망을 자극할 수도 있다. 필요뿐만 아니라 야망이 불의를 야기할 수 있다는 것을 간과하고서, 팔레아스는 단지 필요한 것을 만족시키면 불의를 막을 수 있다고 생각한다.

욕망의 복잡성에 관한 아리스토텔레스의 관찰은 그의 앞선 작품인 『니코마코스 윤리학』에서의 주장, 즉 인간은 쾌락을 추구하는 사람들, 명예를 추구하는 사람들, 관조를 추구하는 사람들의 세 가지 범주로 나뉜다는 주장을 상기시킨다. 이러한 분류는 여기서 그가 어떤 사람들이 추구하는 쾌락의 종류는 고통을 동반하지 않는 것이라고 덧붙일 때 다시 나타난다. 이런 종류의 쾌락은 『니코마코스 윤리학』에서 제시된 관조의 활동을 특징짓는 것인데, 여기서 그는 사유의 즐거움 이외에, 모든 다른 즐거움에는 어떤 종류의 육체적 고통이나 불만족 혹은 결핍이 선행한다는 것을 주목한다. 이를테면, 먹기 전의 배고픔, 잠자기 전의 피로감, 성적 행위 전의 성적인 충동 등이다. 유사하게, 결핍 혹은 부족함을 느낄 때 물질적 부에 대한 욕망이 일어난다.

그러므로 아리스토텔레스는 여기서 무엇이 부, 권력 혹은 인정, 그리고 고통 없는 쾌락에 대한 욕망을 만족시키는지 묻는다. 그는 첫 번째 것에 대해서는 약간의 재산과 어떤 종류의 일, 두 번째 것에 대해서는 절제, 세 번째 것에 대해서는 철학이라고 대답한다. 이와 같이 『정치학』에서 철학에 대한 두 번째 언급은 그것을, 물질적인 재화나 남에게 인정받음에서 결코 만족하지 못하는, 독특하고 드문 갈망에 대한 대답으로서 제시하는데, 이것은 철학적 에로스(eros)의 특징에 대한 플라톤의 묘사를 상기시킨다. 철학은 그것이 다른 인간들을 필요로 하지 않기 때문에 그 자체로 희귀한 활동이다.

이처럼 재산 문제에 있어서 널리 퍼져 있는 불만에 대한 팔레아스의 제안은 야망을 갖고 있고 반성적인 인간들의 존재를 순진하게도 망각하고 있다. 바로 그러한 사람들이 역설적으로 욕망이 좌절되었을 때 가장 심각한 문제를 야기할 수 있기 때문에, 이는 심각한 간과이다. 물질적 부를 원하는 사람들은 상대적으로 작은 범죄를 저지르는 반면에, 권력을 원하거나 세속적인 쾌락으로부터의 초월을 원하는 사람들은 참주나 은둔자가 될 수 있는데, 이것은 국가에 위협이 되거나 부담이 된다.

그러므로 팔레아스의 국가의 이로움은 큰 것이 아니다. 그것은 단지 욕망의 한 형태 혹은 목적에 대해서만 언급하고 있고, 탐욕에 대해서는 간과하고 있다. 대부분의 인간들은 그들이 얼마만큼의 것을 갖고 있든 그것보다 더 많은 것을 갖고자 하는 경향이 있다. 그와 같은 사람은 정체에서 권력을 가져서는 안 된다고 언급함으로써, 아리스토텔레스는 부의 추구가 정체의 궁극적 목적이 되어서는 안 된다는 것을 표명한다.

8장에서, 아리스토텔레스는 좋은 정체를 만들 다른 구상, 특히 도시 설계자인 힙포다모스의 구상에 대해 논급한다. 그는 이상적인 정체를 위한 실제적인 계획을 수립했지만, 화려함을 좋아하는 성격과 정치 경험의 부족은 그것이 시민적 의무보다는 오히려 예술가적인 야망에 의해 동기 유발되었음을 시사한다. 그는 긴 머리와 겉만 번지르르한 겉옷과 보석 장신구를 뽐냈으며, 유용함이 아니라 단지 외양에만 관심이 있는 듯이, 계절과 관계없이 옷을 입었다.

정치에 참여하지 않았기에, 그는 자연철학에 관심을 기울였다. 극단적이고 추상적인 것을 명백히 지향하는 그의 경향성은 그의 작업에서 드러난다. 그는 도시들의 구획을 발명했을 뿐만 아니라 세 부분으로 구분되고, 그것들 각각이 다시 셋으로 세분된 도시를 제안했다. 그것의 인구는 장인, 농민, 전사로 구분되고, 그것의 영토는 종교적인 것, 공공의 것, 그리고 사적인 것으로 구분되며, 그리고 그것의 법률은 모욕, 상해, 살인 사건들로 구분된다. 그리고 놀라운 일은 아니지만, 힙포다모스는 또한 도시에 유익한 것을 발명한 사람들에게 표창할 것을 제안했다.

이러한 제안들에 관해서, 아리스토텔레스는 다음과 같이 예측한다. 첫째로, 무기가 없는 농민들과 장인들은 무장한 전사들의 노예가 될 것이다. 둘째로, 정체를 개선하는 방식들에 대한 보상은 공갈 협박뿐만 아니라 불필요한 변혁을 부추길 수 있다. 즉 사람들은 공직자들이 저지른 위법 행위를 발견했으며 이를 폭로할 경우 정체를 개선할 수 있다고 주장하면서 그 공직자들에게서 더 많은 돈을 뜯어낼 수도 있다. 내부 고발자에 대해 시민이 표창을 하는 것은 더 불명예스러운 행위들을 야기함으로써 예상치 못한 결과를 초래할 수 있다.

힙포다모스에 의해 제안된 다른 실천들과 제도들, 이를테면 세 부분으로 구분된 시민들 모두에 의한 지배자들 선출 제도와 상고를 다룰 최고 법원 제도에 대해 아리스토텔레스는 대중들을 제안된 방식으로 구분함으로써 발생하는 많은 의문들을 제기한다.

그러나 아리스토텔레스는 무엇보다도 정체에 변화를 도입하는 것을 우려한다. 의술이나 체육과 같은 기술이나 학문에 도입된 변화는 일반적으로 그것들을 개선한다. 새로운 치료법과 운동 방법은 낡은 것을 대신할 수 있다. 환자들은 더 빨리 건강을 되찾을 수 있고 훈련을 하는 운동선수들과 전사들은 더 강하고 더 빨라질 수 있다. 이런 견해를 연장해 보면, 정치학의 기술에도 같은 것이 적용될 수 있다고 생각할 수 있다. 즉 새로운 법률과 제도 그리고 정치학은 이전 것들보다 더 효과적이라는 것이다. 더욱이, 많은 증거들은 고대의 법률과 실천들이 열등한 것임을 보여 주고 있고, 입법자들은 전통을 위해서 그것들을 보존해서는 안 되고 더 나은 것을 확립하려고 시도해야 한다는 것을 확증해 준다. 덧붙여 말하자면, 보편적인 법에 내재해 있는 결점을 보완하는 유일한 방식은 특별한 상황에서 나쁜 결과를 초래하는 법률들을 바꾸는 것이다.

그러나 만일 법률이 자주 바뀌면, 시민들은 그것에 복종하지 않을 것이다. 교수가 매주 요구 조건을 바꾸는 과목의 수업을 듣고 있는 상황을 상상해 보라. 당신은 어리둥절하고 좌절하고 혼란스럽고 화가 날 것이다. 그리고 기대를 버릴 것이고, 그를 신뢰하지 않을 것이며, 예측할 수 없는 요구들에 질려서 조만간 그 수업 듣기를 그만둘 것이다. 따라서 비록 앞의 단락에서 요점은 새 것을 갖고서 낡은 것을 폐기할 것, 즉 적어도 어떤 법률은 어떤 때에 변경되어야 한다는 것을 권장하는 것이지만, 법률의 권위는 부분적으로 그것들의 수명에 의존한다는 것을 주목할 때 다음과 같은 수정된 결론에 이르게 된다. 즉 만일 법을 바꿔서 단지 작은 개선만이 이루어진다면, 그것은 변경되어서는 안 된다. 그렇게 하는 것은 이익을 얻을 만한 가치가 없는 위험을 감수하는 것이다.

그렇다면 정치학의 기술은 계속 변화시켜서 이익을 얻지 못할 것이기 때문에 그것을 다른 기술들이나 학문들과 비교할 수 없다. 법률의 유지는 법률에 대한 존경과 그에 따른 복종을 유지하게 함으로써 정체를 보존하는 데 도움을 준다. 그러므로 힙포다모스의 충고와는 반대로, 통치자들과 입법자들은 진보를 약속하는 새로운 정책을 거부해야 한다. 비록 전통적인 것이 반드시 좋은 것은 아닐지라도, 그것은 어제와 마찬가지로 오늘도 같은 것을 예상하게 한다. 더욱이, 전통적인 방식들의 고수는 인간에게 본성적인 혹은 합리적인 경향성을 반영할 수 있고, 더 나아가 지도자들이 그것들을 버리기 전에 한 번 더 생각하도록 만들 수 있다. 조상들의 성취를 폐기할 때 그들에게 범할 무례는 제쳐 놓고서라도 말이다.

II. 9 - 12

마지막 네 개의 장에서, 아리스토텔레스는 현존하는 정체들, 특히 스파르타, 크레테, 카르타고에 관심을 기울인다. 그는 그것들의 특징이 최선의 정체에 적합한지, 그리고 그것들은 현행의 정체의 원리와 일치하는지를 묻고 있다. 예를 들어, 최선의 정체는 지배자들이 필수적인 일들로 말미암아 정신이 산만해지지 않도록 그들이 여가를 갖도록 요구하는데, 스파르타와 크레테는 그러한 일들에 종사할 농노들을 갖고 있다. 그러나 역설적으로 지배받는 데 대한 농노들의 반기는 고민거리가 될 수 있는데, 스파르타 농노들의 적대성은 적절한 사례이다. 따라서 최선의 정체의 한 규정을 갖고 있다는 것은 그것이 현행의 정체에 이바지한다는 것을 보장하지 않는다. 그러한 특징들은 분명히 노련한 판단능력에 의해서만 통합될 수 있는데, 크레테의 농노들에 대한 협동이 적절한 사례이다.[6]

유사하게, 하나의 정체가 여자들을 대우하는 방식은 그 나라의 행복에 영향을 미친다. 스파르타의 여자들은 사치스럽고 방종하게 살았고, 남자들이 전쟁을 하기 위해 국외로 나가 있는 동안에 나라를 지배했다. 비록 불행한 결과들은 고의적으로 생겨난 것이 아니고 비난받을 만한 일은 아니지만, 잘못 취급된 상황은 정체에서의 비일관성과 모순을 드러낸다. 이를 테면, 군사 훈련은 호색적인 지배자들과 상충한다.[7] 더구나 증여나 지참금 제도는 여자들에게 많은 토지 재산을 주었는데, 이 재산은 그렇게 하지 않았을 경우에 기병을 유지하기 위해 사용될 수가 있었던 것이다. 그리하여 국가의 방어 능력은 약화되었다.

아리스토텔레스는 스파르타의 다른 결점들도 확인하면서, 민주화의 증대에 초점을 맞춘다. 이는 교육받지 못한 가난한 사람에게 관직을 더 개방함으로써 매수행위와 편파적 행위가 일어날 수 있게도 하지만, 그럼에도 민중의 마음을 달래 준다. 이 정체의 가장 두드러진 특징인, 전쟁에만 몰두하는 일은 사려 있는 지배를 위해 필요한 여가를 갖지 못하게 해서 이 정체에 나쁘게 작용한다.

크레테의 정체는 스파르타의 정체를 닮았는데, 이는 스파르타가 크레테를 모방했기 때문이다. 스파르타에서 농노들이 농토를 경작하듯이, 크레테에서는 예속민들이 그렇게 한다. 두 국가는 공동 식사 제도를 갖고 있지만, 크레테가 그것을 더 잘 운영하고 있다. 크레테는 각 시

6　역자 주: 크레테에서는 반기를 든 농노들과 결탁하는 것은 결국 해가 될 것이라고 판단하여 도시 국가들이 서로 전쟁을 할 때에도 농노들과 결탁하지 않았기 때문에, 스파르타에서처럼 농노들이 반기를 드는 일이 일어나지 않았다.
7　역자 주: 국가는 남자와 여자가 거의 동수로 이루어지는데, 스파르타에서는 남자들을 강건하게 훈련시켰지만, 여자들은 그렇게 하지 않았다. 그리고 호전적인 남자들은 방탕하고 사치스러운 여자들과의 교접에 집착했고, 그 결과 정체는 약화되었다는 뜻이다.

민들에게 재산과 관계없이 정해진 비용을 내도록 요구하는 대신에 공공의 토지에서 수확한 것들로 비용을 충당하고 있기 때문이다. 그들의 행정 제도는 유사하지만, 크레테의 것은 족벌체제가 될 경향성을 갖고 있어서 더 많은 갈등을 야기한다. 그렇지만 크레테는 섬으로 고립되어 있다는 점이 외국인들로부터 이 나라를 보호해 주고 또한 외국을 침략하지 못하도록 하며, 이 국가의 예속민들로 하여금 지배를 받아들이도록 만든다. 대조적으로, 스파르타는 다른 국가들을 공격하고 지배하며, 그 국가의 농노들은 반란을 일으키는 경향이 있다.

　카르타고는 스파르타나 크레테보다 전반적으로 더 잘 다스려지는 것으로 보인다. 이 국가는 감독관들, 원로원 의원들 그리고 왕들을 국내에서 평화롭게 탁월성에 기초해서 선출하는데, 이는 최선의 정체의 특징이다. 그럼에도, 토대를 이루는 탁월성의 원리로부터 이탈해서 민주정체나 과두정체로 향할 경향성이 존재한다. 한편으로, 왕들과 원로원 의원들은 민중들이 원하는 것들에 응해야 하기 때문에, 일종의 권력 분리가 일어난다.[8] 다른 한편으로, 선출된 위원회 위원들은, 비록 탁월성에 기초한다 할지라도, 감독관들을 선출하며 오랫동안 자리에 머무른다. 더 나아가 귀족정체의 원리를 과두정체의 방향으로 절충하면서, 카르타고 사람들은 통치자들이 덕을 지녀야 될 뿐 아니라 잘 지배하기 위한 여가를 갖기 위해서 또한 부유해야 된다고 믿는다. 통치자들은 정말로 여가가 있어야만 하지만, 공직은 매매되거나 이익을 위한 것이 되어서는 안 된다. 부자나 가난한 자나 공직으로부터 금전적인 이득을 기대해서는 안 된다. 오히려 공직은 다스리는 동안에 여가를 가지기에 충분한 정도로만 부를 제공해야 한다.

8　역자 주: 왕들과 원로원 의원들이 합의를 보지 못하면, 그 결정권은 민중이 갖는다는 점을 지적한 것이다.

카르타고의 과두정체는 만일 식민도시 정복을 통해 더 많은 사람들이 관직을 차지하도록 해서 그 시민들의 부를 증가시키지 않았다면, 현재보다 더 많은 분쟁을 야기했을 것이다. 그럼에도, 이러한 우연적 상황은 과두정체의 원리를 정당화하지 못한다. 왜냐하면 이러한 상황이 바뀌면, 시민들은 반란을 일으킬 수 있기 때문이다. 그보다는 탁월성의 원리에 의해 튼튼히 뒷받침된 귀족정체의 법률을 갖는 것이 더 낫다.

비록 많은 학자들은 II권의 마지막 장의 상당 부분 혹은 전부의 진위를 의심하지만, 이 마지막 장은 이 권을 이해하는 열쇠로서 볼 수 있는 구분을 하고 있다. 그것은 '법률을 제정하는 것'과 '정체의 틀을 짜는 것' 사이의 구분이다. 만일 독자가 이 권 전체를 고찰한다면, 압도적으로 많은 논증들은 — 현재 상황을 고려해서 관행들로부터 — 법률을 제정하는 것이, 이를테면 모든 특징을 삼분[9]하거나 공산주의와 같은, 정책이나 이데올로기에 기초해서 정체의 틀을 짜는 것보다 더 존속가능하고 내부적으로 일치된 정체를 낳는다는 것을 보여 준다.

12장은 입법자 리쿠르고스와 솔론 양자가 했던 것을 주목한다. 리쿠르고스는 이미 논의되었던 스파르타 정체의 틀을 짰다(그것의 주된 문제들은 — 농노, 여자 그리고 민주화와 더불어서 — 제국주의적인 정책으로부터 생겨난다). 솔론은 무엇을 했으며, 우리는 그것을 어떻게 평가해야만 하는가? 비록 그는 아테네를 민주화했기 때문에 잘 알려져 있지만, 완전히 새로운 질서를 도입해서 현존하는 방식을 파괴한 사람은 아니다. 오히려 그는 법정을 모두에게 개방함으로써 민중의 지배를 확립했다. 그리고 그것은 민중에게 호의적인 법률들을 산출했다. 페리

---

9 역자 주: II권 8장에서 제시되었듯이, 힙포다모스가 시민들을 세 계층으로 나누고, 국토를 삼분하고, 법을 세 가지로 나누는 등 국가의 모든 특징을 획일적으로 삼분한 것을 두고 하는 말이다.

클레스는 배심원들에게 일당을 주는 제도를 확립했는데, 이것은 다른 민중선동가들에 의해 마련된 조치들과 함께 현행의 정체를 더 민주적인 것으로 만들었다. 그러나 이러한 민주화는 솔론이 의도했던 것이 아니라 우발적인 것이었다. 아테네가 페르시아 전쟁 동안 민중들의 열성적인 헌신에 힘입어서 우월한 해군력을 갖게 되었을 때, 전사들이 되었던 민중들은 권력을 더 요구하게 되었다. 솔론은 민중들에게 단지 선택된 그룹으로부터만 공직자들을 선출하고 그들을 감시하는 것만을 허용함으로써, 실제로 민중들에게 최소한의 권한만을 부여했다.

　이 장은 많은 다른 입법자들을 열거하고, 그들의 관계와 몇 가지 그들이 기여한 것들을 언급함으로써 끝을 맺고 있는데, 정체의 틀을 짠 사람들보다 법률을 제정한 사람들을 예로 들고 있다. 예를 들어, 필롤라오스는 입양법을 만들어 기여했다. 그리고 카론다스는 위증 재판을 도입하고 정확한 법률 제정으로 기여했다. 정체의 틀을 짜기 위한 팔레아스와 플라톤의 제안들은 다시 언급되면서, 플라톤의 법률들 가운데 두 가지가 최초로 언급되고 있다(즉, 지정된 운전사처럼, 향연의 좌장은 술 취하지 않은 사람이 맡아야 한다는 음주에 관한 법과 아울러 전사 훈련은 양손을 모두 잘 쓰도록 가르쳐야 한다는 제안이다). 드라콘과 피타코스도 입법만 하고 정체를 만들지는 않았다. 드라콘은 엄격한 형벌제도를 확립했고, 피타코스는 술에 취해 범죄를 저지르면 술에 취하지 않았을 때보다 더 큰 처벌을 받아야 한다고 제안했다.

연구를 위한 물음들

1. 아리스토텔레스는 실천되지 않은 정체들의 모델을 분석하기 위해서 어떤 정당화를 제시하고 있는가?
2. 소크라테스가 그의 이상적인 정체를 위해 상정한 목적 혹은 목표는

왜 잘못되었는가?

3. 여자를 공유하고 아이들에 대한 책임감을 공유하는 것이 실행될 수 있는가? 왜 그런가 혹은 왜 그렇지 않은가?

4. 재산은 공유되어야 하는가? 만일 그렇다면, 어떤 점에서 그러한가? 만일 그렇지 않다면, 그 이유는?

5. 소크라테스가 제안한 국가의 제도는 관대함과 절제의 행사에 어떻게 영향을 미치는가?

6. 팔레아스는 무엇을 제안했고 왜 그렇게 했는가?

7. 팔레아스는 인간의 욕망을 정확히 파악했는가?

8. 철학만이 만족시킬 수 있는 인간의 욕망은 어떤 것인가?

9. 아리스토텔레스는 왜 힙포다모스의 개인적 특성에 대해 논평하고 있다고 당신은 상정하는가?

10. 힙포다모스의 제안에 대한 아리스토텔레스의 반응은 무엇인가? 그의 요점들을 열거하고 그 결론을 요약하라.

11. 정치학의 기술은 의술이나 신체 단련술과 같은가? 왜 그런가 혹은 왜 그렇지 않은가?

12. 어떤 전통은 왜 지속적인가?

13. 아리스토텔레스는 왜 스파르타, 크레테 그리고 카르타고에 대해 논의하는가?

14. 스파르타가 전쟁에 몰두한 결과는 무엇인가?

15. '법률을 제정하는 것' 혹은 '정체의 틀을 짜는 것' 둘 중에 어느 것이 나은가? 그 이유는? 아리스토텔레스의 대답은 소크라테스, 팔레아스 그리고 힙포다모스의 노력에 대한 그의 비판을 요약하고 있는가?

『정치학』 III권

입문

독자들은 III권을 『정치학』의 기초를 이해하기 위한 기본적인 것으로 간주해야 한다. III권은 I권 다음으로 중요하다. 그것은 정체들에 대한 아리스토텔레스의 유형학을 도입하는데, 이는 정치적 우선순위를 확립하고 『니코마코스 윤리학』에서 최초로 제시된 정의(正義)에 관한 철학적 결론을 확증한다. 특별히, 여섯 가지 주된 정체의 유형 — 왕정, 귀족정체, 혼합정체, 민주정체, 과두정체 그리고 참주정체 — 에 대한 아리스토텔레스의 확인과 분석은 세 가지 요인, 즉 부, 자유, 덕이 좋은 정체에 본질적이라는 것을 논증할 뿐 아니라 그것들의 상대적인 중요성에 관한 다툼이 결함이 있는 정체를 낳는다는 것을 논증한다. 달리 말해서, 많은 학자들에 의해 제시된 해석과는 반대로, 아리스토텔레스는 부에 있어서 혹은 '계층'에 있어서의 차이가 아니라 탁월성의 기준 혹은 정의의 개념을 정치적 갈등의 근본적 원인으로 확인한다. 사람들은 부나 그것의 부족을 포함해서 정치권력을 얻게 해 주는 속성들에 관해 논쟁한다. III권은 또한 근본적인 규정들 — 국가에 대한 정의(定義), 시민에 대한 정의(1, 2, 5장) 그리고 훌륭한 사람에 대한 정의 — 을 제시한다.

이 권의 일반적 구성은 정치적 정의(定義)들로부터 시작해, 중간에 철학적 분석을 거쳐, 그러한 철학적 분석에 의해 틀 지어진 정치적 분석으로 이동한다. 이와 같이 고원으로 되어 있는 정상으로 상승한다. 구체적으로 말하자면, 처음 네 개의 장은 정의(定義)들에 대해 결론 내리고, 5장은 탁월함에 관계하고, 6, 7장은 정체의 유형들을 열거하고, 중간 정점인 8, 9장은 정의(正義)의 원리들을 분석하고, 10장부터 13장

까지는 다중이 지배하는 것의 장단점과 덕의 기준에 대해 논의하고, 14
장부터 18장까지는 왕정에 대해 논의한다. 다중의 지배에 대해 논의하
는 11장은 학자들 사이에 지속적인 논쟁을 야기했다. 어떤 학자들은 아
리스토텔레스의 비판은 다른 정체 유형보다 민주정체의 우위성을 인정
한 것이라고 결론지었고, 다른 학자들은 그가 단지 민주정체를 조건적
으로만 옹호했으며 민주정체가 혼합정체나 귀족정체보다 우위에 있다
는 주장까지는 하지 않았다고 제시하는데, 이것이 여기서 제시된 결론
이다.

III. 1

아리스토텔레스는 국가에 대한 정의(定義)를 찾으면서 III권을 시작한
다. 정의를 하는 것은 국가가 어떤 일을 할 수 있는지에 대한 논쟁과 관
련해서 적합한 일이다. 우리는 이 논쟁이 '사회'가 무엇에 대해 책임을
질 수 있는지에 관한 현대의 논쟁과 유사하다는 것을 주목할 수 있다.
논쟁의 한쪽 편에는, 국가가 행위를 수행한다고 믿는 사람들이 있고,
다른 한편에는 그 지배자들이 국가를 위하여 행위한다고 생각하는 사
람들이 있다고 아리스토텔레스는 주목한다.[10] 그러나 지배자들 이외에,
지배를 하지 않는 다른 시민들도 국가에 산다. 국가는 다수의 시민들로
구성된 것이다. 그렇다면, 분명히 국가를 더 분명히 규정하고자 하는
일은 시민들에 대한 정의를 요구한다. 이처럼, III권의 처음 부분은 ─
겉보기에 I권의 처음 부분과 모순되게 ─ 국가가 자연이 아니라 사람
들에 의해서 방향 지어지고 규정되기도 한다는 것을 함축한다.

　그러므로 아리스토텔레스는 III권의 나머지 부분을 시민의 자격에

10　역자 주: 어떤 사람들은 공적 행위를 국가의 행위로서 간주하는 반면에, 다른 사
람들은 그 지배자들의 행위로 간주한다는 뜻이다.

관한 주제에 할애한다. 국가에는 시민들로 여겨질 수 있으나 실제로는 그렇지 않은 혹은 무조건적으로 시민이 되는 것은 아닌 많은 종류의 사람이 있다. 아리스토텔레스가 말하듯이, (1) 명예로 그 명칭이 주어진 사람들 (2) 외국인들 혹은 토착민이 아닌 사람들 (3) 노예들 (4) 법적 권리를 부여하는 조약의 당사자들로서, 어떤 나라에서는 외국인들을 포함할 수 있는 범주이다. 즉 조약들이 조약 당사자들을 시민으로 만드는 것은 아니며, 정말로 어떤 나라에서는 이것들은 시민권을 전제한다.[11] (5) 아이들 (6) 노인들이 있다. 아리스토텔레스는 무조건적인 의미에서의 시민을 규정하는 것이 중요하다고 지적한다. 왜냐하면 그와 같은 정의는 어떤 경우에 시민권을 박탈하거나 추방할지 하는 문제를 해결하기 위해서 필수적이기 때문이다. 그는 시민권은 주로 정치적 참여, 즉 공식적인 자격을 갖고 의사 결정에 참여하는 것에 의해서 특징 지어진다고 단언한다. 그러한 자격은 배심원이나 민회의 구성원을 포함해서 많은 형태를 취할 수 있다. 민회의 구성원들은 '어떤 의미에서' 공직자들이다. 이들은 국가에서 최고 권한을 갖거나 가장 큰 힘을 행사할 수 있기 때문에 그런 이름으로 부르는 것은 참으로 적합하다. 그럼에도 시민권은 그것이 부여하는 권위 혹은 권력의 **양**이 아니라 **지속성**에 의해 결정된다. 모든 다른 정치적 관직들은 임기가 제한되어 있지만, 시민권의 '공직'만 성인(成人)임과 일치하는 것이다. 그래서 시민은 국가에서 '임기 제한이 없는 공직'을 유지하는 자로서 규정될 수 있다고 아리스토텔레스는 제안한다.

---

11   역자 주: 조약 당사자들은 양국 간의 조약에 의해 고소하거나 재판받을 수 있는 법적 권리를 가질 수 있지만, 그로 말미암아 시민이 되는 것은 아니다. 그리고 어떤 나라에서는 외국인들은 이러한 법적 권리조차 완전히 행사하지 못하고 시민권을 가진 사람들을 법적 보호자로 선정해야 된다는 뜻이다.

그러나 아리스토텔레스는 계속해서 이 규정이 충분하지 않다는 것을 주목한다. 왜냐하면 시민은 정체를 구성하는 요소이거나 그것을 규정하는 것이므로 정체의 유형에 따라 필연적으로 시민의 자격이 결정되기 때문이다. 정체들은 질적으로 다르기 때문에, 그것들 각각의 시민권에 대한 개념과 토대는 다르다. 따라서 위에서 제시된 시민에 대한 정의, 즉 국가의 정치적 활동에 성인으로서 언제나 참여하는 사람이란 정의는 모든 유형의 정체의 시민들을 규정하지 못할 수 있다. 정말로, 그런 정의는 주로 민주정체의 시민에 적합하다는 것을 아리스토텔레스는 주목한다. 어떤 정체들은 민중을 정치적 참여자로서 인정하지 않거나 혹은 상시적인 정치적 민회를 법적으로 인정하지 않고, 궁극적으로는 공직자들에 의해 결정되는 사안들에 대해 민중의 의견을 개진할 일단의 민중들을 임시적으로 소집한다. 그리고 어떤 정체들은 특정 유형의 사건들을 공직자들에게만 배당하기도 한다. 예를 들어, 스파르타와 카르타고는 계약과 살인과 같은 특별한 사건 재판을, 아테네에서처럼 민중들로 구성된 배심원에 넘기지 않고 특정한 공직자들에게 배당한다. 그러면, 만일 (1) 시민권이 정치적 의사 결정에 의해서 주로 특징지어지고, (2) 시민권에 대한 조건이 정체의 유형에 따라 달라지며, 그리고 (3) 정체들이 한정된 기간이든 무제한이든 정치적 의사 결정을 특정한 공직자들에게 맡긴다면, 시민에 대한 정의는 '임기 제한이 없이 공직을 유지하는 자'에서 '의사 결정을 하는 공직을 유지할 자격이 있는 자'로 수정되어야만 한다. (수정된 정의는, 원래의 정의와 달리, 특히 4장에서 제시될, 지배자와 시민 혹은 피지배자 사이의 구분을 준비한다. 아리스토텔레스는 단지 민주정체에서만 시민들은 성인으로 살아가는 동시에 지배자가 된다는 것을 함축적으로 말하고 있다.)

아리스토텔레스는 국가를 자족적인 삶에 도달하려는 목적에 충분할 만큼의, 의사 결정을 하는 공직자가 될 자격이 있는, 많은 사람들로 구성된 것으로 규정함으로써 III권 1장의 결론을 내리고 있다. 자족적인 삶이란 목적을 언급함으로써, 아리스토텔레스는 I권과 III권의 서두, 즉 자연이 국가를 인도한다는 주장과 인간이 그것을 인도한다는 주장을 함께 결합한다. 국가는 시민들 없이는 존재할 수 없지만, 국가를 구성하기 위해서 시민들은 자족성에 도달할 가능성, 즉 단순한 시민으로서가 아니라 인간으로서 스스로 성취할 가능성을 지녀야만 한다. 아리스토텔레스는 계속해서 『정치학』 전체를 통해, 그러한 가능성을 약화하는 것과 그것에 도움이 되는, 시민의 특성과 국가의 특징들을 확인함으로써, 영속적인 정치적 진리를 가리키고 있다. 더구나, 국가를 시민들의 가능성에 의해 규정함으로써, 아리스토텔레스는 그 목적이 절대로 실현되지 못할 수 있다는 것을 인정하면서도 시민들로 하여금 끊임없이 노력하도록 고무한다.

III. 2

다음 장에서, 아리스토텔레스는 시민권의 정의에 관련된 문제, 즉 시민권의 기원 혹은 원인에 관한 물음을 제기한다. 이는 한 사람이 시민이 되는 방식에 대한 것이고, 만일 위에서 언급한 그의 정의에 의존한다면, 우리는 의사 결정을 하는 공직자가 될 **자격**을 어떻게 갖게 되는지 묻는 것을 의미한다. 아리스토텔레스는 이런 방식으로 특징짓고는 있지 않지만, '자연적으로' 그리고 '관습적으로'라고 특징지을 수 있는 두 가지 방식이 있다. 즉 출생에 의한 그리고 법이나 포고에 의한 방식이 있다. 사실상 첫 번째 방식은 일반적으로 시민에 대한 정의에 포함되어 있는 것이고 그것의 본질이라고 생각된다. 즉 시민은 그 부모가 모두 시민인 사람이다. 비록 조상에 대한 호소는 궁극적으로는 한 정체의 처음 시민을 설명하지 못함으로써 이 정의의 부적합성을 드러내지만 말이다. 고르기아스라는 이름을 가진 사람이 했다고 하는 풍자적인 농담을 이야기함으로써, 아리스토텔레스는 시민에 대한 자연적 정의의 정치적 의미와 이를 둘러싼 잠재적으로 뜨거운 논쟁을 표현한다. 고르기아스는 라리사 시에서는 다른 종류의 장인(匠人)들이 그들의 산물을 만드는 방식으로 공직자(demiourgos) — 이것은 그리스어로 '장인'과 같은 말이다 — 들이 시민들을 만들어 낸다고 말했다.[12] 만일 시민이 타고난 것이 아니라면, 무엇이 모든 사람을 시민으로 만드는 것을 방해하는가? 이것이 고르기아스에 의해 함축된 수사학적 물음인 것으로 보인다. 아리스토텔레스는 고르기아스에게 직접적으로 대답하지도 않고 시민에 대한 자연적 정당화도 분명히 포기하지 않는다. 오히려, 그는 시민권은 정체에서 참여의 기능을 포함한다는 것을 반복해서 말한다. 조상이나 동시대인이 합법적인 시민인지 여부를 결정하는 것은 단순히 그가 정치적 의사 결정에 참여하도록 허용되는지 하는 것이다. 아리스토텔레스는 정치에 참여할 피선거권이 어떠한 특정한 정체에서는 출생 혹은 세습에 의해 결정되는 가능성을 배제하지 않는다.

그다음에 아리스토텔레스는 포고 혹은 명령에 의해 시민권을 부여하는 문제를 언급한다. 그렇게 함으로써, 그는 실제로 고르기아스의 농담에 잠재되어 있는 불만을 바꾸어 표현한다. 즉 시민들을 만들거나 창조함에 있어서, 라리사의 지배자들은 그들을 **부당하게** 창조했다. 아리스토텔레스는 클레이스테네스의 지배로 말미암아 생겨난 아테네 시민권의 혁명적인 변화를 기술함으로써 이를 표현한다. 그는 (기원전 510년

12　역자 주: 고르기아스는 출생에 의해 시민권을 설명할 때 부딪히게 되는 난점을 피하기 위해서, 시민권의 기원을 출생이 아니라 국가에서의 활동에서 찾고 있기 때문에 이런 언급을 하고 있는 것이다.

에) 참주정체를 전복하고 많은 외국인과 노예 거류민(居留民)들에게 시민권을 허용했다. 이러한 예에서 제기된 문제는 그와 같은 사람들이 시민이 되었는지 하는 것이 아니라 그들이 정당하게 혹은 부당하게 그렇게 되었는지 하는 것이다. 이 문제는 다시 올바르게 규정된 시민은 정당하게 시민이 된 사람인지 아닌지 하는 물음을 야기하는데, 이는 정당하지 않게 시민이 된 자는 전혀 시민이 아니라는 것을 의미할 것이다. 아리스토텔레스는, 부당하게 지배자가 된 자들을 우리가 지배자로 부르는 데서 입증되듯이, 정체에서의 참여는 참여의 질(質)과 구분할 수 있으므로, 정당하지 않게 시민이 된 사람도 시민이라는 것을 인정한다.

  그렇다면 2장은 1장에서 도달된 시민에 대한 정의를 단순히 확증하는 것이 아니다. 그 이상으로, 그것은 출생에 의해 그리고 부당한 방법으로 정체에 참여할 자격이 사람들에게 부여될 수 있고, 혹은 둘 중의 한 방식에 의해 그렇게 될 수 있다는 것을 보여 준다. 분명히, 이러한 자격 부여의 두 가지 방식은 일치할 수도 있고 그렇지 않을 수도 있다. 출생에 의한 자격 부여는 실제로 반드시 정당하거나 정당하지 않은 것이 아니다. 그리고 부당한 (그리고 정당한) 자격 부여는 실제로 출생과 필연적으로 연결되지 않는다. 따라서 시민에 대한 아리스토텔레스의 정의, 그리고 마찬가지로 국가에 대한 그의 정의는 규정적이라기보다는 (단순히 경험적인 것이 아니면서도) 기술적(記述的)인 것이다.

III. 3 – 5

3장은 국가의 주제로 되돌아간다. 아리스토텔레스는 시민들이 정당하게 혹은 부당하게 시민권을 획득했는지 하는 문제는 국가가 행위할 수 있는지 혹은 어떤 행위들에 대해 책임을 질 수 있는지 아니면 단지 지배자들만이 그렇게 할 수 있는지에 관한 앞서 언급된 논쟁과 관계된다는 것을 주목한다. 이 논쟁의 결과는 새로운 정부의 의무와 상관된다. 예를 들어, 만일 민주정체가 과두정체나 참주정체를 대치한다면, 이전 정부에 의해 체결된 협정을 이행할 의무가 있는가? 어떤 사람들은 부당한 지배자들에 의해 체결된 협정들은 그것들이 공동의 이익을 위한 것이 아니기 때문에 정당하지 않다는 근거로 의무 이행을 반대한다. 이것은 언제나 명백히 합리적인 결론인 것처럼 보일 것이며, 이런 견해는 예를 들어, 칼리굴라(Caligula), 백계 러시아인(White Russians), 스탈린, 히틀러 혹은 사담 후세인에 의해 체결된 협정을 인정했을 때의 귀결을 고찰해 보면 쉽게 뒷받침될 수 있다. 그러나 아리스토텔레스는 공동의 이익을 위하지 않는 민주정체와 관련해서도 같은 결론이 도출되어야만 한다는 것을 지적한다. 이럴 경우, 새로운 정부는 그것의 협정을 이행할 의무가 없을 것이다. 만일 국가가 아니라 지배자들에게만 책무가 있다는 것이 사실이라면, 민중들은, 그들에게 권한이 부여되었을 때, 다른 정체들에서 정부의 수장과 똑같이 책무가 있다는 것은 마찬가지로 사실이다.

　그럼에도 국가의 정체성은 그 지배자들에게로 환원될 수 있는 것으로 보이지 않는다. 한편으로, 국가는 영토와 그곳에 거주하는 모든 사람을 가리키는 것으로 여겨진다. 피상적인 의미에서, 그것은 사실이라고 아리스토텔레스는 말한다. ‘국가’는 일반적인 사용에 있어서 그러한 두 가지 물리적 속성들이나 혹은 단순히 영토만을 가리킨다. 다른한편, 하나의 지역이 국가의 존재를 위해 필수적인 것은 아니다. 국가는 여러 섬들이나 혹은 지리적으로 분할된 다른 지역에 걸쳐 있을 수 있기 때문이다. 만일 단순히 통합된 영토가 국가를 규정한다면, 펠로폰네소스 반도와 같은 땅 전체를 성벽으로 둘러싸는 것은 하나의 국가를 확립할 것이다. 만일 사정이 그렇다면, 바빌론은 하나의 국가로서 자격이 있을 것이다.[13] 마찬가지로, 국가는 여러 세대에 걸쳐 존속하는 것이기 때문에, 한 종족으로 거주민이 구성되는 것은 국가에 필수적인 것이 아니다. 국가가 여러 세대에 걸쳐 존속한다는 것은 그것이 강과 같다는 것을 제시할 것이다. 단, 국가의 거주민들은 강의 물과는 달리 특성에 있어서 달라질 수 있다. 이처럼 국가는 코러스와 더 유사한데, 그것은 같은 사람들로 구성되었다 할지라도 희극적이거나 비극적일 수 있다. 즉 인간들의 복합체는 음표들의 복합체와 마찬가지로 다른 형태를 취할 수 있다고 아리스토텔레스는 설명한다. 그리고 **형상(form)은 그러한 복합체의 요소를 규정하는 열쇠이다.** 그렇다면, 국가의 정체성과 관련해서 그것의 영토나 그것을 구성하는 종족은 정체의 기능인 그것의 형상 혹은 특성, 즉 그것의 지배자들보다 더 중요한 것이 아니다.[14]

이처럼 아리스토텔레스는 3장 전체를 통해서 책무의 주제를 다루고 있다. 국가의 정체성과 그것의 행위의 원천은 책임이 있는 사람들에게 달려 있다. 그러나 "누가 책임이 있는가?"는 "그들의 권위와 그들이 체결한 협정이 정당한가?"와 동일한 물음이 아니다.

이것은 시민의 탁월함이 훌륭한 사람의 덕과 동일한 것이 아님을 제시하는 것일 것이다.[15] 이런 제안을 확인하거나 부당함을 입증하는 것

---

13 역자 주: 바빌론은 함락되고 나서도 그 주민들 중 일부가 그 사실을 3일 동안이나 모를 정도로 영토가 넓었다고 한다.
14 역자 주: 누가 지배자가 되느냐가 정체의 특성을 결정한다.
15 역자 주: 여기서부터 아리스토텔레스는 시민의 탁월함과 훌륭한 사람의 덕이 일치하는지 하는 문제를 논의하면서 두 가지가 다르다고 밝히고 있다. 4장의 이런 주제가 앞의 3장과 연관되는 이유는 다음과 같이 이해해 볼 수 있다. 3장에서는 정체의 구조가 국가의 정체성을 결정한다는 것이 밝혀졌는데, 정체의 구조는 또한 시민의 탁월함과 훌륭한 사람의 덕에 대한 관계를 밝혀 준다. 즉 시민들의 탁월함의 종류는 어떤 사람이 하는 일의 성격에 따라 달라지는데, 시민의 일은 정체의 구조와 상관되기 때문

은 4장의 주제인 시민의 덕 — 의사 결정에 참여할 자격이 있는 사람의 덕 — 에 대한 검토를 요구한다. 시민들은 항해 중인 선원들과 같다고 아리스토텔레스는 관찰한다. 그들의 개별적인 일들은 다르지만 그들은 공동의 책무, 즉 그들의 배 혹은 그들의 정체의 보존을 공유한다. 그렇다면, 한편으로, 모든 시민의 덕은 모든 곳에서 같은 것으로 여겨질 것이다. 다른 한편으로, 만일 정체가, 배와 같이, 종류에 있어서 다르다면 (예를 들어, 어떤 배는 화물을 위한 것이고, 다른 배는 전쟁을 위한 것이다), 정체를 보존하는 것은, 배에 승무원을 배치하는 것처럼, 그것의 기능 혹은 목적에 적합한 특성을 지닌 사람들을 고용하는 것일 것이다. 만일 이것이 사실이라면, 시민의 탁월함은 정체의 본성에 달려 있고, 여러 형태를 취할 수 있다. 만일 그것이 단일한 덕이 아니라면, 그것은 훌륭한 사람의 덕과 동일한 것일 수 없다.

그러나 각기 다른 사정들이 하나로 수렴될 수 있을까? 예를 들어, 탁월한 국가로 수렴될 수 있을까? 만일 '시민들'이 하나의 국가를 구성하는 완전히 서로 다른 사람들을 의미한다면, 그 대답은 부정적이다. 왜냐하면 남자들, 여자들 그리고 노예들은 단지 그들 자신의 특유한 탁월함만을 갖고 있기 때문이다. 그러나 만일 '시민'의 뜻을 더 엄밀하게 이해하면, 탁월한 시민의 덕이 탁월한 사람의 덕과 같을 수 있는지 하는 문제는 명백한 것이 아니고 고찰할 가치가 있는 것이다.

아리스토텔레스는 사려 분별이 탁월한 통치자를 탁월한 시민으로부터 구별하는 속성이라고 보는 널리 퍼져 있는 믿음을 주목함으로써 시작한다. 탁월한 시민은 반드시 사려 분별이 있는 것으로 생각되지는 않

에, 시민의 탁월함은 정체의 구조에 따라 달라지는 것이다. 그래서 정체 구조에 따라 다양한 형태로 나타나는 시민의 탁월함은 단일한 덕의 형태인 훌륭한 사람의 덕과 같은 것이 아니다.

는다. 그것이 통치자들은 특정한 종류의 교육을 필요로 한다고 어떤 사람들이 믿는 이유이다. 만일 훌륭한 혹은 탁월한 통치자 그리고 훌륭한 혹은 탁월한 사람이 모두 사려 분별에 의해서 특징지어진다면, 그리고 훌륭한 혹은 탁월한 시민이 반드시 사려 분별이 있는 것은 아니라면, 훌륭한 사람의 덕과 훌륭한 시민의 덕은 같은 것이 아니다. 혹은 시민이 특정한 종류의 사람(즉 훌륭한 사람)일 경우에만 그들은 같을 것이다. 더 나아가, 만일 시민이 지배받는 사람이라면, 그리고 훌륭한 사람과 훌륭한 통치자에게 특징적인 덕, 즉 사려 분별을 우연히 지니고 있다면, 그는 지배할 수도 있고 지배받을 수도 있는 사람일 것이다. 따라서 아리스토텔레스는 (4세기에) 테살리아에 대한 이아손의 지배는, 그가 지배를 받는 방식을 몰랐기 때문에, 참주정체적이라고 제시한다. 칭찬받을 가치가 있는 것은 단순히 지배하는 능력이 아니라 잘 지배하는 능력이고, 이것은 분명히 지배를 받는 능력을 함축한다.

그러나 지배를 받는 것은 다시 시민에게 요구되는 것이다. 칭찬할 만한 시민은 잘 지배받을 수 있는 사람이고, 또한 잘 지배할 수 있는 능력을 가진 것으로 생각된다. 그런 다음에 아리스토텔레스는 그의 앞선 진술들로부터 나올 수 없는 당혹스러운 결론, 즉 만일 지배자 혹은 훌륭한 사람의 덕이 지배의 덕에만 한정된다면, 시민들은 지배자 혹은 훌륭한 사람보다 **더 많은** 덕을 지니고 있다는 결론을 도출하고 있다. 지배자 혹은 훌륭한 사람의 덕을 지배의 덕에만 한정한다는 것은, 이어서 그가 지배는 단순히 주인의 지배, 즉 필수적인 일들을 수행하는 노예나 장인들을 감독하는 것을 뜻할 수 있다고 언급한다는 점을 염두에 둘 때에만 의미를 지닐 수 있다. 주인의 지배의 경우에, 지배자는 또한 지배를 받는 법, 즉 수공인(手工人)들과 직공들이 일하는 방식을 알지 **못한다**. 굴종은 정치적 지배자, 훌륭한 사람 혹은 훌륭한 시민의 속성이 아니고, **자유민으로서 지배받을 수 있는 능력**이 그들의 속성이다. 이처럼 그들의 완전한 덕은 자유민들을 지배하는 능력에 더하여 자유민으로서 지배받을 수 있는 능력에서 성립한다. 지배에 특징적인 절제와 정의는 피지배자의 속성에 따라 다르다. 남자, 여자, 아이와 노예는 같은 방식으로 지배되어서는 안 된다. 사려 분별의 능력은 지배받는 사람들 사이의 차이점을 인식하는 것이고, 따라서 사려 분별 있는 사람이 지배한다. 지배를 받는 사람들은 사려 분별을 갖지 못하거나 그것에 참여하지 못하고, 참된 의견만 가지고 있다. 또한 훌륭한 사람인 훌륭한 시민의 경우에만 사려 분별의 능력이 잠재해 있다. 이런 능력은 그가 독재하지 않으면서 다른 자유민들을 지배할 시간이 될 때까지, 그로 하여금 굴종하지 않고서 자유민으로 잘 지배받을 수 있도록 해 준다.

　5장은 시민에 대한 정의로 다시 돌아가는 것처럼 여겨진다. 왜냐하면 앞서 도달된 정의로부터 작업을 하면서, 아리스토텔레스는 공직에 취임할 자격이 없는 사람들이 시민으로서 간주될 수 있는지를 묻고 있기 때문이다. 그는 쉽게 부정적으로 대답한다. 국가에 본질적으로 필요하지만 시민으로서 간주되어서는 안 되는 여러 부류의 사람들이 있다. 특히, 아이들 그리고 개인들이나 국가 전체에 필수적인 일들을 수행하는 모든 성인, 즉 노예들 그리고 외국인과 거류민을 포함할 수 있는 노동자들이 그런 사람들이다. 이들은 굴종적이며 자유민으로서 지배받거나 자유민들을 지배할 능력이 결여되어 있기 때문에 시민으로서 간주되어서는 안 된다. 즉 그들은 훌륭한 혹은 탁월한 시민이 될 수 있는 가능성을 결여하고 있기 때문에, 그들은 결코 시민으로 간주되어서는 안 된다.

III. 6 - 7

6장은 정체의 유형 문제를 도입한다. 사실상 그러하듯이, 만일 정체가 정부이고 그 구성이 다양할 수 있다면,[16] 정체들의 종류도 다양하다. 그러나 생존의 목적과 구분될 수 있는 정부의 목적에 따라 정부의 구성은 다양하게 이루어진다고 아리스토텔레스는 제시한다. 하지만 널리 유행하고 있는 목적은 여태까지 언급된 지배의 형태들에 공통된 자연적 원리를 훼손한다. 왜냐하면 요즘 사람들은 자연적 본성에 따라서 피지배자들 — 노예들, 부인들, 아이들, 그리고 그와 같은 자들 — 의 이익을 위해서 통치하지 않고 그들 자신의 이익을 위해서, 특히 국고에서 얻는 물질적 이득 때문에 통치를 한다. 이처럼 아리스토텔레스는 정체들 간의 근본적인 구분, 즉 무조건적으로 정의로운 것이기에 올바른 것들과 그렇지 못해서 비정상적인 것들의 구분을 인식하고 있다.

  7장은 이러한 두 범주에 속하는 정체의 유형들을 통치자의 숫자, 즉 하나, 소수 그리고 다수를 기준으로 해서, 가능한 모든 경우를 살펴보고 여섯 가지 유형들을 드러냄으로써 확인한다. 즉 왕정은 한 사람이, 귀족정체는 소수자가, 그리고 혼합정체는 많은 사람이 공동의 이익을 위해 통치하는 정체이고, 참주정체는 한 사람이, 과두정체는 소수자가, 민주정체는 많은 사람이 그들 자신의 사적인 이익을 위해 통치하는 정체이다. 이처럼 지배자들의 덕이 처음 세 유형을 특징짓지만, 다중은 한 사람이나 소수의 훌륭한 사람이 지니는 전반적인 덕에 필적하는 덕을 지닐 수 없다. 오히려 다중은 특별한 종류의 덕, 즉 군사적인 덕을 보여 주는 경향이 있는데, 이 때문에 혼합정체에서는 무장한 전사들이

---

16 역자 주: 아리스토텔레스는 6장에서 정체를 다음과 같이 규정한다. "정체는 여러 공직들, 특히 모든 문제에 대한 최고 공직에 관한 국가의 조직(taxis)이다. 어느 나라에서나 정부(politeuma)가 국가의 최고 권력이기 때문에 정부가 사실상 정체이다."

최고 권력을 갖는 것이다.

III. 8 - 10

그러나 공정성과 지배자의 수라는 두 가지 기준은 여섯 가지 유형을 특징짓고 구분하는 데 충분하지 않고, 아리스토텔레스가 8장 처음 부분에서 밝히고 있듯이, 실제로 철학적 문제들을 야기한다. 과두정체와 민주정체에 대한 정의(定義)를 예로 들어 보자. 그것들은 지배자들의 수에 따라 혹은 그들의 부에 따라 규정되는가? 다수는 가난하고 소수가 부자가 되는 경향이 있기 때문에, 상황이 정의를 모호하게 만든다.[17] 위 기준을 결합한 정의일지라도, 그것은 일반적인 상황에 위배되는 정체들, 즉 가난한 소수 혹은 부유한 다수가 지배하는 정체들을 무엇이라 불러야 하는지 하는 문제를 해결하지 못할 것이다. 그렇다면 정의는 우연적인 기준, 즉 수를 폐기해야만 하는데, 이것은 아리스토텔레스가 처음에 정체의 유형들을 구별 짓는 요인으로 확인했던 것이다. 그러면 분명히, 과두정체와 민주정체에 대한 정의는 경험적인 것임이 드러난다. 아리스토텔레스는 이 정체들이 생기게 되는 이유를 명백히 밝히고 있지는 않지만, 그것은 소수가 그들 자신의 이익을 위하여 통치할 때마다 그들은 부유하고, 다수가 그럴 때마다 그들은 가난하다는 것일 것이다. 따라서 그는 부와 빈곤이 과두정체와 민주정체를 구별한다고 결론을 내린다.

---

17   역자 주: 일반적으로 부자들은 소수이고, 빈자들은 다수라고 말할 수 있지만, 과두정체에서 부자가 소수인 반면에, 민주정체에서 다수가 빈자라는 것은 우연적 속성이다. 우리는 부유한 다수 혹은 소수의 빈자들이 정권을 잡는 경우를 생각할 수 있다. 따라서 아리스토텔레스는 과두정체와 민주정체를 수라는 우연적 요인에 근거해서 구분하는 것은 적합하지 않다고 보고, 과두정체를 부자의 지배로, 민주정체를 빈자의 지배로 규정한다.

그러나 다시 한 번 그는 이 장을 끝맺을 때 다음과 같은 점을 주목함으로써 이 결론을 반박한다. 즉 부유한 소수에 속하든 가난한 다수에 속하든, 정체에서의 그들의 권한과 상관없이, 모든 사람은 노예나 외국인들이 아닐 경우에, 정치적인 의미에서 자유롭고, 그래서 그들은 자유를 옹호하거나 그것의 소유를 추구할 권한이 있다고 주장한다.

그와 같은 정치적 논쟁은 철학의 관점으로부터 볼 때 결함을 보여 준다. 정치권력을 위해 자유롭게 싸우는 모든 사람은 이성에 구애받지 않고 상황에 도전하거나 옹호한다. 만일 합리적인 정의(定義)가 정치를 구속한다면, 과두정체 지지자들과 민주주의자들 사이의 싸움은 다음과 같은 점을 제시한다. 즉 **경험적으로 근거 지어진 주장들은 해결할 수 없는 것**이고, 따라서 이러한 주장들은 과두정체와 민주정체를 **규정하지 못하고 기술한다**는 것이다.

아무튼 이러한 결론은 9장이 제안하는 과두정체와 민주정체의 기초가 되는 정의(正義)를 규정하는 원리와 그 개념에 대한 탐구의 필연성을 설명해 줄 것이다. 정의에 관한 일반적 의견들은 많은 도움이 되지 못한다. 왜냐하면 정치권력에 대한 경험에 근거한 주장들처럼, 그것들은 부분적이기 때문이다. 더 구체적으로 말해서, 민중은 정의는 (어떤 것의) 동등한 몫을 분배하는 것이라고 이해하지만, 그들은 몫들 사이의 비례가 사람들 사이의 — 그들 자신의 판단에 따른 것이 아니라 — 실제적 비례와 같아야 한다는 것을 인식하지 못한다. 『니코마코스 윤리학』에서 정의를 수학적으로 특징짓는 것은 사람들이 몫들의 상대적 가치에 대해서 쉽게 동의한다는 것을 뜻하는 것이지, 개인들의 상대적 가치에 대해서도 그렇다는 것을 뜻하는 것이 아니다. 그리고 이런 관찰은 인간 삶의 목적에 관한 문제를 간접적으로 제기함으로써 국가들의 상대적 가치에 대한 고찰로 이끈다. 예를 들어, 만일 부 혹은 단순히 인간이라는 사실이 개인의 가치를 결정한다면, — 달리 말해서, 부자가 더 나은 사람이라거나 혹은 우리 모두가 동등하다고 한다면, — 부유한 사람에게 정치권력을 부여하고 그렇지 않을 경우에는 부의 보존과 증대를 장려하는 정체, 혹은 누구도 다른 사람을 해치지 못하게 하는 방식으로 모든 사람을 동등하게 보호하는 일에만 헌신하는 정체가 최선일 것이며 최선의 삶의 방식을 정치적으로 가장 잘 확증할 것이다. 그러나 만일 최선의 삶의 방식이, 부유함이나 사적인 자유가 아니라, 그 밖의 것을 그 자체로 중요시한다면, 과두정체나 단순한 사회계약은 최선의 정체가 될 수 없다.

아리스토텔레스는 여기서 최선의 정체에 관해서 상술하고 있지 않지만, 그는 9장 중간쯤에서 국가가 국가로서 자격을 갖추기 위해서는 그것의 경영은 덕에 주의를 기울여야 한다고 결론 내린다. 만약 그렇게 하지 않는다면, 공동체는 그 구성원들을 훌륭하고 정의롭게 만들지 못하는 법에 의한 단순한 계약 혹은 동맹에 불과한 것이 된다. 이런 언급은 불완전한 정의 개념과 완전한 정의 개념에 대한 앞서의 구분 혹은 『니코마코스 윤리학』 5권에서 산술적 정의와 비례적 정의의 구분을 상기시킨다. 서로 간의 동등한 권리를 존중하는 계약의 당사자들은 서로 간의 차이점을 인정하기보다는 무시하기 때문에 충분하게 정의롭지 못하다. 그들은 법적으로는 정의롭고, 옳지만, 충분하게 훌륭한 것은 아니다.

물론 국가는 법적인 정의를 요구하고 시민권은 법의 지속성을 요구한다. 그렇지만 I권이 분명히 밝히고 있듯이, 국가는 자신들의 일을 수행하기 위해서 단순히 평화롭게 일상적으로 법을 지키고 서로 간에 불의를 행하지 않는 것이 아니라 잘 살기를 원하는 시민들에 의해 활성화된다.

잘 사는 것의 주제와 연관해서, 9장 마지막 부분은 I권과 II권에서 지지했던 결혼과 가족의 중요성에 대해 계속 주장한다. 그것들은 단순히 제도로서가 아니라 삶을 가치 있게 만드는 감정과 선택의 결과로서 중요하다. 국가는 서로를 소중히 여기고 존중하려는 인간의 욕망과 능력을 반영하고 있는 결속된 가정 없이는 존재할 수 없다. 왜냐하면 그런 욕망과 능력이 또한 비례적 정의와 고귀한 행동들 그리고 국가의 목적을 가능하게 하기 때문이다. 정말로, 단순히 사는 것이 아니라, 잘 사는 것이 국가의 목적이기 때문에, 그것을 가장 잘 증진하는 사람들이 국가에서 더 큰 몫을 차지하는 것이다. 달리 말해서, 덕이 있는 사람들이 부자로 태어난 사람들이나 단지 사는 것만이 문제가 되는 듯이 자유롭게 사는 사람들보다 국가에서 더 가치가 있는 것이다. I권에서 아리스토텔레스는 가정 구성원들의 각기 다른 덕들을 주목했고, 가정을 도덕적 인식과 정의에 대한 고찰을 요구하는 공동체로 기술했다. 이처럼 아리스토텔레스는 9장 마지막 두 번째 행에서 전체로서의 국가를 위해서 정의롭고 고귀한 행위를 하는 사람들이 가장 가치 있는 시민이라고 제시하고 있을지라도, 그는 바로 앞에서 결혼과 가족의 중요성을 강조하고 있으며, I권에서의 가정에 대한 그의 설명은 또한 가정 구성원들이 — 아이들이나 노예들보다 아내들이 더 발달된 이성과 판단능력을 지니고 있기 때문에 그들이 더 — 국가의 귀중한 구성원임을 표명한다. 그렇다면 이러한 논지는 참된 국가가 평화를 위한 계약 공동체 이상의 것이라는 이 장의 전반적인 논증을 완성하는 데 이바지한다.

이러한 전반적인 논증이 과두정체와 민주정체를 규정하는 원리에 대한 이 장의 최초의 탐구에 어떻게 이바지하는지 하는 문제는, 이 장이 과두정체와 민주정체에 대한 8장의 정의를 발전시키고 있거나 혹은 그렇지 못하고 있다는 관점들과 마찬가지로 명확히 밝혀질 필요가 있다.

9장은 과두정체에 대한 8장의 정의를 경험적 정의 — 부자가 지배하는 정체 — 로부터 이론적 정의 — 부가 부자들을 그 어떠한 정체에서도 가장 가치 있는 구성원으로 만들기 때문에 부자는 지배할 **자격이 있다** 는 주장에 기초한 정체 — 로 발전시키고 있지만, 그것은 같은 관점에서 민주정체에 대한 8장의 정의를 발전시키고 있지는 않다. 민주정체에 대한 8장의 경험적 정의 — 가난한 자가 지배하는 정체 — 는 과두정체의 것에 상응하는 이론적 정의 — 즉 **가난**이 가난한 자들을 그 어떠한 정치 형태에서도 가장 가치 있는 구성원으로 만들기 때문에 가난한 자들이 지배할 **자격이 있다**는 주장에 기초한 정체 — 가 되지 **못한다**. 그럼에도 9장은 민주정체에 대한 이론적 옹호를 함축한다. 왜냐하면 그것이 가난한 자에 대해 어떤 언급도 하지 않는다 할지라도, 그것은 어떤 사람들은 그들의 부에 기초해서 정치적 권력을 가질 자격이 있다고 주장하는 반면에, 다른 사람들은 그들의 **자유**(freedom)에 기초해서 그렇게 한다는 것을 주목한다. 그리고 그들은 이 주장을 이미 주목된 주장, 즉 타인에 의해 해를 당하지 않을 권리로 확장한다. 이처럼 9장은 민주정체를 언급조차 하지 않고 있지만, 그것은 『니코마코스 윤리학』에서 민주정체의 이론적 근거로서 표명된 정의에 대한 민주정체의 원리를 함축하고 있다. 즉 노예가 아닌 자유민들은 단순히 그들이 자유롭기 때문에 지배해야만 한다는 것이다. 그러나 『정치학』의 그 밖의 곳에서, 특히 곧 이어질 III권의 11장에서와는 달리, 9장은 자유민들이 일반적으로 다수이고, 그래서 이들은 민주정체의 원리를 다수의 지배의 원리와 결합시킨다는 점을 언급하지 않는다. 오히려, 이미 밝혀졌듯이, 9장은 민주정체의 원리는 동등한 개인들의 동맹을 확립하는 것임을 지적하는데, 이들의 유일한 공통적 관심 사항은 상호 간에 해를 가하는 것을 막는 것이다. 달리 말해서, 그들은 다중의 경제적인 이익이나 다른 이익이 아니라 그들 자신의 사적인 자유를 무엇보다도 중요 시한다.

최종적으로, 아리스토텔레스는 해를 막기 위한 동맹은 인간의 능력을 완전히 반영하거나 증진하지 못한다는 것을 보여 줌으로써, 자유 혹은 정의에 대한 민주정체의 원리가 정의 혹은 덕에 대한 과두정체의 원리와 마찬가지로 결함이 있다는 것을 밝힌다.

이런 결론은 정치적 권위에 관한 문제를, 단순히 자유롭거나 부유한 사람들이 아니라 덕 있는 사람들이 권력을 가져야만 한다는 방식으로 해결하는 것처럼 여겨질 수 있다. 그러나 10장 서두는 그렇지 않다는 것을 보여 준다. **어떤 한 그룹이나 한 사람**에게 권위를 부여하는 것은, 덕 있는 사람에 의한 지배일지라도, 문제를 야기한다. 왜냐하면 그것은 그 밖의 모든 사람에게서 정치적 공직이 부여하는 명예와 특권을 빼앗을 것이기 때문이다. 그러나 만일 가난한 다중이 지배한다면, 그들은 소수자의 부를 재분배할 수 있다. 만일 소수의 부유한 자가 지배를 한다면, 그들은 같은 일을 다중에게 할 수 있다. 그리고 한 사람에 의한 지배는 전제적이 될 수 있다. 이러한 가능성들은 적어도 다음과 같은 임시적인 결론을 낳는다. 즉 만일 그와 같은 불의가 사람들의 감정 때문에 사람들에 의한 모든 종류의 지배로부터 생기는 것이라면, 감정이 배제된 지배의 형태, 이를테면 법과 같은 것이 지배해야만 한다. 그러나 법은 인간에 의해 만들어진 것이 아닌가라고 아리스토텔레스는 묻는다. 정말로, 만일 법이 그것을 만든 사람들의 편향된 이익을 필연적으로 반영한다면, 위에서 주목된 불의는 사람에 의한 지배와 마찬가지로 법에 의한 지배에서도 똑같이 생길 수 있다.

III. 11 - 13

아리스토텔레스는 사람에 의한 지배 대(對) 법의 지배의 장점에 대한 논의를 다섯 장 뒤로 미루는데, 거기서 그는 이를 왕정, 즉 최고의 한 사람의 지배에 대한 논의 맥락에서 언급한다. 당장은, 그는 11장부터 누가 정치적 권위를 가져야만 하는지의 아직 해결되지 못한 문제에 대한 체계적인 탐구를 시작한다. 이 탐구는 III권의 나머지 부분인 다음 여덟 개 장을 차지한다. 위의 시나리오에 비추어 볼 때, 다중에 의한 지배, 즉 민주정체는 가장 문제가 없을 수 있다. 적어도 이런 가능성은 왜 탐구가 민주정체로부터 시작하는지를 아마도 설명해 준다.

   III권 11장에서 민주정체에 대한 이런 평가는 아마도 민주정체에 관한 『정치학』에서의 어떤 다른 내용이나 언급보다도 더 아리스토텔레스가 그것을 어느 정도로 권고하고 있는지에 대한 끝없는 논쟁을 초래했다. 왜냐하면 VI권의 대부분은 민주정체에 관한 것이지만, 그것의 평가는 III권에서의 평가보다 일반적으로 덜 우호적인 것으로 보이기 때문이다. 하여튼, 두 평가는 함께 민주정체에 대한 아리스토텔레스의 견해를 논쟁하는 충분한 근거를 제공한다.

   집단적 판단의 긍정적인 측면은 다음과 같이 논증된다. 다중 가운데 어떤 한 개인도 훌륭한 판단자이거나 우월한 인식 능력을 가진 사람이 아닐 수 있는 반면에, 각각의 개인이 적어도 어떤 덕 있는 속성을 소유하고 있다고 가정할 때, 다중은 함께 모여서 훌륭한 판단을 할 수 있다. 그래서 그와 같은 다중은 음악과 시가에 대한 좋은 판단자이다. 다른 식으로 말해서, 각각 다른 장점을 갖고 있는 많은 사람들은 하나의 육체로 통일되어 있지 못하다는 점에서만 탁월한 한 개인과 다르다. 민주정체에 대한 평가의 부정적 측면은 다음과 같다. 그것은 다중을 이루는 개인들 모두가 어떤 방식으로건 유덕한 사람이지는 못할 것이라는 사

실, 그리고 정말로 전체 다중이 동물들의 무리와 같을 수 있다는 가능
성이다.

이런 낮은 평가는 정체가 모든 사람을 최고의 공직에 취임할 수 있도
록 해서는 안 된다는 결론을 내리게 만든다. 왜냐하면 큰 권력을 갖고
있으면서도, 어리석게 판단을 내리는 것은 불의를 널리 퍼뜨리고 심각
한 잘못을 낳을 수 있기 때문이다. 그럼에도 정체는 공직에의 참여가
배제된 사람들에게 어떤 방식으로든 참여를 허용해야 한다고 아리스토
텔레스는 덧붙인다. 그렇지 않으면, 내부의 적들을 양산할 것인데, 이
는 국가를 책임지고 있는 사람들이 피해야 할 심각한 상황이다. 비록
아리스토텔레스는 심리학적 분석을 하고 있지는 않지만, 그것은 쉽게
추론할 수 있을 것으로 보인다. 즉 인간들은 인정을 받고 싶어 하는데
그들에게서 이를 빼앗으면 적개심을 야기한다. 그렇다면 분명히 정치
는 인간 영혼(soul — 혹은 psyche, 'psychological'이란 단어의 어원이
되는 말)의 이런 경향성을 유의해야 한다.

모든 사람을 어떤 방식으로든 정치적 문제에 관여하게 하기 위해서,
정체는 더 높은 공직에 취임할 수 없는 사람들로 하여금 그런 공직에
취임할 수 있는 사람들을 지명하고 선출하도록 허용할 수 있다. 그러나
이런 제안은 그 자체로 한 가지 문제를 야기한다. 덕이나 판단이 부족
한 사람들이 다른 사람들에게서 그것을 인식할 수 있을까? 한편으로,
특별한 경험을 갖고 있는 사람들이나 전문가들만이 다른 사람들에게서
그것을 알아볼 수 있고 그 결과를 판단할 수 있다. 즉 단지 의사만이 다
른 의사를 평가할 수 있고 환자가 치료되었는지를 결정할 수 있다. 다
른 한편으로, 전문성을 결여한 사람들에 의해 판단될 수 있는, 그리고
아마도 그들에 의해 더 잘 판단될 수도 있는 그런 전문적 기술은 없는
가? 예를 들어, 요리술, 목공술, 그리고 우리는 아리스토텔레스의 목록

에 가르치는 기술을 덧붙일 수 있다. 식사하는 사람들, 집에 거주하는 사람들, 학생들은 음식, 집 혹은 수업에 대해 다른 요리사들, 목공들과 선생들과 마찬가지로 훌륭하게 혹은 그들보다도 더 잘 판단하지 않는가? 그런 결론은, 집합적 판단은 우월한 한 사람의 판단과 같을 수 있다는 앞서의 결론과 결합해서, 정체는 대중에게 그들의 지도자를 선택하도록 해야 하는지에 관한 문제를 해결하는 것으로 보이지만, 실제로는 다음과 같은 중심적인 문제와 씨름하고 있지는 않다. 즉 식사하는 사람들이 요리사와 요리에 대해 훌륭한 판단인 것처럼 시민들은 지도자 혹은 리더십에 대해 그러한가? 이것은 적절한 유비인가? 혹은 지도자와 리더십은 오히려 그들의 동료들에 의해서 가장 잘 판단되는 의사나 의술과 같은 것인가? 아리스토텔레스는 다중에게 중요한 문제들에 대한 권위를 부여하는 것을 부정하면서도 그와 같은 권위를 가질 사람들을 뽑을 권리를, 마치 그런 선택 자체가 중요한 문제가 아니기라도 한 것처럼, 그들에게 허용하는 일의 불합리성을 언급함으로써 후자의 입장을 암시한다. 그렇다면 민중을 포함하는 유일하게 분별 있는 선출 제도는 그들의 힘을 더 낮은 공직 — 이를테면, 법정, 협의회, 민회 — 의 공무원들의 선출에만 제한하는 것일 것이다. 그와 같은 직위들은 더 높은 직위보다 힘을 덜 갖고 있지만, 그들은 공직자가 균형 있는 판단을 할 수 있게끔 하는 집단을 형성한다.

　11장의 결론 단락은 놀랍게도 법에 초점을 맞추고 있는데, 이는 10장의 끝 부분을 상기시킨다. 거기서는 이 주제를 도입하고서도 불충분하게 혹은 편향되게 만들어진 법은 편향된 사람과 마찬가지로 문제가 있다는 것을 주목함으로써 논의를 중단했다. 그러나 법의 성질은 필연적으로 정체의 성질이나 유형을 반영하며, 그래서 왜곡된 정체들은 정의롭지 못한 법을 만든다는 것을 주목함으로써 초점은 11장의 논의와 연관된다. 그렇다면, 아리스토텔레스는 다중은 정의롭지 못한 법을 만들 것이기 때문에 그들은 법을 제정해서는 안 된다는 것을, 명백히 말하고 있지는 않으면서도, 암시하고 있다.

그러면 무엇이 정의로운가? 아리스토텔레스는 그가 9장 서두에 제기한 문제를 12장 서두에서 다시 논의한다. 실제로, 처음 몇 줄은 앞 장의 것들과 거의 동일하고 『니코마코스 윤리학』에서의 같은 구절을 참조하기도 한다. 아리스토텔레스는 왜 반복하고 있을까? 아마도 논의 요점의 중요성 및 상관성과 관련해서만 정당한 추론을 할 수 있을 것이다. 여기서 요점은 사람들이 일반적으로 동의하는 정의는 평등이라는 견해가 탁월성의 기준에 관한 광범위한 의견 차이와 상반된다는 것이다.[18] 단지 정치철학만이 참된 기준을 확인할 수 있다고 그는 말한다.

그러므로 그는 먼저 탁월성 혹은 빼어남의 기준이 제멋대로라는 생각을 제거한다. 정치적 정의는 탁월성의 그 어떠한 기준도, 이를테면 키, 머리카락 색깔 혹은 빠름 등과 같은 것도, 존중할 수 있다는 생각은 정치학이, 상관없는 속성들이 아니라 숙련됨을 인정하는, 음악과 의학과 같은 다른 기술들이나 학문들과 유사하다는 것을 잘못 부정하는 것이다. 더구나, 만일 정의의 기준들이 제멋대로라면, 그것들은 상호 간에 비교할 수 있다. 즉 그 어떠한 속성 혹은 전문적 지식도 어떤 것으로나 대치될 수 있을 것이다. 부(富)는 키로, 친절함은 부로, 푸른 눈은 친절함으로, 과학적 지식은 푸른 눈으로, 정치적 지식은 과학적 지식으로 대치될 수 있고, 모든 경우에 그 역도 마찬가지이다.[19] 그러므로 정

18   역자 주: 사람들은 정의는 평등을 포함하며, 동등한 사람에게 동등한 몫을 분배하는 것이라고 쉽게 동의한다. 그러나 어떤 사람들이 동등한지 그리고 어떤 기준에 의해서 사람들은 동등하거나 동등하지 않은 것으로 간주되는지에 대해서는 사람들의 의견이 다르다.
19   역자 주: 질적인 차이를 간과하고 양적인 차이로만 비교할 때 성립하는 논리이다.

치적 정의의 기준을 결정하는 것은 정치 공동체에 바람직하거나 필수
적인 인간의 유용한 성질들에 대한 결정을 요구한다. 이러한 것들은
부, 자유, 그리고 덕으로 보이는데, 그 근거는 정치 공동체는 세입과 참
여를 필요로 하고 훌륭한 판단을 갖고서 개선되어야 하기 때문이다. 그
들의 의견을 표명하는 것에 더하여, 단순히 — 반드시 유덕하지는 않은
— 자유민이 제공할 수 있는 참여의 종류는 정체를 (육체적으로) 방어
하는 것, 즉 군인으로서 봉사하는 것이다. 이를 통해서 12장의 끝 부분
은, 자유로운 다중의 지배를 가장 **강하게** 요구하는 이유는, 그래서 민
주정체를 위한 최선의 논증은, 그들의 의사 표현이나 8장에서 언급되
었듯이 그들의 빈곤 — 즉, 과두정체의 지배자들과 그들의 경험적 차별
화 — 때문이 아니라, **정체의 방어를 위해 필수불가결한** 그들의 유용성
때문임을 암시한다. 달리 말해서, 정의로운 탁월성의 기준들 가운데 전
체에 대한 고귀한 봉사는 의사 표현과 보상에 대한 요구보다 우위에 있
는 것이다.

　　그러나 13장은 관련된 역설로 시작한다. 비록 훌륭한 판단에 의해
드러나는 덕이 부, 자유로운 의견들 혹은 군사적 방어보다도 더 정치적
정의에 기여할지라도, 후자는 전자[덕]의 조건들이다. 사람들이 정의
롭게 지배하기 위해서, 그들은 생존이나 전쟁에 몰두해서는 안 되고,
정치적 문제들을 고찰하기 위해 자유로워야 한다. 그렇다면 역설적으
로, **이론적인** 측면에서 덕에 대한 절대적인 요구는 **정치적으로** 절대적
인 것이 될 수 없다. 정말로, 정체에 요구되는 조건들은 다양하기 때문
에, 덕이나 정치권력에 대한 어떠한 단일한 요구도 실제로 절대적일 수
없다. 만일 정체가 단일한 기준만을 인정한다면, 그것은 (아마도 플라
톤의 『국가』에서의 '논의로 이루어진 국가'처럼) 실제로 기능하는 정
체가 아니라 디스토피아(dystopia) 혹은 기껏해야 기능 장애가 있는 오

래가지 못하는 정체가 될 것이다.

두 가지 관찰이 요점을 강화한다. 첫째로, 어떤 덕들이 분리 불가능하거나 연관되어 있다는 점은 그것들 중 어느 하나에 대한 정치적 신뢰를 거부하는 것은 다른 것을 희생시킬 수 있다는 것을 의미한다. 예를 들어, 부유하게 되거나 부를 유지하기 위해서 필수적인 덕들, 즉 자제, 부지런함, 계약을 지킴은 부의 소유에 동반하는 것들이다. 유사하게, 자유민이면서도 지적으로나 기질적으로 결함이 없는 사람들은 좋은 가문 출신의 사람들과 겹치고, 좋은 가문 출신의 사람들은 종종 공동체에서 더 특권을 부여받고 있으며 더 나은 특성을 지니고 있다. 특권은 관습적이지만, 훌륭한 성품이 본성 혹은 양육 중 어느 것으로부터 유래하는지를 누가 말할 수 있는가? 소위 우리의 '혈통'은 두 가지를 모두 포함할 수 있다. 따라서 가문에만 근거해서 부여된 정치권력은 정의롭지 못할 수 있지만, 가문에만 근거해서 그것을 부정하는 것도 정의롭지 못할 수 있다.

둘째로, 11장에서 다중의 집합적 덕들에 대한 관찰은 지배하려는 민중의 욕망의 정당함과, 그래서 소수의 부자 혹은 소수의 덕 있는 자들에 의한 지배를 절대적으로 요구하는 것의 부당함을 보여 준다.

그러나 만일 극적으로 국가에서 한 사람이 다른 모든 사람을 덕에 있어서 능가한다면 어떻게 되는가? 같은 결론이 뒤따를 것인가? 즉 그도 역시 잘 기능하는 정체에 중요한 다른 유용한 것들을 소유한 사람들과 권력을 공유해야 하는가? 아리스토텔레스는 '아니오'라고 답한다. 그것은 신을 단순히 사멸하는 존재처럼 취급하는 것과 같이 부당할 것이다. 신과 같은 소수의 인간들이 출현한다면, 그들은 더 못한 사람들과 권력을 공유해서는 안 된다. 한 사람이든 소수이든지 간에, 그와 같은 사람들은 그들 스스로가 법이고, 그들이 법 아래에 있어서는 안 된다.

안티스테네스(Antisthenes)를 인용하면서, 아리스토텔레스는 단지 토끼와 같은 사람들만이 사자와 같은 사람들도 동일하게 취급되어야 한다고 믿거나 혹은 그들이 여전히 더 낫다면 도편추방되어야 한다고 믿는다는 것을 암시한다.[20] 도편추방은 민주적으로 운영되는 국가들에서 공통적으로 실행되는 것일 뿐만 아니라 페리안드로스가 참주정체를 유지하도록 트라시불로스에게 추천한 방법이다.

그럼에도 도편추방의 주제는 더 많은 논의를 요구하는 복잡한 문제이고, 이 주제는 상대적으로 길이가 긴 13장의 반 이상을 차지하고 있다. 한편으로, 이 논의는 경고를 하고 있다. 즉 국가에서 뛰어난 자들을 추방함으로써, 도편추방은 그들의 기여에 의한 국가 개선을 막는다. 그와 같은 개인들 없이는, 왜곡되고 부정의한 정체는 영원히 왜곡되고 부정의한 상태로 남을 것이며, 공동의 선이 아니라 지배자들에게만 봉사할 것이다. 다른 한편으로는, 제한이다. 도편추방은 만일 그것이 국가에서, 덕을 제외하고, 국가를 안정시킬 기준에 위배되게 과도한 사람을 추방한다면, 공동의 선에 봉사할 수 있다. 왜냐하면 그와 같은 사람 ― 예를 들어, 예외적으로 부자이거나 세도가 있거나 영향력이 큰 사람 ― 은 정체의 최선의 이익에 반하는 방식으로 정치적 의견을 지배하거나 영향을 미칠 수 있다. 그렇다면, 정치적 정의의 기술은 미술과 목공술처럼 균형을 포함한다.

그렇지만 덕은 아무리 많아도 정의를 불균형하게 만들거나 국가를 불안정하게 만들지 않는다. 왜냐하면 덕은 무엇이 정의롭고 좋은 것인지에 관한 판단이기 때문이다. 그래서 앞의 결론은 유지된다. 예외적으

---

20   역자 주: 안티스테네스의 우화에 따르면, 동물들의 회의석상에서 모든 동물의 평등권을 주장하며 열변을 토한 토끼들에게 사자는 "너희들의 발톱과 이빨은 어디에 있는가?"라고 했다.

로 덕이 있는 사람은 국가에 머물러 있어야만 할 뿐 아니라 또한 지배해야 하며, 그리고 지배를 받는 사람들은 그들의 신적인 인도에 감사해야 한다.

III. 14 - 18

앞선 논의에 이어 14장은 주제를 바꾸어 III권의 나머지 다섯 장이 왕정을 다룰 것임을 언급한다. 다섯 장 가운데 첫 번째 장은 왕정의 네 가지 유형을 기술하고, 마지막에 다섯 번째 유형에 주목한다. 비록 왕정의 다섯 가지 유형[21]은 국내에서의 권력 행사 방식은 다를지라도, 그것들 모두 외국과의 전쟁 시 군 통수권을 갖는다. 국내적으로, 다섯 번째 유형을 제외하고 모든 유형은, 아마도 고대의 혹은 잘 확립된 법에 의해 제한을 받는다는 의미에서, 법에 기반을 두고 있다. 그럼에도 이것은 왕이 새로운 법을 공포하거나 적어도 법에 위반하는 일시적인 포고령을 내리는 것을 못하게 할 수는 없다. 즉 권력분리를 보여 주는 독립적인 법률제정 기관에 대한 어떠한 기술도 없다. 법에 기초한 네 가지 유형 중에서 세 가지는 세습적이고 종신직이다. 네 번째 유형은 선출직이고, 다섯 번째 유형은 교체 방식에 관해서 구체적으로 언급되지 않고 있다. 권위의 온건한 사용은 법에 기초한 네 가지 유형 중 두 가지, 즉 스파르타 모델과 봉건적인 시혜자 모델을 특징짓는다. 반면에 야만족의 참주와 선출된 독재관은 더 많은 권위를 행사한다. 그럼에도, 시민들은 지배에 저항하지 못하기 때문에, 안정성은 후자의 두 유형의 특징이다. 그들의 자발적인 복종은 첫 번째 경우에는 그들의 비-그리스적

---

21   역자 주: 왕정의 다섯 가지 유형은 다음과 같다. (1) 스파르타의 모델 (2) 야만족의 왕정 (3) 영웅시대의 왕정(봉건적인 시혜자 모델) (4) 선거에 의한 참주정체 혹은 독재정체 (5) 왕이 가정의 가부장의 역할을 하는 절대 왕정.

인 성향으로부터 유래하고, 두 번째 경우에는 그들이 지도자를 자발적으로 선택한 것으로부터 유래한다. 언급된 왕정의 다섯 번째 유형은 가정의 가장처럼 완전한 권위를 행사한다.

왕정 자체는 좋은 것이지만, 완전한 권위도 그러한가? 문제는 최선의 사람에 의한 지배 혹은 최선의 법에 의한 지배 가운데 어느 것이 더 나은지 하는 것이다. 법은 구체적인 상황에 따른 것이 아니라 보편적인 것이기 때문에 결함이 있지만, 감정에 좌우되는 것은 아니기 때문에 이점이 있다. 지배는 상황과 법 모두에 대해 주의를 기울일 것을 요구한다. 이제 문제는 법과 함께 한 사람이 지배해야 하는지 아니면 다수가 지배해야 하는지 하는 것이다. 다수는 감정에 덜 치우칠 수 있지만, 다수의 판단이 합리적이며 법을 침해하지 않을 것이라는 어떤 보장도 없다. 그러나 합리적인 다수를 상정해 보면, 그들의 지배는 한 사람의 합리적인 지배보다 더 바람직할 것이다. 왜냐하면 후자는 감정에 더 취약하기 때문이다. 따라서 모든 증거에 의해서 귀족정체가 왕정보다 우월하다는 것은 명백하다.

불행하게도 시간이 흘러 귀족정체는 타락하여 과두정체가 되고, 그다음에는 급진적인 소수의 착복에 기인하는 참주정체로 바뀌고, 그리고 나서 참주들에 대한 반동과 국가 규모가 커진 결과로서 민주정체로 변화하게 된다. 여기서 아리스토텔레스는 어떻게 그러한 타락을 막을 수 있는지 말하고 있지는 않지만, 이어지는 권들에서 지배자들은 그들의 공직으로부터 이익을 취할 수 있어서는 안 되고 국가는 과도하게 커져서는 안 된다는 것을 언급한다.

최선의 한 사람에 의한 지배는 장점을 갖고 있지만, 만일 왕이 그 자신의 의지에 따라 지배한다면 어떻게 될 것인가? 동등한 사람들 사이에서는 그것은 부당할 것이며, 단지 교대로 지배하는 것만이 정의로울 것이다. 그럼에도 법에 의한 지배는 사람에 의한 지배를 보완한다. 왜냐하면 법이 유사한 상황에 대해 필연적으로 같은 평결을 내리는 한에 있어서, 그것은 더 공평무사하며 개인적인 앙갚음이나 편애에 영향을 받지 않기 때문이다. 관습들은 법의 지배나 사람의 지배보다 더 낫기도 하다. 왜냐하면 분명히 그것들은 오랜 시간에 걸쳐 사람에 의한 지배의 사려 분별과 공평무사함을 결합하고 있기 때문이다. 그러나 법과 관습은 다수의 판단으로부터 유래하는 것이고, 따라서 현실적인 지배자들의 판단을 인도해야만 하는데, 이들은 다수의 사람이 감정에 덜 휘둘리기 때문에 한 사람이기보다는 다수이어야 한다.

왕정과 혼합정체는 덕 있는 다수에 의한 지배, 즉 귀족정체보다 단지 다음과 같은 경우에만 더 바람직하다. 즉 왕정의 경우에는, 대중이 덕에 있어서 그들을 아주 탁월하게 능가하는 한 사람에 의해 통치받을 마음이 있을 경우에만 그러하고, 혼합정체의 경우에는, 대중이 군사적 능력을 지니고도 부유한 자에게 지배를 양보할 경우에만 그러하다. 이처럼 III권의 최종적인 평결은 귀족정제가 여섯 가지 정체 유형들 가운데 최선이라는 것이다.

연구를 위한 물음들

1. 시민에 대한 정의는 무엇인가?

2. 무엇이 국가의 정체성을 규정하거나 구성하는가?

3. 무엇이 지배자를 규정하는가?

4. 시민의 덕과 지배자의 덕은 언제나 교차하는가?

5. 훌륭한 시민은 반드시 훌륭한 인간인가? 그리고 역도 그러한가?

6. 인간은 무엇을 위해서 국가를 확립하는가?

7. 무엇이 정체들을 '올바른 것'으로 만드는가? 무엇이 그것들을 '잘

못된 것'으로 만드는가?

8. 얼마나 많은 유형의 정체들이 있는가? 그 이유는? 그것들은 어떤 것
   들인가?

9. 일반적으로 무엇이 정체의 유형들을 규정하는가? 각각의 정체 유형
   의 특정한 규정적 원리는 무엇인가?

10. 무엇이 '모든 국가를 위한 관심 사항이 되어야 하는가'? 그 이유
    는? 그것은 오늘날 자유민주주의 사회의 관심거리인가? 그것에 관
    심을 두어야만 하는가?

11. 아리스토텔레스는 국가가 어떤 종류의 실체임을 부정하는가? 그
    이유는?

12. 과두정체와 민주정체에 대한 각각의 경험적 규정은 정의에 대한 각
    각의 규정적 원리와 상응하는가?

13. 다중의 지배에 대한 아리스토텔레스의 견해는 무엇인가? 그는 그
    것의 어떤 장점을 확인하고 있는가? 단점은? 그의 관찰은 현재의
    자유민주주의에서 어떠한 제도적 혹은 정부의 실천에 적합한가?

14. 민주정체를 위한 최선의 정당화는 무엇인가?

15. 모든 좋은 성질은 정치적 인정을 받을 가치가 있는가?

16. 어떠한 하나의 성질이 배타적으로 정치적 인정을 혹은 다른 모든
    것보다 우선적으로 인정을 받을 가치가 있는가? 만일 그렇다면, 그
    것은 무엇이며, 왜 그것은 그런 인정을 받을 가치가 있는가? 그렇
    지 않다면, 왜 아닌가?

17. 정체는 도대체 개인들을 도편추방해야만 하는가? 왜 그래야 하는
    가 혹은 왜 그래서는 안 되는가?

18. 14장에서 기술된 다섯 가지 유형의 정체들에 공통적인, 왕정의 으
    뜸가는 이점은 무엇인가?

19. 법이 지배해야 하는가 혹은 사람이 지배해야 하는가? 어느 것이 결정적으로 우월한가? 왜 그런가 혹은 왜 그렇지 않은가?
20. 여섯 가지 정체 유형 중 최선의 것은 무엇인가? 그 이유는?

『정치학』 IV권

입문

IV권에서, 아리스토텔레스는 가능한 최선의 정체를 목적으로 하여 정체의 유형들을 논의한다. 정치학은 개선을 모색하고 있는 정체들을 이해하는 것을 목표로 하기 때문에, 그의 접근은 올바르게 실천된다면 정치학이 포괄적이고 유용한 설명을 제공할 수 있다는 것을 제시한다. 이런 정신에서, 아리스토텔레스는 처음에 두 가지 가장 공통적인 정부의 형태, 즉 민주정체와 과두정체에 초점을 맞추어서 정체에 대한 그의 논의의 기초를 삼고 있다.

정치적 의견들은 다양하기 때문에 정체들은 온갖 형태와 크기로 형성되지만, 정치적 삶의 가장 명백한 사실은 우리가 부유하면서 동시에 가난할 수 없다는 것이다. 국가들을 규정하는 이런 특징에 대한 개인들의 생각이 당파적인 입장에 따라 국가들을 형성할 수 있도록 하는 것이다. 최선의 과두정체는 부의 장점을 그리고 민주정체는 자유의 장점을 숙고하고, 이것들은 상황이 허락하는 만큼 '혼합된' 정부를 확립한다.

아리스토텔레스는 IV권에서 다음과 같은 논증을 전개한다. 그는 1-3장에서 무엇이 정치적 관찰자로 하여금 정체들을 올바로 이해하는 것을 방해하는지 설명하기 시작하는데, 이를 통해 대부분의 당파적인 사람들은 필요한 철학적 자질을 결여하고 있다는 것을 암시한다. 4-6

장에서, 아리스토텔레스는 민주정체와 과두정체에 대한 실제적 정의를
제공하고 각각의 변형을 기술한다. 그는 7–13장에서 참주정체, 혼합정
체 그리고 귀족정체를 논의에 도입해서, 민주정체와 과두정체의 더 좋
은 형태와 더 나쁜 형태 사이의 구분을 더욱 부각시킨다. 14–16장은
정치적 제도가 정체 형성에 있어서 하는 역할을 다룬다. 요컨대, IV권
은 다양한 과두정체들과 민주정체들의 경향성이 모든 정체를 보존하고
파괴하도록 촉진하는 것에 관한 탁월한 실마리를 어떻게 제공하는지에
대해 특히 유용한 설명을 한다.

IV. 1–2

아리스토텔레스는 IV권 서두에서 네 가지 과제를 언급한다. 구체적으
로 말하자면, (1) 단적으로 최선의 정체를 고찰하는 것 (2) 특정한 국
가를 위해 최선의 정체를 고찰하는 것 (3) 기존의 국가를 보존하는 최
선의 방식을 고찰하는 것 (4) 가능한 최선의 국가를 고찰하는 것이다.
기존의 국가를 보존하는 최선의 방식에 대한 논의를 V권까지 유보한
뒤에, 아리스토텔레스는 정체의 유형들에 대한 연구를 신체 훈련에 대
한 연구와 관련시켜서 첫 번째, 두 번째, 그리고 네 번째 논의 과제에
대해 소개한다.

　아리스토텔레스는 신체 훈련을 모델로 해서 정치학에 대한 그의 연
구를 하는데, 그 이유는 이 둘이 포괄적이고 실천적인 학문이기 때문이
다. 운동 트레이너가 운동방식과 인간의 신체조건 사이의 연관성을 고
려하는 것과 마찬가지로, 정치학자는 정부와 국가의 형태들을 고찰할
때 같은 일을 해야만 한다. 그와 같은 접근은 우리로 하여금 단적으로
최선의 것뿐만 아니라 각각에게 최선의 것과 모두에게 공통적으로 최
선의 것이 무엇인지를 묻게끔 한다. 덧붙여 말하자면, 훈련받지 못한

사람은 정치의 영역에서 최선의 것, 더 나은 것, 가능한 최선의 것에 관해 비현실적인 판단을 하게 되지만, 훈련은 인간사를 포함한 실제적인 제한들에 대해 냉철하게 생각할 수 있게 해 준다. 전문적인 운동 트레이너는 이상적인 신체에 대해서는 이상적인 운동방식이 있다는 것을 전제하지만, 그는 또한 대부분의 사람들은 이상적인 신체 상태가 아니라는 것을 고려한다. 달리 말해서, 이상적인 운동선수, 예를 들어 마이클 펠프스(Michael Phelps)를 상상해 볼 때, 우리는 펠프스가 아니지만, 이러한 이상적인 상태를 열망하면서도 우리의 특정한 조건에 적합하거나 모두에게 접근 가능하고 이로울 수 있는 유형의 신체 훈련으로부터 우리가 매우 크게 이익을 볼 수 있다는 사실을 무시하기는 힘들다.

　아리스토텔레스는 정치학에 대한 다른 이론가들이 정체의 주제를 올바르게 취급하는 데 실패함으로써 덜 유용한 해석을 내놓았다고 주장한다. 어떤 사람들은 실현가능한 정체를 외면하고서 순수하게 최선의 정체에만 초점을 맞추는 반면에, 다른 사람들은 단 하나의 정체(예를 들어, 스파르타의 정체)에 끌려서 현존하는 정체들을 소홀히 한다. 정체들의 다른 유형들과 정체들이 어떻게 결합할 수 있고, 어떻게 정체들이 별개의 법들을 가질 수밖에 없는지에 대한 이해를 제공하는 아리스토텔레스의 개선된 접근 방식은 모든 정체가 적절히 조망될 수 있고, 아마도 개선될 수 있는 그러한 틀을 제안한다.

　이것은 왜 아리스토텔레스가 세 가지 '올바른' 정체들 — 왕정, 귀족정체, 그리고 혼합정체 — 과 그것들에 각기 상응하는 왜곡된 정체들 — 참주정체, 과두정체 그리고 민주정체 — 을 다시 열거하면서, 이어지는 논의에서 혼합정체를 세 가지 왜곡된 정체와 함께 다루고 있는지를 부분적으로 설명해 준다. III권에서 아리스토텔레스는 정체 안에서 권력을 갖고 있는 부분이 공동의 이익 혹은 사적인 이익을 목표로 지배를 하는지 여부에 근거해 '올바른' 정체들과 '왜곡된' 것들을 구분했다. 아리스토텔레스는 혼합정체, 즉 모두의 이익을 위해 이바지하는 다수의 지배를 왕정과 귀족정체와 함께 묶었다. 아리스토텔레스는 혼합정체를 개선을 필요로 하는 정체들 — 민주정체, 과두정체, 참주정체 — 과 함께 열거함으로써, 다수가 덕을 목표로 지배하는 것은 힘든 일이라는 그의 이전의 제안을 반복하지만, 그와 동시에 그는 혼합정체가 대다수를 위해서 가능한 최선의 정체라는 그의 논증의 토대를 마련하고 있다.

동일한 선상에서, 세 가지 왜곡된 정체들 — 참주정체, 과두정체, 민주정체 — 가운데 어느 것이 가장 나쁜지를 논의하면서, 그는 민주정체를 세 가지 중에서 가장 견딜 만한 것으로 규정한다. 『정치가』 편에서 효율성과 합법성의 기준에 근거해서 정체들을 비교해 '더 나은' 것을 확인했던 플라톤을 간접적으로 참조하면서, 아리스토텔레스는 이런 주장 대신에, 모든 사람에게는 아닐지라도 가장 많은 사람에게 좋은 것이 추구되는 한에 있어서, 각각의 정체가 덕에 접근하는 정도에 따라 정체들은 '덜 나쁜' 것으로 간주되어야만 한다고 제시한다. 플라톤은 민주정체를 좋든 나쁘든 커다란 것을 성취할 수 없는 것으로서 비판하고, 한 사람 혹은 소수가 합법적으로 지배할 수 있을지에 대해 유보적 태도를 취하고 있는 반면에, 아리스토텔레스는 '최선'과 '가능한 최선' 사이를 구분해서 논의함으로써 정체 유형들에 대한 실제적인 논의를 네 가지 것으로 축소하고, 혼합정체를 네 가지 중에서 '가능한 최선의 것'으로 상정한다. 실현가능하고 선택할 가치가 있는 것을 목표로 해서 아리스토텔레스가 다양한 형태의 과두정체와 민주정체를 주제로 취급할 때, 다수의 지배를 부분적으로 지지하는 아리스토텔레스의 입장은 IV

권과 V권 이면에 중요한 것으로 눈에 띄지 않게 숨겨져 있다.

IV. 3

이어질 논의의 실제적 성격을 강조하기 위해 도입부에서 주요 정체 유형들을 다시 목록으로 보여 준 뒤에, 아리스토텔레스는 왜 주요 정체 유형들이 다양한지를 고찰한다. 그의 단순한 대답은 정체 유형들은 국가의 '부분들'이 다양하기 때문에 다양하다는 것이다. 국가는 가정들로 구성되고, 이들 중 어떤 가정은 부유하고, 어떤 가정은 가난하고, 그리고 어떤 가정은 중산층이다. 한편, 부유한 가정과 가난한 가정은 각기 다른 직업을 갖고 있으며, 무장을 하거나 그럴 수 없다. 그리고 국가는 또한 가문과 덕의 차이에 따라 하는 역할에 기초한 부분들로 구분되지만, 아리스토텔레스는 — 훈련받지 않은 사람이 정치를 어떻게 조망하는지 하는 주제를 유지하면서 — 처음에는 부(富)를 국가의 부분들을 구분하는 주요한 요소로 규정한다.

　정체들은 왜 다양한지에 대한 아리스토텔레스의 설명은 III권 서두에서 이 주제에 대해 그가 이전에 취급했던 것과 약간 다르다. 거기서 아리스토텔레스는 — 시민이라는 — 국가에서 지배할 자격이 있는 부분에 대한 논의로 갑자기 이동하기 전에, 국가는 부분들로 이루어진다는 것을 또한 제시했다. III권과 IV권 두 권 모두에서, 정체들은 공직 제도가 각각의 국가에서 다르기 때문에 다르다. 그러나 III권에서의 아리스토텔레스의 초점은 시민의 정체성 자체인 데 반해서, IV권에서 그는 제도적으로 한 부분이 다른 부분보다 상위에 있을 것을 요구하는 상황에 가장 많은 관심을 갖고 있다. 권력 배분과 평등한 지위는 각각의 국가에서 다른 상황을 초래한다. 어떤 부분들은 다른 부분들보다 더 탁월하다. 어떤 부분들은 다른 부분들보다 '더 평등'하다. 한 국가의 성

격은 국가 안의 다양한 부분들이 그들의 상대적인 지위를 어떻게 바라
보는지를 정확히 반영한다.

아리스토텔레스의 철학적 경향은 그로 하여금 국가 내에서 지배하는
요소의 특성에 기초해 정체들을 구별하도록 허용하는 반면에, 대부분
의 사람들은 지배자들의 수를 셈으로써 정체들을 구별한다. 국가 내에
서 가장 명확한 구분은 부의 차이에 의해 생기기 때문에, 대부분의 관
찰자들은 두 종류의 정체, 즉 과두정체(부유한 **소수**의 지배)와 민주정
체(가난한 **다수**의 지배)가 있다고 결론 내린다. 역사는 이러한 부분적
으로는 참이지만 한쪽으로 치우친 접근 방식에 의해 인도된 정치이론
들, 정치투쟁들, 그리고 정치운동으로 가득 차 있다. 아리스토텔레스는
대부분의 사람들이 이런 방식으로 정치를 바라본다는 것을 인정하지
만, 그는 민주정체와 과두정체에 대한 그의 취급 방식을 강조한다. 민
주정체와 과두정체에 대한 좀 더 풍부한 논의 — 단순히 수를 세는 것
이상의 일을 할 수 있도록 대중의 눈을 훈련시키는 논의 — 를 제공함
으로써, 그의 해설은 독자들로 하여금 정체들에 대한 좀 더 포괄적인
견해를 갖도록 그리고 각각의 다양한 정체들이 어떻게 개선될 수 있는
지를 고찰할 수 있도록 준비하게 한다.

IV. 4 - 6

아리스토텔레스는 왜 사람들이 민주정체를 단순히 다수의 지배로 그리
고 과두정체를 단순히 소수의 지배로 잘못 생각하고 있는지를 설명함
으로써 민주정체와 과두정체에 대한 그의 개인교습을 시작한다. 그는
이 점을 입증하기 위해서 불가능해 보이는 두 가지 시나리오를 도입한
다. 즉, 가난한 소수에 대한 부유한 다수의 지배를 민주정체적인 것으
로, 혹은 부유한 다수에 대한 가난하면서도 탁월한 소수의 지배를 과두

정체적인 것이라고 기술하는 것은 부정확할 것이다. 모든 자유민이 권력을 가질 때 그것은 민주정체라고 적절하게 특징지어지고, 마찬가지로 부자가 힘을 가질 때 과두정체라고 특징지어진다.

　그러나 정체들은 많은 부분들로 구성되며, 많은 성질들에 의해 규정되기 때문에, 아리스토텔레스는 민주정체와 과두정체에 대한 양에 비해 질을 강조하는 개선된 정의에 완전히 만족하지는 않는다. 특히, 세 가지 역사적 예들은 민주정체와 과두정체에 대한 좀 더 정확한 정의를 필연적으로 요구한다. 첫째로, 이집트의 경우처럼, 부가 아니라 신장(身長)에 따라 소수에게 공직을 분배하는 정체에 대해서 우리는 어떻게 생각해야 하는가? 이집트의 정체를 과두정체적인 것으로서 규정하는 것은 부적절할 것일지라도, 이런 예는 부와는 다른 최고의 것(superlative)이 사람들을 구별하고 소수에게 지위를 주기 위해 사용된다는 것을 보여 준다. 두 번째 어려움은 아폴로니아와 테라의 경우에서 찾아볼 수 있다. 이 두 국가에서는 소수의 자유민이 자유롭지 못한 다수를 지배한다. 아리스토텔레스는 자유가 언제나 다수를 규정하는 속성이 아님을 제시한다. 그는 콜로폰이라는 국가의 예를 통해 마지막으로 복잡한 상황을 이야기하는데, 이 국가는 리디아와 전쟁을 하기 전에는 다수의 부유한 시민들로 구성되어 있었다. 콜로폰의 예는 특별한 상황에서 다수가 부유할 수 있다는 것을 보여 준다.

　아리스토텔레스는 정체의 주제에 대한 적절한 판단은 단순히 수에 기초해서 통치 형태를 단순하게 분류하는 것 이상으로 생각할 수 있는 탐구적인 성향을 요구한다는 것을 다시 보여 줌으로써, 민주정체를 자유롭고 **가난한** 다수의 지배로, 과두정체를 부유하고 **가문이 좋은** 소수의 지배로 좀 더 정확히 규정한다.

　아리스토텔레스는 또한 민주정체들을 서로 구별하는 데 있어 직업적 활동이 하는 역할을 도입한다. 민주정체들은 그것들의 구성원들이, 모든 국가의 구성원들처럼, 농사, 생필품을 만드는 기술, 상업, 노동, 그리고 전쟁에 다양한 정도로 참여하기 때문에 차이가 난다. 여기서 그는 그 자신의 국가와 『국가』에서 소크라테스의 '행복한 나라' 혹은 '돼지들의 나라'를 비교한다.[22] 두 국가 사이에는 적어도 두 가지 중요한 차이가 있다. 첫째로, 소크라테스의 국가에는 원래 구성될 때 군사적 요소가 결여되어 있다. 비록 소크라테스가 나중에 이러한 필수적인 요소를 그의 국가에 덧붙이고 있을지라도, 아리스토텔레스는 그가 충분히 곧바로 그렇게 하지 않고 있다고 제시한다. 그러나 아리스토텔레스가 하고 있는 더 중요한 교정은 소크라테스와 달리 국가의 주요 직업에 재판하고/심의하는 요소를 포함하고 있다는 점이다. 소크라테스는 국정을 올바르게 처리하는 데 있어 철인왕이라는 이성이 하는 역할을 궁극적으로 논의한다. 아리스토텔레스는 그의 제안에서 정체의 확립은, 그것이 국가의 공직 제도를 나타내기 때문에, 국가의 일차적이고 필수적이며 결정적인 요소라고 처음부터 주장한다.

　아마도 이 점이 왜 아리스토텔레스가 국가와 동물은 각각의 것에 필수적으로 필요한 것들을 제공하는 다른 부분들로 구성되어 있다고 상정하고서, 양자를 비교하고 있는지를 설명해 준다. 국가에 대한 논의 맥락에서 아리스토텔레스가 동물과 인간을 언급한다는 것은 국가에 대한 그의 앞서의 정의로 다시 돌아가서 생각하도록 독자들을 자극한다. I권 2장에서, 아리스토텔레스는 인간은 다른 동물들과 달리 다른 정치적 기능들을 판단하고, 숙고하고 그리고 이행하도록 구성되어 있다고 상정한다. 인간의 '정치적' 부분은 육체보다 더 중요한 구성 부분이기

22　역자 주: 『국가』 372d에서 소크라테스의 대화상대자인 글라우콘은 살아가는 데 필수불가결한 것들이 충족된 '건강한 나라'를 '돼지들의 나라'라고 부르고 있다.

때문에, 국가의 '정치적' 부분은 그것에 필수적으로 필요한 것들과 관계된 부분보다 우위에 있어야 한다.

정치적 판단은 우리가 어떤 정체 — 혹은 공직 제도 — 를 정의로운 것으로 이해해야 하는지를 요구한다. 국가에서 선택된 그룹만이 이런 역할을 할 필요는 없다. 왜냐하면 사람들은 국가에서 다양한 일들을 동시에 수행할 수 있고, 그래서 『국가』의 '한 사람에게 한 가지 일'이라는 정의(正義)에 대한 규정에 의해 제약받아서는 안 되기 때문이다. 부는 어떤 사람들에게는 특정한 공적인 일과 행정관의 의무를 하도록 허용하는 반면에, 덜 부유한 사람들은 대부분의 심의하고 재판하는 기능을 수행할 수 있다. 부의 축재보다 정치적 덕을 위한 능력이 이러한 일들을 정의롭게 수행하는 열쇠가 된다.

여기서 요약이 도움이 될 수 있다. 『정치학』 그리고 특히 정체의 유형들에 대한 아리스토텔레스의 논의는 어떤 정체가 정의로운지를 이해하기 위한 준비를 하게 해 준다. (정치학자를 실제적이고 포괄적인 운동 트레이너에 비교함으로써) 정체들을 이해하고 개선하기 위해 요구되는 성향을 보여 주고, 두 가지 가장 공통적인 정체(민주정체와 과두정체)에 대한 좀 더 정확한 정의를 산출함으로써, 그리고 다수와 소수에 의해 어떤 기능이 수행될 수 있고 수행될 수 없는지를 명확히 함으로써, 아리스토텔레스는 지배자들로 하여금 정치에 대한 공통적인 오해를 극복할 수 있도록 해 준다. 민주정체와 과두정체는 가장 공통적인 정체이기 때문에, 그리고 민주정체와 과두정체의 지배자들은 질적인 토대보다는 양적인 토대에 근거해 판단을 하는 경향이 있기 때문에, 아리스토텔레스의 논의는 이러한 두 정체의 어느 쪽 당파 세력에게든 본질적이다. 과두정체 지지자들과 민주주의자들은 같은 사람이 가난하면서도 부유한 것은 경험적으로나 이론적으로 불가능하다고 이해한다. 4

장, 5장 그리고 6장에서 민주정체와 과두정체의 유형에 대한 아리스토
텔레스의 분석은 이러한 진리에 대한 그들의 생각이 이러한 정체들이
올바르게 질서 지어지는 정도에 크게 영향을 미친다는 것을 제시한다.

　부자와 빈민을 동등하게 취급하는 법은 '첫 번째' 종류의 민주정체
를 특징짓는데, 여기서 자유는 권력을 고귀하게 하며 가능하게 하는 것
으로서 이바지한다. 민주주의자들이 직면하는 가장 커다란 유혹은 부
자들이 정체에 참여할 기회를 제한함으로써 부자들을 부유함을 이유로
벌주는 것이다. 민주정체의 '첫 번째' 유형에서, 관대함은 — 공직에
대한 합리적인 접근을 허용하기 위해 인색한 편견을 극복함으로써 —
올바른 판단을 고무한다. 아리스토텔레스는 IV권에서 나중에 어떤 조
건들이 그와 같은 민주정체를 가능하게 할 것인지에 관해 좀 더 쓰겠지
만, 그는 왜 그와 같은 정체가 민주정체들 가운데서 높은 평가를 받지
만 흔치는 않은지 예비적인 대답을 하고 있다.

　민주정체의 두 번째, 세 번째, 그리고 네 번째 유형은 첫 번째 것과
정체 참여의 기준에 대한 주장을 공유한다.[23] 그러나 아리스토텔레스는
부와 출생 그리고 시민권이라는 기준은 인간의 가치에 대한 완전한 평
가 기준이 되지 못한다고 가르친다. 얼마만큼의 재산 평가액이 너무 적
거나 혹은 너무 많은가? 출생과 시민권은 누가 지배해야 하는지를 판
단하기 위한 탁월한 기준인가? 그와 같은 기준의 민주적인 사용은 보

23　역자 주: 민주정체의 다섯 가지 유형은 다음과 같다. 첫 번째 유형은 평등의 원칙
에 근거한 것으로서, 부자나 빈민 모두 평등하게 국정에 참여한다. 두 번째 유형은 재
산 등급에 기초해서 공직을 배분하지만, 요구되는 재산 등급은 낮다. 세 번째 유형은
출생에 있어 결격 사유가 없는 시민이면 모두 공직에 참여하되 법이 지배한다. 네 번
째 유형은 출생과 관계없이 모든 시민은 공직에 참여하되 법이 지배한다. 다섯 번째
유형은 모든 시민에게 공직을 허용한다는 점에서 네 번째 유형과 같지만, 법이 아니라
대중이 최고 권력을 갖는다.

통 사람으로 하여금 정체의 공직에 더 접근 가능하도록 만들겠지만, 또한 공직 자체의 품격을 떨어뜨린다. 간단히 말해서, 누구나 공직자가될 수 있다면 공직을 맡는 것은 무슨 가치가 있는가?

공직 제도에 있어서 느슨한 자격 조건을 사용함으로써 생기는 또 다른 귀결은 그것이 법의 권위에 미치는 역효과이다. 공직자들에 대한 존경심이 거의 없기 때문에, 법의 권위가 떨어진다. 공직을 맡는 것이 평범한 문제가 되기 때문에, 다중은 정체의 전체 정당성에 이의를 제기하기 시작한다.

좋은 시력은 민주정체의 '첫 번째' 유형에서의 개인들로 하여금 한측면에서의 평등은 모든 측면에서의 평등과 일치하지 않는다는 것을판단할 수 있도록 해 준다. 그러나 인간 평등의 범주화가 일반화될 때,좋은 시력과 판단은 사라지고, 더불어 공직과 법에 대한 존경도 없어진다. 민주정체의 시민은 정체의 능동적인 참여자로부터 전체의 피동적인 부분으로 바뀐다. 명목상의 권위가 허용되지만, 더 극단적인 민주정체에서 시민들은 곧 민중에게 아첨하는 민중선동가에게 권력을 양도하도록 강요받고, 조만간 민주정체의 형태를 완전히 버리게 된다.

가장 나쁜 민주정체의 형태에 대한 아리스토텔레스의 기술은 『국가』에서 민주정체의 나쁜 점들에 대한 플라톤의 설명과 유사하다. 두 정치철학자는 민주정체는 자유와 평등에 대한 열정이 광적으로 표출될 때병든다는 것을 보여 준다. 그러나 아리스토텔레스는 민주정체가 반드시 참주정체로 붕괴될 필요가 없다는 것을 인정한다. 공직과 법에 대한좀 더 사려 깊은 관심에 의해 뒷받침될 때, 민주정체는 자유와 평등에대한 시민들의 사랑을 더 잘 활용할 수 있다. 아리스토텔레스는 참주정체적인 민주정체는 사실상 정체가 아니라는 추론까지 한다. 왜냐하면만일 법이 지배하지 않는다면, 그리고 특정한 판단들이 공직자에 의해 이루어지지 않는다면, 정체는 정의(正義)의 모든 의미를 상실하고 결국 정체란 명칭 자체를 잃게 된다.

아리스토텔레스와 플라톤 제안의 두 번째 차이점은, 과두정체에서 소수가 상대적으로 덜 중요한 것들까지도 독점할 때 그것을 참주정체적인 민주정체와 비교할 수 있는 시나리오가 생길 수 있다는 것을 아리스토텔레스가 보여 준다는 점이다. 과두정체에 대해 논의할 때, 아리스토텔레스는 참주정체로 이끄는 지성의 타락은 민주정체 자체의 문제가 아니라 모든 정체를 괴롭히는 문제임을 논증한다.

과두정체의 첫 번째 유형에서, 모든 공직자에 대해 재산자격 요건이 요구되지만, 많은 사람들이 국가의 지배에 참여할 수 있을 정도로 그 기준은 낮다. 더 높은 재산자격 요건은 과두정체의 두 번째 유형을 규정한다. 아리스토텔레스는 그와 같은 높은 재산자격 요건이 모든 공직을 포함하여 적용된다면 귀족정체적인 것으로 생각될 수 있고, 특별한 공직에 한정된다면 과두정체적인 것으로 생각될 수 있음을 제시한다. 민주정체 가운데 좀 더 비이성적인 형태의 경우처럼, 과두정체의 세 번째 유형은 공직자가 될 사람을 선정하기 위해 출생 조건을 사용한다. 과두정체의 재산자격 요건과 출생 조건은 참여를 고무하기보다는 오히려 다중의 참여를 제한한다. 공직자들을 선발하는 데 있어 좀 더 분별 있는 과두정체적인 접근은 부분적으로는 국가의 최악의 요소들로부터 정체를 지켜 준다. 그러나 아리스토텔레스는 과두정체의 네 번째 유형인 '족벌' 정체, 즉 연고자들을 등용하는 정체가 극단으로 가게 되면, 그것은 참주정체로 되는 경향이 있다는 것을 보여 준다. 왜냐하면 과두정체 지지자들은 사람들이 장점을 지니고 있을지라도 부의 불균등성이 모든 불평등을 정당화한다고 부당하게 가정하기 때문이다. 달리 말해서, (부에 의한) 지위에 대한 극단적인 존중은 평등주의가 민주주의자들을 눈멀게 하듯이 과두정체 지지자들을 눈멀게 한다.

아리스토텔레스는 5장의 나머지 부문을 민주정체와 과두정체가 혼합된 정체를 규정하는 데 할애하고(그는 이 생각을 또한 6장 처음 부문에서 고찰한다), 시간과 변혁이 어떻게 정체 분석을 더 복잡하게도 만드는지 하는 주제를 도입한다(이것은 또한 V권 끝에 나오는 정체 변화에 관한 플라톤의 검토에 대한 그의 비판을 미리 보여 준다). 아리스토텔레스는 법이 민주정체적이지는 않지만, 시민들의 특성과 양육 때문에 민주정체적인 방식으로 지배되는 정체의 유형이 있다는 것을 주목한다. 마찬가지로, 민주정체적인 법과 과두정체적인 시민들이 있는 상황이 가능하다. 아리스토텔레스는 정체들 안에서의 역류가 과두정체적인 요소와 민주정체적인 요소가 공존할 수 있게 한다는 것을 가르친다. 그러나 좀 더 순수한 형태의 민주정체나 과두정체의 옹호자들은 정체의 변화를 기다릴 것이지만, 그것이 정체가 오랫동안 혼합된 형태로 유지되리라는 것을 보장하는 것은 아니다.[24]

아리스토텔레스가 6장에서 민주정체들과 과두정체들이 왜 변화하는지에 대해 더 완전한 이해를 제공할 때에만, 우리는 혼합정체의 참된 정신에 따라 법과 지배자들이 작용하는 정체를 만나게 된다. 민주정체와 과두정체의 가장 진정한 혼합을 촉진하는 정체는 양자의 특징을 지니고 있는 정체, 즉 그 안에서 대부분의 사람들은 농업에 종사하고, 적절한 양의 재산을 갖고 있고, 정체 지배를 돕는 법에 의존해서 사는 정체이다. 이런 정체는 필연적으로 자치적인 특성을 갖지만, 법이 정체가 과도함에 빠지는 것을 막아 준다는 그들의 인식이 정체 유지에 도움이

---

24   역자 주: 어느 한 정체가 다른 정체로 변혁될 때, 시민들은 하루아침에 옛 습관을 바꾸지 않기 때문에 일정 기간은 혼합된 형태로 유지되지만, 이런 상황이 오래 지속되는 것은 아니다.

되지 않는 것처럼, 공직에의 광범위한 참여가 정체를 뒷받침해 주는 것은 아니다.

그러나 대부분의 민주정체와 과두정체는 혼합정체의 모델로부터 멀어지는 경향이 있다. 예를 들어, 민주정체의 첫 번째 유형은 좋은 정부에 필수적인 요소들을 결합하는 것 이상으로는 강제하지 않는 재산자격 요건을 사용한다. 이 정체는 부가 아니라 여가를 지배에 사용하기 위해 낮은 재산자격 요건을 이용할 수 있는 능력에 기초해 공직을 맡을 개인들의 자격이 판단되기 때문에 결과적으로 수준이 낮아진다. 그리고 민주정체의 두 번째 유형에서는 가문에 결격 사유가 없는 모든 사람에게 그리고 세 번째 유형에서 모든 자유민에게 지배하도록 허용하고 있지만, 이것은 실제로는 아마도 여가가 있는 사람들만이 지배할 수 있다는 것을 암시한다. 민주정체의 네 번째와 최종적 유형을 기술하면서, 아리스토텔레스는 국가의 부유함은 탁월한 사람보다는 모든 사람들이 국정에 참여할 수 있게 해 준다고 논증한다. 역설적으로, 많은 사람들의 부유함은 부를 낮게 평가하는 정치적 환경을 조성한다. 많은 빈민들은 민주정체의 공직과 법을 무시하기 위해서 그들이 새로 확보한 안락함과 영향력을 사용한다.

유사한 타락이 과두정체들을 병들게 한다. 과두정체의 첫 번째 종류는 다수가 중산층을 형성한다. 이 정체에서 많은 사람들은 적절한 양의 재산을 소유하고, 자신의 재산을 돌보느라 바쁘고 법의 지배에 복종한다. 소수의 과두정체 지배자들이 더 많은 부를 차지할 때, 그들의 힘을 더 강화 확대하고자 하는 욕망이 그들의 정치적 판단을 흐리게 한다. 이 정체에서는, 월등한 부를 가진 사람이 분명하고 공인된 법 위에 군림한다. 과두정체의 마지막 형태는 여전히 공직 제도를 허용할지라도, 그것의 족벌체제적인 특징은 이 정체를 다른 과두정체들보다 참주정체적인 민주정체와 더 유사하게 만든다.

IV. 7 - 13

이어지는 장들에서, 귀족정체와 혼합정체(그리고 참주정체)에 대한 아리스토텔레스의 제안은 이러한 덜 일반적인 정체들에 대한 이해를 제공하는 것이 아니라, 과두정체와 민주정체에 대한 그의 논의를 확장하는 데 이바지한다. 아리스토텔레스는 과두정체와 민주정체는 각각 귀족정체와 혼합정체와 종종 혼동된다는 것을 주목함으로써 시작한다. 민중들은 일반적으로 좋은 혈통, 평판, 그리고 명망을 덕과 동일시한다. 유사하게, 혼합정체들은 그것들이 매우 드물게 성립되기 때문에 민주정체들과 혼동된다.

아리스토텔레스가 귀족정체를 유덕한 자의 통치로서 규정한 것은 훌륭한 사람, 훌륭한 시민 그리고 훌륭한 지배자를 기술했던 III권 4장에서의 그의 앞선 논의를 상기시킨다. 그때에, 그는 사려 분별을 지니고 있는 훌륭한 사람은 지배하는 방법뿐만 아니라 지배받는 방법도 안다고 상정했다. 최선의 정체에서, 지배할 자격이 있는 모든 사람, 즉 모든 시민은 훌륭한 사람이다. 이처럼, 훌륭한 시민은 단지 귀족정체에서만 또한 훌륭한 사람일 수 있다. 역으로, 민주정체와 과두정체 그리고 그와 유사한 정체에서, 훌륭한 시민들은 정체와 그들의 관계에 의해서 훌륭하다고 이야기된다. 훌륭한 민주정체 시민은 자유의 기준에 의거해 평가되고 과두정체의 시민은 부의 기준에 의거해 평가된다.

위에서 언급되었듯이, 귀족정체들은 가장 일반적으로 부자의 지배로서 잘못 특징지어진다. 어떤 사람들은 부, 탁월성, 평판 혹은 명망에 근거해서 공직에 선출되기 때문에, 사람들은 이런 성질들을 덕과 구별하지 못한다. 또한 사람들은 부유한 사람들이 점잖고, 위엄이 있거나 존경할 만하다고 상정하기 때문에, 그들은 귀족정체의 지배를 부자들의 지배와 혼동한다. 덜 자주 일어나지만, 귀족정체는 민주정체적인 것과 귀족정체적인 것이 결합된 귀족정체의 형태, 그리고 귀족정체적인 것과 혼합정체적인 것이 결합된 귀족정체의 형태들과 혼동된다. 왜냐하면 이러한 정체들은 민중과 부 혹은 부 이외에 덕에도 관심을 가지기 때문이다. 귀족정체들에 대한 아리스토텔레스의 최종 목록은 최선의 정체, 그리고 그것의 과두정체적인, 민주정체적인 그리고 혼합정체적인 변형들을 포함한다.

사람들이 귀족정체를 과두정체와 혼동하듯이, 그들은 또한 혼합정체와 민주정체를 구분하지 못한다. 왜냐하면 혼합정체를 규정하는 원리들은 요소들의 혼합이기 때문이다. 8-9장과 11-12장에서, 아리스토텔레스는 부분들의 혼합을 포함하는 혼합정체에 대한 두 가지 정의를 제공한다. 9장에서 제시된 첫 번째 정의는 혼합정체를 과두정체와 민주정체의 결합으로서 이해한다. 이러한 혼합은 다음 셋 중 한 가지 방식으로 산출된다. 즉 민주정체와 과두정체 제도의 결합을 통해서, 민주정체 제도와 과두정체 제도 사이의 중간을 찾음으로써, 혹은 과두정체 제도와 민주정체 제도 양자로부터 일부를 취함으로써 산출된다. 아리스토텔레스는 우리가 어떤 정체가 혼합정체임을 알지 못할 때, 즉 혼합정체의 부분들이 그 정체를 민주정체 혹은 과두정체로 규정하기 힘들 정도로 그렇게 잘 혼합되어 있을 때, 우리는 그것이 훌륭한 혼합정체임을 아는 것이라고 상정한다. 아마도 이것이 왜 아리스토텔레스가 혼합정체를 가리키기 위해 '정체'(politeia)란 표현을 일반적으로 사용하는지를 설명해 준다.[25] 파악하기 힘든 정체는 정체 그 자체로서 쉽게 해석될

---

25   역자 주: '폴리테이아'(politeia)는 모든 정체를 뜻하는 중립적인 명칭인데, 아리스토텔레스는 이 말을 '혼합정체'를 가리키는 말로 사용한다.

수 있다. 아리스토텔레스는 스파르타 정체의 예를 민주정체적인 요소(교육과 공동식사 제도)와 과두정체적인 요소(선거와 정치 제도)가 잘 혼합된 정체의 유형으로서 제시한다.

아리스토텔레스는 또한 11장에서 국가를 세 구성 부분 — 부자, 빈민, 그리고 중산층으로 구성된 것으로 다시 기술하면서 혼합정체를 중산층 혹은 중간 부분의 지배로서 규정한다. 같은 수준의 많은 중산층은 극단적인 민주정체나 과두정체에 대해 각기 다른 효과적인 보호 수단을 제공한다. 혼합정체의 이러한 그리고 앞서 제시된 유형은 정체의 보존에 대한 공통된 관심을 공유한다. 스파르타 사람들은 신분에 관계없이 아무도 정체의 변화를 원하지 않았기 때문에 이런 정신을 가장 잘 예증했다. 혼합된 국가에서, 만족한 중산층은 부자에 대해서 음모를 꾸미지 않고 빈민에게서 시민권을 박탈하지도 않기 때문에 정치 공동체는 일정함을 유지해서 강화된다.

아리스토텔레스가 혼합정체가 지니고 있는 중용을 칭찬하는 맥락에서 참주정체의 주제를 취급하는 것은 기묘하다. 그는 특별히 이 주제에 관해서 논의거리가 많은 것은 아니지만, 단순히 포괄적으로 논의하려고 한다면서 이런 주제 변화에 대해 양해를 구한다. 그는 참주정체를 왕정에 비교하고, 중요한 방식으로 군주정체(monarchy)와 겹치는 참주정체의 두 유형이 있다는 것을 주목한다. 이민족들이 절대 군주제를 선택했을 때, 고대 그리스인들은 독재자들을 지도자로 선택했다. 이러한 참주정체들은 정체가 참주의 의지에 따라 운영될지라도, 그것들은 법과 동의에 기초하기 때문에 '정체'란 이름을 받을 자격이 있다. 참주정체의 세 번째 유형은 참주가 자신의 사적인 이익을 위해서 자발적으로 복종하지 않는 자들을 지배하기 때문에 처음 두 유형과 강하게 대비된다. 아리스토텔레스는 참주정체들 가운데서도 자발적으로 복종하는 사람들과 그렇지 않은 사람들에 대한 지배 사이에 중요한 구분이 이루어져야 한다는 것을 제시한다.

참주정체의 세 번째 유형에 대한 아리스토텔레스의 설명은 또한 혼합정체의 가장 중요한 성질을 부각하는 데 이바지한다. 혼합정체에는 국가를 훌륭하게 만들 수 있는 다양한 유형의 이로운 장치들이 마련되어 있지는 않지만, 그것은 과도한 부 혹은 자유가 국가에서 무법, 분열, 그리고 파당을 야기하지 못하게 가장 잘할 수 있다. 왜냐하면 시민들 간에 정치 공동체가 형성되고 유지되기 위해서는, 시민들이 모두가 공통의 대의(大義)에 참여하고 있다는 것을 믿을 필요가 있기 때문이다. 극단적인 민주주의자들이나 극단적인 과두정체 지배자들이 매우 쉽게 그들의 동료 시민들을 학대할 수 있다는 현실은 독자들에게 가장 나쁜 형태의 참주정체를 상기시키고, 또한 왜 그와 같은 극단적인 정체들이 파쟁이 일어날 때 그들 자신을 파괴할 수 있고 혹은 다른 국가들을 자신들의 정체에 동화시키려는 이데올로기적인 시도를 통해 다른 나라 사람들을 파괴할 수 있었는지를 설명해 준다.

사람들은 아주 절제가 있거나 혹은 극단적인가? 아리스토텔레스는 중간정체 혹은 혼합정체를 가능한 최선의 정체로 부름으로써, 사람들은 참된 귀족정체가 성립되리라고 기대해서는 안 되지만, 그들은 강한 중산층, 폭넓은 참여, 그리고 그와 같은 제도를 무한정하게 산출하려고 계획된 법률을 가장 잘 북돋울 수 있는 방식으로 지배해야만 한다는 것을 암시한다. 대부분의 정체들은 대개 중간 계층의 수가 적고 힘센 당파주의자들이 국가를 희생시키면서 우월함을 추구하기 때문에 민주정체나 과두정체가 된다. 만일 사람들이 좀 더 이성적일 수 있고, 국가의 각 부분이 인정받기 원한다는 것을 안다면, 아마도 사태는 달라질 것이다. 그러나 대부분의 사람들은 올바른 제도에 따라 살기를 원하지 않고, 대신에 권력을 추구하거나 혹은 자신들의 입맛에 맞게 영향력을 행사하기를 욕망한다. 따라서 대부분의 사람들과 국가들의 경향성을 전제하고서도, 아리스토텔레스는 사람들을 격려하면서 가능한 최선의 국가에 대한 논의를 그만두지 않는다.

그러나 아리스토텔레스는 12장에서 절제를 북돋을 수단을 제안한다. 국가들은 질과 양으로 구성되기 때문에, 지속하는 정체를 유지하는 것은 국가의 양적인 요소들로 하여금 질의 개념을 존중하도록, 그리고 국가의 질적인 요소로 하여금 양의 개념을 존중하도록 설득하는 것을 포함한다.[26] 입법자들이 정체의 중간 부분을 지도적 부분으로 발전시킬 때 그와 같은 혼합을 장려하고 있는 것이다. 왜냐하면 중간 계층의 사람들은 공동의 정치적 정체성을 형성하는 데 도움을 줄 뿐만 아니라 국가의 생존을 위협하는 파당주의에 대한 가장 확실한 평형추로서 작용하기 때문이다. 아리스토텔레스는 또한 13장에서 혼합정체를 유지하기 위해 공직들이 어떻게 제도화될 수 있는지를 보여 준다. 정체는 그 각각의 부분이 국가의 보존을 위해 이해관계를 같이할 수 있도록 구성되어야 한다는 것이 가장 중요하다.

IV. 14 - 16

아리스토텔레스는 심의, 공직, 재판에 관한 정치 제도들이 서로 어떻게 다른지를 논의함으로써 IV권을 매듭짓는다. 정체 유형들에 대한 아리스토텔레스의 논의 방식을 통해 드러나듯이, 민주정체와 과두정체는 특별한 주목을 받는다.

14장은 심의에 관한 정치 제도가 정체의 운용에서 하는 역할을 논의

---

26 역자 주: 국가의 질적인 요소는 자유, 부, 교육, 좋은 가문을, 양적인 요소는 대중의 수적 우위를 의미한다.

한다. 정체의 심의하는 부분은 전쟁과 평화, 동맹, 재판, 그리고 공직자들에 대한 감사에 관한 권한을 갖는다. 심의의 민주정체적인 방식 혹은 대중적인 방식과 관련해서, 시민들이 교대로 공무를 결정하는 방식은 이러한 제도들에 영향을 미친다. 시민들은 교대로 결정할 수도 있고 함께 결정할 수도 있으며, 어떤 문제들에 대해서는 함께 결정하고 다른 모든 문제는 공직자들이 처리하도록 맡길 수 있고, 혹은 모든 문제를 심의하고 결정하기 위해 모일 수 있다(이것이 족벌적 과두정체와 참주적 독재정체에 해당하는 민주정체의 마지막 형태[27]의 작용 방식이다). 마찬가지로, 과두정체의 심의는, 정체가 어떤 방식의 과두정체인지에 근거해 소수가 더 큰 역할을 하는지 혹은 더 작은 역할을 하는지에 따라 다른 방식으로 유사하게 구분된다. 심의 방식에 대한 아리스토텔레스의 취급에서 중심적인 것은 소수와 다수가 권력을 공유하는 중간노선을 그가 옹호하고 있다는 점이다. 필요할 경우에는, 사법권에 의해서 규정된 벌금과 공직들 그리고 선거제도들은 부자들만이 아니라 민중들의 참여를 장려하기 위해서 사용되어야만 한다.

15장에서, 아리스토텔레스는 공직자들이 선출되는 방식들을 열거한다. 그는 국정의 일부에 대해 명령하거나 감독하는 개인을 참된 공직자로 확인함으로써 시작한다. 아리스토텔레스는 어떤 공직자들은 다른 공직자들보다 더 필요하기 때문에, (집중된 혹은 분산된 행정 그리고 정체들이 국가 안에 있는 공직자들의 유형에 영향을 미치는 정도와 같은) 다른 문제들은 공직자의 지위에 영향을 미친다고 쓰고 있다. 모든 국가는 어떤 공직이 필요한지를 결정할 때, 보유하고 있는 인적 자원의 양과 이용할 수 있는 인적 자원의 종류를 고려해야 한다.

27 　역자 주: 대중이 최고 권력을 갖는 다섯 번째 민주정체를 말한다.

아리스토텔레스는 누가 공직자들을 선출하고, 누구로부터 공직자들이 선출되고, 그리고 어떤 방식으로 (투표 혹은 추첨에 의해) 그들이 선출되는지를 고찰할 때 과두정체적인 권력과 대중적인 권력을 혼합하도록 다시 처방한다. 가장 민주정체적인 선출제도는 모든 사람이 모든 사람 가운데서 공직자를 투표나 추첨에 의해 선출하는 것이다. 가장 귀족정체적인 제도는 약간의 사람들이 모든 시민 가운데서, 혹은 모든 시민이 약간의 사람들 가운데서 투표로 공직자를 선출하는 것이다. 현대의 자유주의 정부들이, 그것들의 원리가 무작위적인 선출보다는 최선의 사람을 선택하는 것이기 때문에, 좀 더 귀족정체적인 선출 방법을 사용하고 있다는 것을 주목하는 것은 흥미로운 일이다. 아마도 이것은 현대의 자유민주주의 정체의 상대적 안정성을 설명하는 데 부분적으로 도움을 줄 수 있다.

16장에서, 아리스토텔레스는 재판에 관한 공직을 주제로 삼아, 재판관들을 선출할 때 그리고 그들에게 서로 다른 문제들에 대해 사법권을 허용할 때 정체들이 사용하는 다양한 방법들을 다시 기술한다. 각기 다른 법정이 공적인 생활의 다른 영역에 대해 재판권을 갖는다는 점을 주목하고서, 그는 가장 중요한 법정들은 정치적 법정이라고 논증한다. 왜냐하면 그것들은 정체 안에서의 선거 혹은 참여의 방식에 대한 재판권을 갖고 있기 때문이다. 과두정체적인 요소와 민주정체적인 요소를 혼합하는 것은 국가의 적절한 기능을 위해서 필수적이기 때문에, 정체의 정치적 구조에 영향을 미치는 사법적 문제들은 정치 교육의 본질적 부분으로서 고찰되어야만 한다.

결론

모든 정체 내부에 존재하는, 특히 민주정체와 과두정체에 공통적인 실

제적 어려움과 기회들을 다루면서, 아리스토텔레스는 그가 IV권 서두
에서 착수했던 일을 완수한다. 최선의 정체는 분명히 귀족정체이다. 모
든 국가는 귀족정체를 열망해야 하지만, 국가들은 그들이 지니고 있는
여건하에서 이를 해내야 한다. 대부분의 나라들에 있어서 가능한 최선
의 정체, 즉 대부분의 경우에 가장 적합한 정체는 혼합정체이다. 대부
분의 국가들은 민주정체이거나 과두정체이기 때문에, 이러한 가르침은
무엇보다도 민주주의자들과 과두정체 지배자들의 생각을 바로잡으려
는 것을 목표로 한다. 개선된 민주정체와 참주정체의 정치술은 당파주
의자들이 부와 자유에 근거해서 공직 제도를 구성할 것을 언제나 옹호
한다는 사실을 이해하는 것이 필요하다. 지배자들이 국가의 문제들에
서 당파심이 하는 역할을 올바르게 이해할 때, 그들은 정체를 파멸로
이끌 요인들을 제거할 수 있다. 그와 같은 정체가 생기기 위해서는 훌
륭한 법과 인구통계학이 요구된다. 그러나 안정적이고, 절제 있고, 이
성적인 지배자들과 시민들만이 그와 같은 혼합정체를 오랫동안 존속시
킬 수 있다.

I-III권에서 정치학에 대해 언급하고 있는 내용들을 종합해 보면, 아
리스토텔레스는 IV권에서 정치적 문제들에 대한 엄밀하게 이론적인
해결은 없다는 것을 보여 준다. 우리는 민주주의자들과 과두정체 지배
자들이 더 이성적이도록 고무할 수 있지만, 가능한 최선의 해결은 각각
의 정체를 실제적으로 개선하는 것이다. 자유에 대해 어떤 존중심도 갖
고 있지 않은 소수의 부자와 부를 존중하지 않는 자유로운 가난한 대중
으로 분열되어 있는 정체는 무법적이 되거나 파쟁으로 말미암아 완전
히 붕괴될 것이다. 14-16장에서 밝혀졌듯이, 이러한 바람직하지 못한
결과를 막는 최선의 보호 수단은 공직들을 사려 분별 있게 배치하는 것
이다. 이처럼 마지막 장들에서 아리스토텔레스의 논의는 정체 유형들

에 인간 성향이 미치는 영향에 대한 그의 분석보다 약간 덜 흥미로울
수 있지만, 그의 실제적 조언은 현존하는 정체들이 적절하게 기능하는
데 매우 중요하다. 이데올로기의 유혹은 과두정체 지배자들, 민주주의
자들 그리고 정치학자들에 있어서 정치적 문제들을 언제나 복잡하게
만들 것이다. 그러나 아리스토텔레스는 그의 청중들이 정치적 개선을
위한 포괄적이고 접근 가능한 수단들을 이용할 수 있게 한다.

연구를 위한 물음들

1. 이 권에서 아리스토텔레스가 하고자 하는 일 혹은 과제는 무엇인
   가? 그는 정체 유형들에 대한 주제와 연관해서 특히 무엇을 결정하
   기를 원하는가?
2. 왜 정체의 주요 유형들도 다양한가?
3. 아리스토텔레스는 IV권 3장에서 '정체'를 어떻게 규정하는가? III
   권에서 국가에 대한 그의 정의를 상기해 보라.
4. 비록 많은 종류의 정체들이 존재할지라도, 그것들은 일반적으로 두
   유형 중의 하나로 확인된다. 일반적 의견은 어떤 두 가지 유형으로
   정체들을 분류하는가? 그 이유는?
5. 어떤 특성이 민주정체를 특징짓는가? 그 이유는?
6. 민주정체들이 서로 다른 주된 이유는 무엇인가?
7. 생필품에 관련된 것들보다 무엇이 더 국가의 부분으로서 간주되어
   야만 하는가?
8. 그 부분은 어떤 성질을 요구하는가?
9. 무엇이 민주정체의 '첫 번째 종류'를 특징짓는가? 왜 아리스토텔레
   스가 그것을 '첫 번째 종류'로 부르고 있다고 당신은 생각하는가?
10. '법이 권위를 상실한' 민주정체, 즉 무법적인 민주정체는 다른 어

떤 유형의 정체와 닮았는가? 그 이유는? (플라톤의『국가』에서, 민주정체는 어떤 유형의 정체로 타락하는가? 그 이유는?)

11. 위와 같은 종류의 민주정체에 대한 '합리적인 비판'은 어떤 것인가? 그 이유는?

12. 위와 같은 종류의 민주정체에 비교할 수 있는 과두정체는 어떤 것인가?

13. 무엇이 '첫 번째 종류의 과두정체'를 특징짓는가?

14. 아리스토텔레스에 따르면 귀족정체에 대한 정확한 정의는 무엇인가? 이 정의는 III권 4장에서 훌륭한 사람, 훌륭한 시민, 그리고 훌륭한 지배자에 관한 그의 이전 논의를 상기시키는가? 이전 논의와 귀족정체에 대한 정의에 따르면, 귀족정체에서는 무엇이 참이어야만 하는가?

15. 귀족정체에 대한 좀 더 일반적인 정의는 무엇인가?

16. IV권 8–9장과 11–12장에서, 아리스토텔레스는 '혼합정체'를 언급한다. '혼합정체'는 무엇인가? 하나 이상의 정의가 있는가? 그렇다면, 그것들은 무엇인가? 혼합정체에 대한 하나의 규정적 원리 혹은 이론적 정의가 있는가? 왜 그런가 혹은 왜 그렇지 않은가?

17. 아리스토텔레스에 따르면, 어떤 정체가 '대부분의 국가들에 그리고 대부분의 인간들에게 최선인가'? 그는 IV권 11장 서두에서 이런 정체를 어떤 종류의 정체와 대비하고 있는가?

18. IV권 11–12장에서 논의된 정체는 여섯 가지 주요 정체 유형 중의 하나인가 혹은 일곱 번째 것인가 아니면 하나의 유형이기는 한 것인가? 당신의 대답을 옹호해 보라.

19. IV권 11–12장에서 논의된 정체의 특징은 무엇인가?

20. 13–15장에 따르면, 누가 어떤 유형의 정체에 참여하도록 장려되어

야 하는가? 왜 그러하며 그들은 어떤 수단들에 의해서 장려되어야 하는가?

21. 15장에 따르면, 각각의 정체의 경우에 어떤 종류의 그리고 얼마나 많은 공직들이 필수적인지 그리고 어떤 종류는 필수적이지 않지만 탁월한 정체에 도달하는 데 유용한지를 어떤 고찰이 결정하는가?

22. 가장 민주정체적인 선출제도는 무엇인가? 가장 귀족정체적인 제도는? 한 제도가 오늘날 자유주의 정부에 의해서 더 일반적으로 사용되는가?

23. 16장에서 확인된 법정의 세 가지 종류 가운데 ─ 범죄와 관련된 것들, 외국인과 관련된 것들 그리고 '정치적 문제들'과 관련된 것들 ─ 세 번째 것이 가장 중요하다. 그들이 어떤 사법권을 가져야 하는지에 관한 문제가 잘 처리되지 못할 때, 파당적 갈등이 생기고 혁명까지 일어날 수 있다. 그 이유는?

24. IV권 끝에서, 아리스토텔레스는 이 권의 서두에서 결정하고자 한 것을 결정했는가? 만약 그렇다면, 결정 사항은 무엇인가? 만약 그렇지 않다면, 왜 못했는가?

25. (III권과 결합해서) IV권은 지배자들에 대한 교육 혹은 안내를 제공하는가? 만일 그렇다면, 당신은 그런 교육 혹은 안내를 어떻게 요약하겠는가? 만약 그렇지 않다면, 왜 그런가?

「정치학」 V권

입문

아리스토텔레스는 IV권에서의 혼합의 주제를 V권으로 확대하는데, 여기서 그는 IV권 서두에서 (분명히 IV권 과제의 한 부분으로서) 언급된 세 번째 문제, 즉 어떤 유형의 정부가 이상적이지 못한 환경에서 국가를 보존하는가를 논의한다. 아리스토텔레스의 대답은 가장 안전한 형태의 정부는 다른 종류의 시민들이 국정에 참여하고자 하는 욕구를 무시하지 않음으로써 파쟁을 야기하지 않는다는 것이다. 어떠한 정부도 정치적 공직 혹은 특권을 단지 자유민 출신 혹은 부에 기초해서만 허용할 정도로 그렇게 극단적이어서는 안 된다. 극단적인 정부들은 적개심을 낳고 적개심은 정체의 근본적 구조를 변혁하도록 시민들을 움직일 수 있다. 간단히 말해서, 보존은 절제를 요구한다.

정체들은 때때로 완전히 다른 정체로 변혁되거나 변화된다는 아리스토텔레스의 가르침은 특히 민주정체적인 그리고 과두정체적인 청중에게 가치가 있다. 만일 정체가 과두정체라면, 그것은 어떤 정치적 의사결정들에 빈민들을 포함시킬 방식들을 구체화해야 한다. 만일 그렇지 않으면 다른 방식으로 그들에게 특권 혹은 이익을 부여해야 한다(예를 들어, 배심원 의무제는 고대 그리스에서 국가의 문제에 민중들을 포함시키는 하나의 방안으로서 시작되었다). 마찬가지로, 만일 정체가 민주정체라면, 그것은 부를 재분배함으로써 부자들을 소외시키거나 그들을 전적으로 정부에서 배제해서는 안 된다.

아리스토텔레스는 특정한 정체 유형들에서 혁명과 파쟁 현상들이 나타나는 방식들을 검토하기 이전에, 1–4장에서 먼저 이러한 현상들을 일반적인 용어로 고찰함으로써 V권에서 정치적 절제에 대한 그의 요구를 계속해서 한다. 『정치학』 전체에 걸쳐 진행되는 방식대로, 그는 민주정체와 과두정체 내부에서 일어나는 정체 변화를 특별히 주목한다. 아리스토텔레스가 이 주제를 다루는 내용은 귀족정체, 혼합정체, 군주정체, 참주정체들이 어떻게 파괴되고 보존되는지에 대한 탐구를 포함한다. 플라톤의 『국가』에서 제시된 정체 변화에 관한 소크라테스의 설명을 비판하는 그의 입장을 미리 암시하면서, 그는 정체들이 일정한 방향으로 타락해야만 하는 것은 아니고, 사실상 계몽된 정치술은, 어떠한 정체에서든 가능한 정도로, 국가의 정치적 조건을 개선할 수 있으며, 그래서 그것의 붕괴를 막을 수 있다는 것을 열심히 보여 주고 있다. 그러므로 아리스토텔레스는 7-9장에서 다양한 정체들 안에서 어떤 속성이 정치가들로 하여금 그들의 국가들을 보존할 수 있게 하는지를 특별히 주목한다.

V권에 대해 마지막으로 미리 주목할 점은 다음과 같다. 현대 독자들은 10-11장에서 왕정과 참주정체들의 보존에 대한 아리스토텔레스의 논의를 읽으면서 깜짝 놀랄 수 있다. 아리스토텔레스는 참주들이 좀 더 덕이 있어야 한다는 요구를 하지 않으면서도, 그들이 어떻게 국가에 대한 지배를 유지할 수 있을지 그들에게 충고한다. 참주정체에 대한 그의 논의와 민주정체와 과두정체의 좀 더 열등한 형태에 대한 그의 제안이 겹친다는 것을 가정한다면, 아리스토텔레스는 이러한 정체들의 지도자들에게 그들의 신민(臣民) 모두를 적어도 조금이라도 존중하는 것이 그들에게 가장 이익이 된다는 것을 아마도 충분히 보여 주고 있는 것이다. 이와 같이 나쁜 민주정체, 나쁜 과두정체 그리고 참주정체들은 훌륭하게 될 수는 없지만, 그것들은 적어도 덜 나쁘게 될 수는 있다. 국가들이 최선의 것에서 가장 나쁜 것으로 변화하기 때문에 인간 본성은 타락해 간다는 소크라테스의 논의와 연관해서 읽으면, 아리스토텔레스는 정치학이 정치적 지배의 가장 나쁜 형태를 완화할 수 있다는 가능성을 열어 놓는다.

V. 1

정체의 파멸과 보존에 대한 논의를 위한 아리스토텔레스의 출발점은, 모든 사람은 평등에 기초한 정의(正義)에 대한 어떤 규정에 동의하지만, 특히 민주주의자들과 과두정체 지지자들은 부분적인 평등 혹은 불평등을 절대적인 평등 혹은 불평등으로 잘못 생각하고 있다는 그의 인식이다. 이와 같은 잘못된 판단은 민주주의자들과 과두정체 지지자들 사이에 당파적인 불만을 부채질한다. 아마도 이러한 진영들 간의 파쟁은 좀처럼 정의로운 것이 될 수 없다.

역으로, 만일 덕에 있어서 뛰어난 사람들이 정체에 도전한다면, 파쟁은 정당화될 것이다. 그러나 귀족들은 그들이 유덕한 시민으로서 지위를 누리는 것과 관련해 혁명적인 욕망을 갖고 있지 않다. 귀족들은 그들의 성향으로 말미암아 정치의 한계를 이해할 수 있기 때문에, 그들은 파쟁에 거의 끼어들지 않는다. 그들은 다른 사람들을 좀 더 절제하도록 설득함으로써 가장 효과적으로 정치에 참여한다. 만약 이것이 아리스토텔레스가『정치학』을 쓴 목적으로 여겨진다면, 그런 독자는 올바른 길로 들어선 것이다.

파쟁은 하나의 정체를 다른 것으로 변화시킬 수도 있고 그렇게 하지 않을 수도 있다. 파쟁이 하나의 정체를 완전히 다른 정체로 변화시킬 때, 그 결과는 '혁명' 혹은 '정치체제의 변혁'이다. 혁명의 예들은 민주정체로부터 과두정체로의 변혁 그리고 그 역의 경우, 혹은 이러한 정체들 중의 어느 하나로부터 혼합정체나 귀족정체로, 혹은 귀족정체로부터 혼합정체로의 변혁을 포함한다. 다른 경우에, 즉 선동자들이 정체 유형을 단지 강화하거나 약화하고자 하고, 그것의 부분만을 변화시키고자 할 때, 혹은 권력을 다른 사람들에게 넘기고자 추구할 때,[28] 파쟁은 부분적인 변화만을 초래한다.

불평등은 파쟁의 원인이다. 민주주의자들은 평등을 산술적으로 파악하고, 사람들 간에 어떤 중요한 차이가 있다 할지라도 그들이 불평등하게 취급된다면 불행해한다. 과두정체 지지자들은 평등을 비례적인 것으로 보고, 부분적으로 우월한 사람들이 무엇이든 중요한 점에서 동등한 자로 취급된다면 화를 낸다. 거의 모든 사람들은 양적인 혹은 질적인 기준을 사용하여 서로를 재기 때문에, 그리고 이러한 가치 개념들은 자주 서로 모순되기 때문에, 가장 일반적인 정체인 과두정체와 민주정체는 종종 대립한다. 과두정체와 민주정체가 각각 자신의 척도를 너무 지나치게 내세우는 한, 이것들 사이의 갈등에 대한 아리스토텔레스의 부분적 해결은 가치의 기준으로서의 양과 질을 혼합하도록 장려하는 것이다.

이것은 아리스토텔레스가 왜 파쟁의 이러한 유형들을 열거하면서 과두정체와 민주정체로부터 혼합정체나 귀족정체로의 긍정적인 변혁을 포함하는지를 설명하는 데 도움을 준다. 일어날 수 있는 파쟁들에 대한 아리스토텔레스의 목록은 혼합정체로부터 귀족정체로의 변혁을 포함하지 않는다. 아마도 정체들을 혼합정체로 섞는 것은 파쟁을 통해서 이런 유형의 개선이 도달될 수 있는 정도를 나타낸다. 달리 말해서, 정치의 한계에 대한 유덕한 사람들의 인식이 가정된다면, 그들은 최선의 정체를 위한 당파적 요구를 하지 않는다.

또한 특정한 정체들에서 어떻게 갈등이 생기는지에 대한 아리스토텔레스의 처음 논의에서 중요한 것은 비당파적으로 혹은 사적으로 동기유발된 변화는 과두정체와 군주정체에서 가장 전형적으로 일어난다는 그의 언급이다. 아리스토텔레스는 개인적 이해관계가 이러한 정체들

---

28   역자 주: 기존 정체를 그대로 유지하면서 다른 사람들이 정권을 장악하는 경우를 말한다.

내부의 변동에서 특히 민감한 역할을 한다고 제시한다. 사실상, 아리스토텔레스는 모든 조건이 같다면, 과두정체는 (과두정체 지배자들이 서로 싸울 때) 내부로부터 그리고 (대중적 힘이 소수에 반기를 들 때) 외부로부터의 도전에 직면하기 때문에, 그것은 민주정체보다 더 파쟁이 일어날 경향이 있다는 것을 표명함으로써 1장을 끝맺는다. 민주주의자들은 민주정체에 대해 좀처럼 반기를 들지 않고, 민주정체의 정부 형태는 단지 과두정체로의 혁명만을 두려워한다. 아리스토텔레스는 가장 안정된 정체는 소수와 다수를 모두 만족시키거나 혹은 그들 사이의 차이를 감소시키는 방식으로 민주정체적인 요소와 과두정체적인 요소를 결합하는 정체라는 견해를 지금까지 일관되게 밝히고 있다.

V. 2 - 4

아리스토텔레스는 (a) 사람들이 파쟁에 연루되는 조건, (b) 파쟁의 근본적 이유, 그리고 (c) 파쟁이 일어날 조짐을 강조함으로써 파쟁과 혁명의 원인을 개괄적으로 알아본다. 아리스토텔레스는 파쟁의 선동자들을 평등에 대한 특정한 규정의 옹호자로서 기술한 다음에, 또한 사람들은 이익이나 명예를 위해서 혹은 손실이나 불명예를 피하기 위해서 정체에 도전한다고 언급한다. 이것들 이외에, 오만, 두려움, 우월성에 대한 욕망, 경멸, 불균형한 성장, 선거 운동, 과소평가, 사소한 것들의 무시 그리고 동질성 부족이 파쟁을 일으킨다. 혁명과 파쟁의 일차적이고 근본적인 원인은 시민들의 성향과 관계되지만, 아리스토텔레스는 불균형한 성장, 점차적인 변화, 비동질성 그리고 영토의 분리가 정치적 변혁을 어떻게 촉진하는지를 상세히 설명한다.

혁명은 국가의 한 부분이 다른 부분들에 대해 양적으로나 질적으로 균형을 잃을 때 때때로 일어난다. 이따금, 지도자들은 나라를 구성하는 부분들의 변화를 그냥 무시해 버린다. 때때로, 불균형은 사건들에 의해서 드러난다. 아리스토텔레스는 사건에 의해 초래된 혁명 유형의 한 예로서, 육상전투에서 스파르타의 승리에 기인한 아테네의 귀족 계층의 몰락을 언급한다.

변화는 또한 비록 좀 더 점진적일지라도 선거법의 변경을 통해서도 일어난다. 혁명을 기도함에 있어서 속임수의 역할에 대한 나중의 논의를 미리 암시하면서, 아리스토텔레스는 오랜 시간 동안의 조그마한 조정이 완전히 실질적인 변혁을 일으킬 수 있기 때문에 제도적인 변화가 자발적인 변화 못지않게 의미 있다는 것을 넌지시 알려 준다.

국가들은 또한 인종과 문화적 차이에 따라서, 혹은 이들 중 어느 하나에 따라서 분열되는 경향이 있기 때문에, 동질성 부족 또한 파쟁과 혁명에서 하나의 역할을 한다. 아리스토텔레스는 많은 예들을 통해 정치적 연합을 형성하거나 파괴하는 데 있어 부족의 동질성이 하는 역할에 대해 언급한다.

국가들은 또한 지리적인 경계에 따라 갈라지는 경향이 있다. 아리스토텔레스는 (아테네의 항구인) 피레우스에 살았던 사람들이 도성의 주민들보다 더 민주적인 경향이 있다는 것을 밝히면서, 다시 한 번 아테네의 예를 언급한다. 아주 작은 지리적 차이조차도 중요한 정치적 분열을 야기할 수 있다.

혁명이 일어나는 방식에 관한 아리스토텔레스의 요점은 혁명과 파쟁은 너무 복잡하지도 않고 아주 단순한 현상도 아니라는 것을 보여 주는 것이다. 혁명과 파쟁의 시나리오는 욕망과 사건 둘 다 혹은 둘 중 하나에 입각한 인간의 활동을 포함하기 때문에 우리는 그것들의 원인을 부분적으로만 이해할 수 있다. 그러나 인간은 다양한 이유로 변화를 추구하는 다면적인 존재이기 때문에, 혁명과 파쟁의 발생은 완전히 이성적으로 이해될 수는 없다.

　혁명과 파쟁에 대한 모든 설명에서 공통적인 요소는 인간이 그들 자신이나 다른 사람들을 판단하기 위해서 자주 올바르지 않게 그들의 시각을 사용한다는 점이다. 개인적, 비례적, 제도적, 인종적, 문화적 그리고 지리적 차이들은 보는 시각에 따라 분류된다. 아리스토텔레스가 3장 끝에서 아마도 가장 커다란 당파적인 분열은 탁월함과 열등함 간의 분열에 있다고 상정한 것을 주목하라. 그러나 이러한 당파적 분열은 왜 사람들이 당파적 투쟁을 넘어서는 데 그렇게 많은 어려움을 겪는지를 설명하는 데 도움이 되지만, 그것이 격렬한 당파적 투쟁을 모두 다 설명하는 것은 아니다. 사람들을 있는 그대로 이해할 수 있게 하는 유덕한 성향이 없을 때, 개인들은 정치적인 구별을 쉽게 하도록 해 주는 분류에 매달리게 되고, 그래서 기분 내키는 대로 그리고 변덕스럽게 되는 경향이 있다.

　아마도 파쟁과 혁명 혹은 둘 중 어느 하나를 막는 데 가장 크게 방해가 되는 것은 이런 현상들이 사소한 일들에서 비롯될 때 인간이 그것들을 인식하기가 쉽지 않다는 점이다. 아리스토텔레스는 이 점을 입증하기 위해서 세 가지 예를 사용한다. 아리스토텔레스는 파당적 분열로 이끌었던 애정 사건을 언급하면서, 탁월하고 권력을 갖고 있는 사람들의 사적인 일들이 자주 공적인 영역에서 사람들을 흥분시킬 수 있기 때문에 그들의 일에 특별히 주의를 기울여야 한다고 충고한다. 그러나 덜 탁월한 시민들의 해롭지 않아 보이는 일이 공적인 영역에서 언제 문제를 야기할지 어떻게 알 수 있을까? 여기서 아리스토텔레스는 두 명의 이름 없는 형제 이야기를 언급하는데, 유산 분배를 놓고 벌인 이들의 싸움은 헤스티아이아에서 민주주의자들과 부자들 사이의 당파적 싸움이 되었다. 형제들 사이의 모든 싸움을 그것이 실제로 일어나기 전에 막을 수 있거나 혹은 그것이 일어난 뒤에 가라앉힐 수 있을까? 그리고 형제들의 사건이 설명될 수 있을지라도, 불길한 전조 때문에 델피에서 신부를 남겨 두고 돌아갔던 신랑의 예와 같은 예기치 못한 사건에 대해서도 같은 것이 이야기될 수 있을까? 어느 한쪽으로 결정할 수 없는 문제들에 대해 사람들이 싸우는 경우들은 없는가? 그와 같은 사건들이 얼마나 쉽게 악순환해서 공적인 영역으로 비화해 사적인 부분들과 정치 공동체에 똑같이 해를 끼치는지를 이해하기 위해서, 우리는 단지 세상 도처에서 일어나는 가족 간 분규의 법적 소송을 보기만 하면 된다.

아리스토텔레스는 과두정체와 민주정체의 지지자들이 파쟁을 조장하기 위해서 사적인 다툼을 이용하는 경향이 있다는 것을 주목한다. 각각의 그리고 모든 사적인 다툼들이 상호 인정하에 해소될 수 있기를 기대하는 것은 비현실적이지만, 가장 안정된 정체는 사적인 싸움이 공적인 재난으로 변하는 것을 막는 방식으로 다스려진다. 언젠가 파쟁이 일어날 때 그와 같은 보호 수단은 정체의 조직을 통하여 가장 잘 마련된다. 국가 내에서 좀 더 이성적인 요소들은 분명한 힘을 가진 사람들에게 복종하는 경향이 있다.[29]

아리스토텔레스는 정체의 변화는 힘이나 속임수를 통해서 기도되고 확고하게 된다는 것을 주목함으로써 파쟁과 혁명에 대한 그의 소개를 끝낸다. 어떤 방법이 더 낫고 더 나쁜지에 관해 판단을 내리지 않고서, 그는 변화를 초래하기 위해 속임수를 사용하고 힘으로 이를 확고히 한 변혁의 한 사례로서, 교묘하게도 아테네 민주정체의 붕괴의 시기에 (소크라테스의 유명한 제자이고 아테네의 배신자로 간주된 알키비아

---

29 역자 주: 국가에서 어느 집단이 분명히 강한 힘을 갖고 있다면, 다른 집단은 이런 집단과 싸우려 들지 않는다. 그래서 뛰어난 덕을 지닌 사람들은 그들이 소수라는 것을 알기 때문에 다수에 대해 파쟁을 일으키지 않는다.

데스에 의해 인도되어서) 아테네에서 일어난 일을 언급한다. 만일 정체 가치의 최선의 척도가 덕에 근접하는 것이라면, 정체 변화를 초래하기 위해 사용되는 수단들은 최선의 그런 시나리오의 현실화보다 덜 근본적인 것인가? 또한 아리스토텔레스가 정체 변화를 초래하기 위해 정직한 설득을 사용해야 한다고 전혀 언급하지 않고 있다는 것은 주목할 가치가 있다. 정체 변화에 관한 아리스토텔레스의 언급 내용을 더 다루고자 한다면, 그가 사람들이 이런 점에서 어느 정도 교육 가능하다고 생각하는지를 염두에 두는 것이 중요하다.

V. 5 - 7

5장에서 7장까지, 아리스토텔레스는 정체 변화를 구체적으로 검토하면서 다음 세 가지 연구에 초점을 맞춘다. 즉 (a) 어떤 정체 유형들이 다른 것들보다 더 변하기 쉬운지 여부, (b) 개별적인 정체들에서 개별적인 문제들이 발생하는지 여부, (c) 특별한 보호수단이 개별적 정체들에서 혁명이나 파쟁의 위험을 막는 데 이바지할 수 있는지 여부.

아리스토텔레스는 민주정체들에서의 혁명을 조사함으로써 시작하면서, 당대의 민주정체들에서 혁명은 부자들의 이익에 공공연히 적대하는 다수의 빈민에 대해 부자들이 반란을 일으킬 때 일어난다고 주장한다. 이러한 시나리오에서, 민중은 대망을 품고 있는 민중선동가에 의해 인도되어 국가 내에서 부를 재분배함으로써 부자들을 괴롭힌다.

과거에 민주정체에서의 혁명은 매우 다른 방식으로 일어났다. 훨씬 규모가 작았던 이전의 민주정체들에서 민중의 지도자들은 전쟁에 능한 만큼 수사술에서는 능하지 못했다. 민중은 생계로 바쁘기 때문에 군사적인 능력이 있는 사람들에게 권력을 허용했고, 이들은 정체를 장악하는 데 그들의 힘을 사용했다. 과거 민중의 지도자들은 부자들에 대한 적대감을 드러내서 민중의 신임을 얻었고, 민중의 이익을 보호하도록 위임을 받았다. 이러한 민중의 지도자들이 그들 자신의 이익을 위해 통치하기 시작할 때 민주정체는 참주정체로 바뀐다.

그러나 당대에는, 민중의 지도자가 전쟁보다는 수사술에 능하다. 민중의 감정을 부채질해서, 그들은 과두정체에 대한 반감을 일으켜서 이 정체의 행복을 위협한다. 아마도 민중의 전쟁 수행 능력의 부족함은 왜 봉기했던 민중의 힘이 군사적으로 더 잘 준비된 과두정체의 반동에 의해 제압되기 쉬운지를 설명해 준다.

이런 전개를 가정하고서, 아리스토텔레스는 당대의 민주정체를 확고히 하기 위한 최선의 수단은 선거제도 개혁을 확립하는 것이라고 상정한다. 만일 선거가 지역 수준에서 이루어져서, 본성에 있어서 더 부족적인 성격을 갖게 된다면, 민중선동가는 민중을 선동할 기회를 덜 갖게 될 것이다. 실제로, 오늘날 우리가 직접 민주주의라고 부를 수 있는 것보다도 더 부족별 대표성에 기초해서 민주정체를 더 지역화함으로써, 아리스토텔레스는 민중들을 홀려 선동하기 위해 수사술의 재간을 사용하는 민중의 지도자들의 능력을 일정한 정도로 제한한다.

1-4장에서 정체 변화에 대한 아리스토텔레스의 소개가 전제된다면, 민주정체를 확고히 하기 위한 그의 처방은 흥미로운 것이다. 아리스토텔레스의 이전의 논증은 대부분의 혁명과 파쟁은 사적인 다툼이 공적인 문제로 비화될 때 일어난다는 것이었다. 그러나 아리스토텔레스 시대의 민주정체의 혁명에서 문제가 되는 점은 혁명이 사적인 일들로부터 비롯된다는 것이 아니라 날뛰는 민중들이 수사술적 재간이 있는 민중선동가를 위한 정치적 꼭두각시가 된다는 것이다.

『정치학』에서 아테네 국가에 대한 아리스토텔레스의 언급의 절반이 혁명에 대한 그의 제안 속에서 나타난다는 것은 흥미를 끈다. 아리스토텔레스는 펠로폰네소스 전쟁 동안에 어려움에 직면했던 아테네에 대해 아주 많이 언급하는데, 이때 아테네는 일시적으로 과두정체가 되었다. 아테네가 국제적인 명성을 얻었을 때, 그것은 큰 규모의 가장 힘센 민주정체이었지만, 또한 그와 같이 큰 규모의 민주정체의 통제할 수 없는 본성으로 말미암아 더 파괴되기 쉽게 되었다고 아리스토텔레스는 암시하고 있는 것일까? 그러나 아테네의 경우에, 내부의 과두정체적인 반란이 아니라 스파르타가 이끌었던 기본적으로 과두정체적인 국가들의 연합체가 아테네의 정치적 지배권을 종식시켰다. 힘과 속임수에 대한 아리스토텔레스의 논의 맥락이 전제된다면, 펠로폰네소스 전쟁 동안에 아테네의 가장 뛰어난 민주정체의 지도자들 중 약간은 수사술에 능한 만큼 군사적으로는 능하지 못한 사람들이었기 때문에, 아테네는 특별히 재미있는 연구 사례를 제공한다.

이처럼 너무 커지고 비인간적이 되어 버린 정치가 정체를 법의 지배로부터 더 멀어지게 만들고, 통제할 수 없는 민중이 되어 버린 자유로운 다수를 고무할 때 민주정체들은 무너진다. 다른 한편, 과두정체들은 정체 안에 있는 사람들이 불건전하게 반목할 때 다른 운명을 겪게 된다. 본질적으로, 과두정체는 혁명보다는 파쟁에 의해 더 위협받게 된다. 아마도 그 까닭은 이 정체 자체에 더 많은 권력 혹은 돈 혹은 명예가 있기 때문이다. 그로 말미암아 생기는 사적인 사소한 싸움들은 소수의 부자의 지배가 미움을 받는 엘리트의 지배가 되는 시나리오를 야기한다. 과두정체에서의 혁명에 대한 아리스토텔레스의 묘사는 사적인 부분들 사이의 내부 경쟁이 사회의 커다란 그룹 사이의 당파적 분쟁으로 변한다는 V권 서두에서의 그의 이전 기술과 매우 유사해 보인다. 이러한 경우들에서 과두정체 지배자들 그룹끼리의 싸움에 민중의 부분들이 동원되거나 혹은 과두정체 지배자들이 민중의 폭동을 이끌 사람을 선출할 때 혁명이 일어나는 것이다.

과두정체들은 소수 모두가 만족할 때 가장 튼튼할 수 있다. 달리 말해서, 만일 어떤 사람도 너무 많은 권력을 혹은 너무 많은 명예를 혹은 너무 많은 돈을 갖지 않는다면, 과두정체 지배자들은 서로 평화롭게 살수 있다. 풍요로움은 마음을 가라앉히고 과두정체들이 보존될 수 있는 안정된 환경을 지켜 주는 데 이바지하는 경향이 있다. 따라서 다수가 폭도가 되는 것을 막음으로써 민주정체가 더 튼튼해지는 것처럼, 과두정체는 과두정체 지배자들 중에서 비판적인 사람들에게 상대적인 동등함을 보장해 줌으로써 더 튼튼해진다.

아리스토텔레스는 또한 귀족정체와 혼합정체에서의 혁명에 대해 논의한다. 민주정체와 과두정체에서의 혁명에 대한 그의 논의와 달리, 아리스토텔레스는 귀족정체의 몰락에 대해 귀족들에게 전적으로 책임이 있다고 비난하지 않는다. 대신에, 귀족정체들은 폭도들이 덕의 소유에 기초한 뛰어남과 부의 소유에 기초한 뛰어남을 구별할 수 없기 때문에 혁명을 겪는다. 귀족정체에서 혁명이 일어나는 것은 그 지배자들의 잘못된 판단의 정도에 비례하는데, 가장 커다란 분란은 사소한 일탈이 오랜 기간에 걸쳐 변화를 일으킬 때 야기된다. 이것은 왜 귀족정체의 혁명이 자주 알지 못하는 사이에 일어나는지를 설명해 준다. 일정한 기간 동안에, 소수와 다수에 의해서 귀족들에게 강요된 정치적 타협은 그들을 몰락으로 이끈다.

이 논의의 끝 부분에서 아리스토텔레스가 정체들은 때로는 내부로부터 때로는 외부로부터 해체된다는 생각을 밝히면서 다시 한 번 펠로폰네소스 전쟁을 언급하는 것을 주목하라. 혁명과 파쟁에 대한 연구는 외부적 여건의 변화를 고려해야 하기 때문에, 펠로폰네소스 전쟁에서 아테네와 스파르타의 사례는 내부의 요인으로부터 말미암은 붕괴 이외에, 민주정체와 과두정체들은 또한 각각이 대립적으로 보이는 외국의 적대적인 정체를 없애 버리고자 열망할 때 파괴될 수 있다는 것을 보여 준다. 만일 아테네(페리클레스)와 스파르타(아르키다모스) 양자의 정체에서 더 귀족정체적인 유형이 전쟁 동안에 더 지배했다면, 그들은 그들의 정체가 붕괴되는 것을 막을 수도 있었을 것이다. 제지를 받지 않았기 때문에, 아테네와 스파르타 사람들은 전쟁이 진행되면서 점차로 나쁜 유형의 민주정체와 과두정체를 실천하게 되었다.

V. 8 - 9

사물들은 파괴될 수 있는 것처럼 또한 보존될 수도 있다. 지도자들을 위한 아리스토텔레스의 일반적 규칙은 정체의 존속을 위협하는 것과 상반되는 것을 제공하는 것이다. 예를 들어, 만일 무법성이 정체를 위협한다면, 지배자들은 법의 지배를 강화하려고 해야 한다. 만일 사소한 일들이 모르는 사이에 큰 문제를 야기한다면, 지배자들은 장기적인 결과에 주의해서 초기의 발전 과정을 놓치지 않고 유의하는 것이 중요하다. 그러나 지배자들은 작은 문제와 큰 문제에 대해 그것들이 받을 만한 정도에 따라 주목해야 하기 때문에, 사소한 것들에 대한 그와 같은 조심스러운 관찰은 하찮은 일들에 매달리고 속 좁은 태도를 보이는 것으로 변질되어서는 안 된다. 아리스토텔레스는 부분과 전체 사이의 관계를 이해하는 지도자의 능력은 실제 현실 정치를 이해하는 핵심적인 열쇠라고 제시한다.

아리스토텔레스는 어떻게 그와 같은 경향이 정치 공동체에 이익이 될 수 있는지를 구체적인 사례들을 통해 보여 준다. 과두정체에서의 효과적인 지배와 관련하여, 지배자들이 동등한 사람들을 동등하게 대우하는 것이 중요하다. 만일 어떤 사람이 상을 받을 만하다면, 그 사람이 누구인지는 문제되어서는 안 된다. 평등에 대한 적절한 존경은 다수에게서 권한을 박탈하거나 혹은 소수와의 위험한 경쟁에 빠지는 경향이 있는 과두정체에 대한 가장 효과적인 해독제이다. 과두정체에서는 개인들이 너무 힘이 세지거나 너무 빨리 명성을 얻지 못하도록 조심해야만 하는 것이 가장 중요하다. 달리 말해서, 종종 우리의 타락의 정도를 결정하는 것은 우리가 획득하는 권력의 양과 그 속도이다. 과두정체의 병폐에 대한 최선의 치유책은 사람들이 정치적 연고가 아니라 그들이 받을 만한 가치에 근거해서 보상이 주어지는 체계를 확립하는 것이다.

아리스토텔레스는 IV과 V권을 관통하는 주제를 계속 취급하면서, 지배자들은 국가에서 대립하는 부분들을 혼합하고 국가의 중간 계층을 형성하고 있는 자들의 힘을 증가시키거나, 둘 중 하나를 해야 한다고 상정한다. 이것은 사람들이 공직을 맡을 때 그로 말미암아 이익을 얻기 힘들게 만듦으로써 부분적으로 성취될 수 있다. 만약에 모든 사람이 봉사할 기회를 갖지만, 공적인 봉사를 통해서 스스로 이익을 거의 얻을 수 없다면, 가난한 사람들은 생업에 그들의 시간을 쓸 것이고, 유복한 사람들은 공동체의 동료 구성원들로부터 덜 훔칠 수 있을 것이다.

아리스토텔레스는 또한 민중을 오만하게 취급하는 과두정체의 지배자들에 대한 처벌을 제도화할 것을 추천한다. 더 나아가, 그는 소수가 모든 부를 가져가지 못하도록 하는 방책을 만들 것을 요청한다. 요약하자면, 아리스토텔레스의 모든 처방은 소수와 다수의 비판적인 무리의 충성을 확보할 수 있도록 과두정체를 형성하는 것을 목표로 한다. 만일 파쟁을 야기할 정도로 부자가 다수를 비난하거나 다수가 부자를 괴롭힌다면, 국가는 병들게 되어 정체는 곧 붕괴될 것이다.

혁명은 현명한 정치술에 의해 가장 잘 저지될 수 있기 때문에, 이어서 아리스토텔레스가 훌륭한 지배자들의 속성을 논의하는 것은 자연스럽다. 지배자들에게 가장 중요한 것은 정체에 대한 애정과 지배하는 능력 그리고 유덕하고 정의로운 성격을 지니는 것이다. 아리스토텔레스는 어떤 관직들은 다른 것보다 더 특정한 성질이 요구된다는 것을 주목한다. 예를 들어, 장군과 같은, 특정한 기술을 요구하는 지위는 착한 바보에게 주어져서는 안 된다. 장군의 능력을 지닌 사람은 드물기 때문에, 이 공직은 어떤 면들에서는 부족하더라도, 전사들을 승리로 이끌 군사적 수단을 갖고 있는 사람으로 채워져야만 한다. 역으로, 세 가지 특징을 모두 갖고 있는 사람은 덜 특별한 역할을 수행해야 한다.

훌륭한 통치에 대한 아리스토텔레스의 검토는 흥미를 끄는 당혹스러운 문제를 제기한다. 대부분의 시민들은 유능하고, 애국심이 강하고, 유덕한 지도자들을 적어도 표면적으로는 원한다. 그러나 효율성이 지도자에게 덕을 멀리하도록 요구하거나 그 역의 경우가 일어날 경우에는 어떻게 해야 하는가? 최선의 시나리오에서는, 한 지도자는 세 가지 모든 특징을 지니고 그에 따라 행위할 것으로 여겨질 것이다. 그러나 만약 정체의 생존이 지배적인 관심 사항일 경우라면, 가능한 최선의 지배자는 그의 동료들을 위해서 생존에 가장 적합한 대안으로 그것을 유지함으로써 정체를 보호하는 사람이다. 달리 말해서, 만일 정체가 없어진다면 통치 혹은 덕은 무슨 소용이 있는가?

그러나 아리스토텔레스는 또한 정체들이 다음과 같은 의미에서 코들과 같다고 논증한다. 즉 가장 똑바른 코가 최선의 것이고, 대부분의 코들은 이 기준에 근접하는 경향이 있다는 것을 전제한다면, 그것들을 묘사하는 예술가에 의해 더 이상 망쳐지지 않도록 하는 것이 차선이라는 의미에서 정체들이 코들과 같다는 것을 논증한다.[30] 아리스토텔레스는

---

30 역자 주: 아리스토텔레스는 정체에서 중용을 지키는 것이 중요하다는 것을 강조하면서 정체를 코에 비유하고 있다. 코는 똑바른 상태에서 조금 이탈해도 여전히 아름

지배자들은 그들에게 주어진 정체에 관한 일을 할 수밖에 없지만, 그들은 본성적으로 불완전한 것을 더 낫게 혹은 더 나쁘게 만드는 방식으로 정치를 실천할 수 있다고 주장한다. 애정과 기술도 중요하지만 유덕한 성향을 지닌 지배자들은 그들을 무자비하게 행동하도록 만드는 당파성이나 불가능한 것을 지향하게끔 하는 유토피아적 열정을 가장 잘 극복할 수 있다. 가능한 최선의 통치자는 가능한 최선의 예술가처럼, 그에게 주어진 것을 갖고 작업하면서, 어떤 것이 도달할 수 있는 최고의 아름다움을 산출할 수 있도록 그것의 발전에 기여한다. 이런 관점에서 볼 때, 정의 혹은 덕의 소유는 가장 중요한 것으로 여겨질 것이다.

그래서 우리는 얼굴을 구하기 위해서 코를 잘라 내서도 안 되고 코가 기능하지 못하게 만드는 방식으로 그것을 비틀어서도 안 된다. 이런 두 가지 경우에, 탁월한 정치술은 절제 있는 성향을 필수적으로 요구하는 것으로 보인다. 최선의 정치가들은 어느 한쪽으로의 극단주의가 해롭다는 것을 알고 있을 뿐만 아니라 다른 정치적 형태들이 충돌할 필요가 없다는 것을 이해한다. 실제로 민주정체와 과두정체의 최선의 지도자들은 그들이 선호한 정치적 형태의 보존뿐만 아니라 국가 내에서 대립적인 요소들을 정체에 융합하는 것에 유의한다. 그와 같은 통찰은 정의(正義)에 대한 그들 자신의 개념의 한계에 대한 그리고 그들의 정치적 반대자들이 제기하는 정치적 문제들이 얼마나 정당성이 있는지에 대한 비범한 인식에 의해 가능해진다. 이데올로기가 상식을 이길 때, 정체들은 결과적으로 악화된다. 이상적으로, 민주정체와 과두정체의 지배자

답고 매력적일 수 있지만, 이것이 지나치게 되면 전혀 코같이 보이지 않게 될 것이다. 마찬가지로 정체의 경우도, 정체가 이상적인 형태로부터 어느 정도 벗어나더라도 견딜 만하지만, 극단으로 치우치게 되면 정체가 더 나빠지다가 결국은 정체가 아닌 것으로 된다.

들은, 두 정체의 정의에 대한 개념에서 좋은 요소와 위험한 요소들을 그들의 정치적 공동체에서 고려하는 자유로운 설득 능력을 소유할 것이다.

지도자들이 시민들의 교육에 최고의 우선권을 부여하는 것이 가장 중요하다. 왜냐하면 국가는 법, 지도자들, 그리고 관습으로 구성되어 있는데, 그것이 정의로운 법과 위대한 지도자들을 탁월하게 갖고 있지만, 만약 정체의 탁월함이 그 시민들의 품성에까지 확장되지 않는다면, 그들은 법과 지도자들을 타락시킬 수 있기 때문이다. 그렇다면, 교육받는다는 것은 무엇을 의미하는가? 시민들을 단순히 민주정체 혹은 과두정체의 열렬한 지지자들로 만드는 것이 훌륭한 민주주의자들 혹은 과두정체 지지자들로 잘 교육하는 것인가? 아니다. 최선의 민주정체의 그리고 과두정체의 지도자들은 그들의 국가 안에서의 다른 부분들이나 요소들을 이해하는 관대함과 깊이와 넓이 때문에 뛰어난 것이다. 교육받은 시민들은, 가능한 정도까지, 그러한 지도자들을 본받아야 한다.

특별히 과두정체적이거나 민주정체적인 것으로 생각되는 과두정체들과 민주정체들은 최선의 과두정체나 민주정체가 아니다. 왜냐하면 그것들은 과두정체나 민주정체의 정의(正義)의 형태를 올바르게 규정하는 대신에 극단적인 규정으로 시민의 품성을 천박하게 만들기 때문이다. 과도한 과두정체 지배자는 사치스러운 삶을 영위함으로써 그 자신을 게으르게 만들고 민중의 적개심을 야기한다. 마찬가지로, 과도한 민주주의자들은 제약받지 않는 자유와 평등의 삶을 영위함으로써 무법상태와 과두정체의 반동을 위한 기회나 참주정체의 등장을 야기한다.

V. 10 - 11

아리스토텔레스는 혁명과 개별적 정체 유형들에 대한 그의 논의를 군주정체의 보존과 파멸을 검토하면서 끝을 맺는다. 아리스토텔레스는 왕은 자발적으로 따르는 민중을 다스리는 군주인 반면에, 참주는 자발적으로 따르지 않는 민중을 다스린다는 점에서 왕정과 참주정체는 다르다는 것을 지적하면서 시작한다.

왕정은 귀족정체와 상응한다. 왜냐하면 개인적으로 높은 인품을 지니고 있거나 덕을 베푼 사람으로서 혹은 훌륭한 가문 출신으로서 덕에 있어서 탁월한 왕들이 가장 지배할 자격이 있기 때문이다. 이상적인 상황에서, 자애로운 왕들은 민중과 부자들이 서로에게 지나치게 행동하는 것을 막는다.

다른 한편, 참주정체는 민주정체들과 과두정체들의 가장 타락하거나 변질된 형태에 상응한다. 참주들은 국가의 규모가 커질 때, 그리고 왕들이 타락하거나 과두정체 지배자들이 권력을 독점할 때 생겨난다. 쾌락을 추구하는 참주는 탁월한 사람들을 배제하고 시민들 간에 반목을 야기함으로써 그 자신과 유사해 보이는 정체를 만든다. 이 때문에 아리스토텔레스는 참주 트라시불로스에게 웃자란 모든 곡식 줄기를 자르도록 한 페리안드로스의 충고를 언급한다. 페리안드로스의 조언은, 아주 단순하게도, 참주들은 모든 사람을 똑같이 타락시킴으로써 권력을 가장 강화할 수 있다는 것이었다.

왕정과 참주정체는 그들의 존속을 위협하는 다른 요인들에 직면한다는 것이 이어서 언급된다. 왕들은 자발적으로 따르는 백성들을 다스린다는 것이 전제된다면, 민중의 성향에 있어서 극적인 변화만이 그들의 통치를 위협한다. 왕들은 시민들을 오만하게 대하거나 그들의 재산을 빼앗음으로써 그들을 분노하게 만들지 않도록 조심해야만 한다. 자발적으로 따르는 민중을 한때 잘 다스렸던 왕들조차도 타락할 수 있다는 아리스토텔레스의 언급이 제시하듯이, 왕은 관대해야 한다. 아마도 왕들이 직면하는 가장 큰 문제는 공적인 일에 대한 그들의 공평한 집행이 용기와 뛰어난 능력을 가진 사람들로 하여금 그들의 파멸을 도모하도록 고무한다는 것이다. 아리스토텔레스의 생각에 따르면 관대함은 때때로 반란을 초래하는 것으로 보인다. 아리스토텔레스는 탐욕이나 욕망 때문에 국왕 시해가 일어나는 일은 좀처럼 없다고 언급한다. 오히려 일반적으로 모반자들을 동기 유발하는 것은 인정 혹은 찬양받고 싶어하는 그들의 욕망이다.

역으로, 참주정체들은 외적인 힘에 의해서 자주 파괴된다. 왜냐하면 훌륭한 왕이 그를 따르는 민중에게서 존경과 충성을 불러일으키듯이, 자제심이 없는 참주들은 민중들의 증오와 경멸을 초래하고, 결국 그들은 외국에 도움을 요청하기에 이른다. 참주들이 정치 공동체에 강요하는 고통 때문에 민중들이 그들을 미워하는 것과 마찬가지로, 그들은 참주들의 사치스러운 생활 때문에도 그들을 경멸한다.

이처럼 왕정이 아리스토텔레스가 선호하는 군주정체의 형태라는 것을 파악하기는 쉽다. 그러나 높은 인품을 가진 사람들은 부족하기 때문에 왕정은 생기기 힘들고, 성립되었을 때에도, 민중들은 그와 같은 사람들에게 좀처럼 자발적으로 충성을 맹세하려고 하지 않는다.

만약 이처럼 참주정체가 더 널리 유포된 군주정체의 형태라면, 정치 개혁을 위한 아리스토텔레스의 최선의 희망은 참주들을 깨우쳐서 더 왕처럼 되게 만들거나 혹은 참주가 나타날 조짐에 유의하도록 압제적인 참주들에 의해 지배받을 사람들을 일깨우는 것이다. 사람들(소수와 다수 모두)이 통찰을 결여하고 있는 것과 마찬가지로, 참주들은 덕을 결여하고 있다. 나쁜 참주를 약화시키는 방식을 민중들에게 보여 줌으로써 혹은 나쁜 참주에게 덜 나쁘게 되도록 가르침으로써, 아리스토텔레스는 참주정체가 개선될 수 있는 가능성을 강화한다.

참주들은 탁월한 사람들을 배제하고, 사람들이 모이는 것을 금지하고, 사람들을 무지하고 바쁘게 만들며, 사람들의 일을 감시하고 전쟁을 일으켜서, 정치 공동체에서 그들의 지배에 도전할 수 있는 사람들을 무력화하고 미리 제압하는 동시에, 사회 안에 가장 나쁜 요소들을 정치적으로 증대시킨다. 참주들의 목표는 그의 나라에서 존경할 만한 사람들의 수를 감소시키는 것이다. 참주들은 사람들을 약하게, 겁 많게 그리고 서로를 신뢰하지 못하도록 만듦으로써, 사회에 대한 그들의 장악력을 나중에 위협할 수 있는 시민들이 활동하지 못하도록 한다. 얼마 동안은 참주들의 노력은 효과를 본다. 그러나 아리스토텔레스는 나쁜 참주들은, 그들이 아무리 그와 같은 노력을 효과적으로 기울인다 할지라도, 단명할 것이라고 나중에 언급한다.

아리스토텔레스는 참주들이 그들의 권력을 튼튼하게 하는 방법은 사람들을 노예로 전락시키는 것이 아니라 더 왕처럼 되는 것이라고 제안한다. 왕 같은 참주는, 그가 자발적으로 따르지 않는 대중을 한때 다스렸다는 것을 인정하는 한편으로, 자발적으로 그의 통치를 따르는 사람들의 수를 늘리려고 해야만 한다. 다시 한 번, 아리스토텔레스는 (참주정체조차도) 정체의 존속을 위한 열쇠는 기꺼이 따르는 시민들의 존재라는 것을 지적한다. 앞에서 언급되었듯이, 참주정체, 과두정체와 민주정체의 열등한 형태들은 그것들이 법이나 공직자들 그리고 교육받은 시민들이 아니라 강박관념을 갖고 있는 지배자들의 의지에 의해 결합해 있기 때문에 모든 정체들 중에서 가장 취약하다. 참주들이 더 위엄을 갖추고, 오만함, 술 취함, 사치스러움 등을 피하고, 왕과 같은 역할을 할 때, 그들이 지배할 자격이 있다고 생각하는 사람들이 그들 주위에서 늘어날 것이다. 본질적으로, 아리스토텔레스는 여기서 참주들이 진정한 정체들을 만들기 위해서 그들의 힘을 사용할 것을 충고한다.

참주들은 또한 사람들, 특히 용감한 사람들을 득세하지 못하게 막음으로써 그리고 정체를 점진적으로 변화시킴으로써 그들의 권력을 튼튼하게 할 수 있다. 참주는 국정에 새로운 방식과 질서를 도입할 때 이전의 억압을 상기시키는 모든 것을 버리는 조치를 해야만 한다. 더 나아가, 소수와 다수에 대한 그의 관계와 관련하여, 개선된 참주는, 아리스토텔레스가 그의 제안을 통해서 권고했던 방식으로, 정체 안에서 절제 있는 요소들이 증대되도록 북돋아야 한다. 아마도 그렇게 함으로써, 참주는 정치 공동체를 만족스럽게 유지하고, 그래서 그의 생명을 노릴 수 있는 용기 있는 사람들을 가장 잘 경계할 수 있다. 아리스토텔레스가 그와 같은 정치적 변혁이 참주의 개인적 쇄신을 포함할 필요가 없다는 매우 실제적인 전망도 하고 있다는 것을 주목하는 것은 중요하다. 왜냐하면, 테오폼포스에 대한 그의 언급에서 드러나듯이,[31] 만약 그와 같은 권력 분할 계획이 자신의 정치적 생존을 더 확실하게 해 준다면, 비록 더 약화되었다 할지라도 더 오래 지속하는 군주정체를 자신의 자손에게 물려주는 것이 더 낫기 때문이다.

V. 12

V권을 이해할 수 있는 하나의 열쇠는 마지막 장에서 나타난다. 여기서 아리스토텔레스는 정체 변화를 불가피하고 순환적인 것으로 제시하는 플라톤의 『국가』에서 혁명에 대한 소크라테스의 설명을 비판한다.

아리스토텔레스의 비평을 논의함에 있어, 플라톤의 『국가』에서 혁명에 대한 소크라테스의 설명을 간단히 요약하는 것으로 시작하는 것이

---

31 역자 주: 테오폼포스(Theopompos)는 기원전 8세기 중반에 재위했던 스파르타 왕으로서 감독관 제도를 도입해 왕권을 제한함으로써 왕권이 더 지속될 수 있도록 만들었다.

도움이 될 수 있다. 『국가』 서두에서 정의(正義)에 대한 소크라테스의 탐구는 대화자들의 도움을 받아 '이론상의 나라'를 창조하는 데까지 이르게 된다. 이상적으로, 이 나라는 철인왕에 의해서 다스려질 것이며, 그는 정의로운 나라를 확립함으로써 사람들을 가장 잘 살게 해 줄 수 있는 사람일 것이라고 소크라테스는 주장한다. 그러나 인간에 의한, 인간의 그리고 인간을 위해 생성된 것에 있어서 가장 큰 문제는 그것이 어떤 것이든 쇠퇴할 수밖에 없다는 것이다. 소크라테스의 이상국가의 쇠퇴는 열등한 사람들이 권력을 잡았을 때 일어나는 파쟁으로부터 지도자가 나라를 보호하지 못해서 일어난다. 『국가』의 나머지 많은 부분은 이상국가가 명예정체(전사의 지배), 과두정체(부자의 지배), 민주정체(자유롭고 평등한 자들의 지배) 그리고 참주정체(힘센 자의 지배)로 쇠퇴해 가는 과정을 밝히고 있다. 소크라테스의 제안은 정치적인 모든 것은 더 나은 것으로부터 더 나쁜 것으로 변화하는 경향이 있다는 것이다.

아리스토텔레스는 어떤 사람들은 열등하게 태어난다는 것, 즉 교육받을 능력이 없고 그래서 정치적 타락의 원천이라는 소크라테스의 견해에 동의하지 않는 것은 아니지만, 그는 그와 같은 개인들은 최선의 정체를 구성하는 탁월한 사람들과 대비될 뿐만 아니라 (교육받을 가능성에 정도가 있다는 것을 제시하려고 하는 듯이) 그보다 못한 정체의 유형들을 구성하는 사람들과도 대비된다고 지적한다. 더 나아가 아리스토텔레스는 만약 교육받을 수 없는 개인들이 귀족정체에서 태어난다면, 그 정체는 소크라테스가 주장한 것보다 더 급격하게 타락할 것이라고 지적한다. 즉 그 정체는 명예정체로만이 아니라 그것과 '대립되는 종류'로 타락할 것이다. 여기서 '대립되는 종류'란 교육받지 못한 혹은 천박한 자들에 의한 지배인 민주정체를 의미하는 것으로 보인다.

　혁명에 대한 소크라테스의 묘사의 다른 문제는, 그것이 혁명은 모든
것을 그 자신의 길로 이끌고 가면서 나라의 모든 부분에서 동시적으로
일어난다고 가정한다는 점이다. 그러나 아리스토텔레스가 V권 전체에
걸쳐서 분명히 하고 있듯이, 변화는 여러 차원에서 일어나고, 혁명의
진행을 방해하지는 않을지라도 무디게 하는 역류를 자주 포함한다. 국
가는 많은 부분들로 구성되어 있기 때문에 많은 방향으로 동시에 나아
갈 경향성을 띨 수 있다. 따라서 소크라테스처럼 귀족정체는 단선적으
로 명예정체로 변한다고 주장하는 것은 국가의 동질성을 과장해서 말
하는 것이다.

　아리스토텔레스는 또한 "혁명은 다른 길로 갈 수도 있다"는 것을 관
찰한다. 즉 정체들은 단지 타락하는 것이 아니라 개선될 수도 있다. 이
를 통해서 아리스토텔레스는, 그의 앞의 분석이 지시하듯이, 사람들은
시민, 지배자 그리고 입법자로서의 그들의 능력을 갖고서 더 나쁜 방향
으로만이 아니라 더 좋은 방향으로도 변화를 일으킬 수 있다는 것을 함
축한다. 정체들은 타락할 수 있을 뿐만 아니라 개선될 수도 있다는 전
망은 독자들로 하여금 참주정체조차도 개선될 수 있다는 아리스토텔레
스의 이전의 언급을 주목하도록 만든다. 그리고 비록 아리스토텔레스
는 그렇게 명시적으로 말하고 있지는 않을지라도, 만일 소크라테스가
함축하듯이 정체의 변화가 순환적이라면, 주기(cycle)가 새롭게 시작
할 때 정체의 가장 나쁜 유형이 최선의 것으로 다시 바뀔 수 있다고 가
정하는 것은 참주정체, 민주정체 그리고 과두정체의 가장 나쁜 형태들
의 특성을 전제한다면 터무니없는 일일 것이다.

　시간 자체나 가정된 역사적 힘이 인간의 주도권을 필연적으로 압도
하는 것은 아니다. 소크라테스의 명백한 주장뿐만 아니라 헤겔과 마르
크스에 의해 진술된 혁명에 대한 근대 이론과는 반대로, 정체는 필연적

으로 변하는 것도 아니고 한쪽 방향으로만 변하는 것도 아니다. 그러므로 소크라테스에 대한 아리스토텔레스의 비판은 독자들로 하여금 그가 V권을 통해서 제시한 분석을 돌아보게끔 한다. 혁명은 인간의 공동체에서 자연스러운 것이라는 이해를 바탕으로, 정치학은 지도자들이 정체들이 더 나쁜 쪽으로 변화하는 것을 막아 정체들을 튼튼하게 하고, 그리고 더 나은 쪽으로 변화할 수 있도록 그들의 정체를 개선할 수 있는 방법을 이해하는 것에 관심을 갖는다.

연구를 위한 물음들

1. 파쟁의 일반적 원인은 무엇인가?
2. "파쟁에 가장 정당하게 참여할 것이지만, 실제로는 가장 참여하지 않는 사람"은 누구인가?
3. '혁명'은 무엇인가? 그것은 파쟁과 어떻게 관련되는가?
4. 과두정체와 민주정체 가운데 어느 것이 더 안정적이고 파쟁으로부터 더 자유로운가? 그 이유는?
5. 무엇을 위해서 사람들은 파쟁에 참여하는가?
6. 어떤 것들이 파쟁의 조짐이며 원인인가?
7. 어떤 방식으로 혁명은 일어나는가?
8. 다인종으로 구성되고 다문화를 지닌 국민이 인종적으로나 문화적으로 동질적인 국민보다 당파적으로 더 분열될 가능성이 있는가 아니면 덜 그러한가?
9. 지배자들은 파쟁의 전개에서 어떤 지점에 가장 관심을 가져야만 하는가?
10. 파쟁은 얼마나 '사소한 것들'로부터 일어날 수 있는가?
11. 하나의 정체에서 권력 이동은 무엇에 기인할 수 있는가?

12. 민주정체들은 왜 일반적으로 혁명을 겪는가?

13. 과두정체들에서 혁명의 가장 공통적인 원인은 무엇인가?

14. 귀족정체들에서 혁명의 가장 공통적인 원인은 무엇인가?

15. 혼합정체들에서 혁명의 가장 공통적인 원인은 무엇인가?

16. 귀족정체에서의 혁명은 다른 정체의 유형들의 경우보다 왜 더 간과 되기 쉬운가?

17. 지배자들은 그들의 정체를 존속시키기 위해서 무엇을 할 수 있을 까?

18. 공직을 맡는 사람들은 어떤 성질을 지녀야만 하는가? 어디서든지 시민들은 (혹은 당신은) 그들의 (당신의) 지도자들에게서 그와 같 은 성질을 찾는가? 그들은 그래야만 하는가?

19. 정체는 어떻게 코와 같은가?

20. 무엇이 정체의 수명에 가장 큰 기여를 하는가?

21. 하나의 정체 유형과 상관해서 교육받는 것은 어떤 의미가 있을 것 인가? 그 이유는?

22. 특별하게 민주정체적이라고 생각되는 민주정체들이 최선의 민주정 체들인가?

23. 페리안드로스는 트라시불로스에게 무엇을 충고했는가? 아리스토 텔레스는 이것이 좋은 정치적 충고라고 생각하는가? 왜 혹은 왜 그 렇지 않은가?

24. 군주정체들에서 혁명의 가장 공통적인 원인은 무엇인가?

25. 무엇이 공통적으로 군주정체에 대한 공격을 덜 야기하는가?

26. 참주정체들이 공격받는 주된 이유는 무엇인가?

27. 극단적인 과두정체, 극단적인 민주정체 그리고 참주정체들은 무엇 을 공통적으로 갖고 있는가?

28. 아리스토텔레스에 따르면, 왕정은 왜 '더 이상 생겨날 수 없는가'?

29. 어떤 종류의 왕정이 더 지속적인가?

30. 아리스토텔레스는 왜 참주정체들이 보존되는 방식에 대해 논의하는가?

31. 참주정체들은 어떻게 더 지속될 수 있는가?

32. 어떤 정체 유형들이 가장 수명이 짧은가? 그 이유는?

33. 소크라테스에 따르면, 혁명은 어떻게 진행되는가? 아리스토텔레스는 동의하는가?

34. 당신은 혁명에 대한 아리스토텔레스의 분석을 어떻게 요약할 것인가? 그것은 혁명에 대해 당신이 알고 있는 다른 분석이나 이론들과 유사한가 혹은 그렇지 않은가? 어떤 측면에서?

35. 당신은 정체 변화에 대한 아리스토텔레스의 충고를 어떻게 요약할 것인가? 어떤 종류의 변화를 막을 수 있으며, 어떤 것들을 고무할 수 있는가?

『정치학』 VI권

입문

VI권에서, 아리스토텔레스는 민주정체와 과두정체를 각각 규정하는 원리인 자유와 질서를 검토한다. V권 끝에서 『국가』의 혁명에 대한 소크라테스의 설명을 비판한 것을 토대로, 아리스토텔레스는 1-5장에서 처음에 정치적 원리로서 자유를 더 넓게 규정하고, 민주정체는 방종에 의해 생긴 무질서 때문에 참주정체로 붕괴될 필요가 없다는 것을 제시한다. 6-8장에서, 마찬가지로 아리스토텔레스는 과두정체들은 국가의 주요 요소들의 시민권을 박탈함이 없이 정체를 튼튼히 하도록 질서 지어질 수 있다는 것을 보여 준다. 요약해서 말하자면, 자유와 질서는 올바르게 이해되고 고무되었을 때 정체들과 국가들의 적절한 유지에 기여한다고 아리스토텔레스는 결론 내린다.

VI. 1

아리스토텔레스는 정체들 안에서의 다양성 및 '결합된'(aggregate) 그리고 '복합된(compound)' 정체들의 존재가 정부의 형태들이 유지되고 파괴되는 방식에 크게 영향을 미친다고 주목한다. 아리스토텔레스는 국가들은 인간 유형들의 복합체들로 구성되고 이런 복합체들은 오랜 시간에 걸쳐 변하기 때문에 혁명은 일정하지도 않고 일방향이지도 않다고 다시 한 번 지적한다.

아리스토텔레스가 『정치학』 전체에 걸쳐서 과두정체와 민주정체에 대해 갖는 관심을 전제하면, 두 정체는 궁극적으로 참주정체로 전환된다는 소크라테스의 논증은 그에게 매우 중요하다. 아마도, 이 정체들에 대한 소크라테스의 비난이 논의를 강요하기 때문에 아리스토텔레스는 민주정체와 과두정체에 특별히 주목하면서 혁명 문제를 계속 다루고 있다. 소크라테스가 정의의 본성에 대한 그의 탐구를 진행하기 위해서 『국가』 앞부분에서 정의는 더 강한 자의 편익이라는 주장을 물리쳐야만 했던 것과 마찬가지로, 혁명에 대한 소크라테스의 설명은 정체 변화, 특히 그것이 민주정체와 과두정체의 국가들에서 일어날 때 이에 대한 대안적 설명을 제시하도록 아리스토텔레스를 압박한다. VI권에서 아리스토텔레스의 목적은 민주정체와 과두정체를 참주정체 쪽으로 이끌어 가는 요인을 경시함이 없이 두 정체의 혁명을 기술하는 것이다. 아리스토텔레스는 어떻게 민주정체와 과두정체의 정부들이, 각각의 정체를 적절하게 기능하도록 고무하는 원리인, 자유와 질서로부터 멀어지는가를 보여 줌으로써 이 일을 완수한다.

VI. 2 - 3

아리스토텔레스는 첫째로 민중의 지배에 대한 규정에 착수한다. 민중들의 다양한 혼합이 서로 다른 민주정체 국가들을 생기게 하기 때문에 단일한 종류의 민주정체는 없다고 그는 논증한다. 정체들의 다양한 본성에 대한 이해는 그 어떤 정체에서든 지배자들로 하여금 그들의 정체가 개선되거나 보존될 수 있는 방법을 더 잘 파악할 수 있게끔 해 준다. 민주정체의 개선과 보존에 대한 가장 커다란 장애는 자유란 이름하에 민주정체의 통치와 관련된 모든 것을 귀속시키는 대부분의 민주주의자들에게 있는 경향성이다. 올바르게 이해되고 제도화된다면, 자유는 모든 사람 간에 지배의 완전한 공유를 나타낸다. 민주주의자들은 단지 민주정체적인 통치만이 자유가 확립되고 확장되는 혹은 둘 중 하나가 성립되는 정치적 조건을 산출할 수 있다고 잘못 가정한다. 마찬가지로, 그들은 다른 정체들에서는 사람들이 정치적 자유를 누릴 수 없다고 잘못 가정한다.

왜 민주주의자들은 이런 실수를 저지르는지 설명하기 시작하면서, 아리스토텔레스는 자유는 그것의 징표들에 의해 가장 잘 이해될 수 있다고 제시한다. 한 국가가 자유로운지를 결정하는 최선의 방식은 그것의 정체가 정의를 자유에 의해서 규정하고 그 시민들이 자유를 누리도록 고무하는지 확인하는 것이다. 가장 자유로운 국가에서, 시민들은 교대로 지배하고 지배받는다.

민주정체는 다수의 지배를 포함하고 다수는 그들의 수에 기초해서 그들의 지배를 정당화하기 때문에, 그들은 사람들이 그러한 환경과 다른 어떤 곳에서도 더 자유를 경험할 수 없다고 잘못 가정한다. 달리 말해서, 열렬한 민주주의자들은 다수의 지배를 자유의 실현과 동일시하기 때문에, 그들은 자유가 민주정체의 규정적 원리라고 믿는다.

그러나, 아리스토텔레스는 다수의 지배로 규정된 정체에 대한 참여가 평등한 자들이 교대로 지배하고 지배받는 것으로 반드시 해석되는 것은 아니라고 주장한다. 다수는 자주 자유에 대립하는 방식으로 지배한다. 민주주의자들은 민주정체의 통치가 실제로는 그렇지 않은데도 자유의 확산으로 이끈다고 단순하게 생각하기 때문에, 그리고 자주 이 점에 대한 오해로 말미암아 그들이 가장 유념한다고 주장하는 정치적 원리를 위험에 빠뜨린다. 수세기가 지난 뒤에, 아브라함 링컨은 그의 정치적 반대자인 스티븐 더글러스의 당시에 유행한 주장, 즉 미국의 자치 실험의 성공은 국민 주권의 확장에 달려 있다는 주장을 거부하면서 유사한 방식의 추론을 사용하게 된다. 링컨은, 제지받지 않은 상태로 내버려 두면, 미국인들의 다수는 미국의 정체가 최고로 실현되는 토대였던 자연권들을 서로 간에 매우 쉽게 부정할 수 있다는 사실을 인식했다.

자유의 두 번째 징표는 사람들이 원하는 방식대로 사느냐 여부를 살펴봄으로써 고찰된다. 아리스토텔레스는 이런 특징을 '자유의 기능'이라고 부른다. 자유의 지지자들은 사람들에게 그들이 원하는 방식대로 살도록 허용하는 것을 모든 것이 허용되어야만 한다는 것으로 잘못 생각한다. 아리스토텔레스는 사람들이 자유를 누리는 방식이 그들이 실제로 자유로운지 아닌지를 나타낼 수 있다고 주장한다. 우리가 원하는 것을 단순히 행하는 것은 자유와 동일한 것이 아니다. 종종, 자유에 대한 그러한 규정은 다른 사람들, 특히 사회적 신분이 낮은 사람들을 해치거나 그들에게서 시민권을 박탈하는 것으로 해석된다. 자유는 사람들이 신분에 관계없이 그들이 원하는 것을 할 동등한 기회를 가질 때 더 잘 특징지어진다고 아리스토텔레스는 논증한다.

아리스토텔레스는 분열된 국가에서 정치적 자유가 실현될 수 있는 수단을 강구한다. 수학적인 성격을 갖고 있는 그의 체계는 소수와 다수 양자에 의해 제안된 정의에 대한 규정을 설명하는 데 적당하다. 소수는 의사 결정이 재산에 근거해서 이루어져야 한다고 주장하는 반면에, 다수는 숫자에 근거해서 결정이 이루어져야 한다고 논증한다. 이런 주장들이 극단화되면, 정의에 대한 두 규정은 불평등과 부정의를 조장하고 정체들을 참주정체로 전락시킨다. 아리스토텔레스가 제안하는 제도에서, 소수와 다수는 공동의 결정을 하기 위해 함께 모이기 전에, 각각 그들 간에 최선의 것을 결정해야 한다. 다수가 소수보다 수가 많기 때문에, 소수에 의한 결정은 그것이 실행되기 위해서는 다수의 의견 중에서 큰 부분에 의해 뒷받침되어야만 할 것이다. 그리고 비록 다수는 소수보다 수가 많을지라도, 그들은 자신들의 정치적 목표에 도달하기 위해서 소수와 제휴하도록 강요될 것이다. 인간의 본성은 가장 합리적인 계획조차도 침해하는 경향이 있기 때문에, 아리스토텔레스는 그의 생각이 너무 쉽게 제안되었다는 점을 인정한다.

VI. 4 - 5

만일 아리스토텔레스가 3장 끝에서 제안한 수학적 논증에 기초한 방침에 따라 정치가 원만하게 작동할 수 없다면, 아마 최선의 대안은 국가에 거주하는 민중의 유형들을 관리하는 것이다. 아리스토텔레스는 최선의 종류의 민주정체는 그것을 구성하는 민중들의 주된 직업이 농사인 사람들로 채워진 정체라고 논증한다. 농민들은 재산이나 여가가 거의 없고, 정치에 참여할 욕망도 거의 없다. 그들은 정치 활동을 하는 것보다 농사일을 더 즐거워하기 때문에, 다른 일들을 처리하기보다는 그들 자신의 땅에서 일하고자 한다. 그리고 민주정체의 정치 사회에서 사는 사람들은 언제나 물질적 쾌락에 의해 타락할 수 있는 가능성이 있기 때문에, 만일 시민들이 자신의 위치를 다른 사람들과 비교하기보다 자신의 일을 한다면 그것은 유익하다. 아리스토텔레스는 민중이 정치적 발언권을 갖고 있으면서도 사회의 통치를 부자나 가장 능력 있는 사람에게 맡긴다면 소수와 다수가 같이 만족할 수 있을 것이라고 상정한다.

차선의 민주정체는 유목민들로 구성된다. 농민들과 마찬가지로, 그들 역시 정치의 일에 본격적으로 뛰어들기에는 직업적으로 너무 바쁘다. 더욱이, 유목민들이 직업적으로 갖고 있는 능력은 정체를 군사적으로 탁월하게 방어할 수 있게 해 준다.

가장 나쁜 민주정체는 많은 여가를 갖고 있으면서도 그들의 시간을 민회에 참석하는 데 사용하고 정치 공동체에서 불화를 야기하는 천박한 사람들로 가득 차 있는 정체이다. 만일 도시의 민주정체에 시골에 사는 더 많은 사람들이 알맞게 섞이지 않는다면, 그것은 빨리 분열될 것이라고 아리스토텔레스는 경고한다.

민주정체의 정치적 지도자들의 과제는 나쁜 유형의 사람들이 너무 비중이 커지는 것을 경계하는 것이다. 왜냐하면 만일 민중이 국가 내에서 가치 있는 혹은 중간 계층의 사람들보다 훨씬 수가 많다면, 결국은 방종함이 정체를 전복시키기 때문이다. 시민권을 갖기 위해 요구되는 조건을 더 엄격하게 유지하고 사회의 더 천박한 사람들에게는 적극적으로 관용을 베풀지 않는 것은 민주정체가 이러한 병폐에 빠지지 않도록 예방하는 데 이바지한다.

여기서 다시 한 번 아리스토텔레스는 국가의 더 천박한 요소들에 의해 정체가 전복될 수 있는 위험성을 인식하는 것이 얼마나 어려운지를 주목한다. 덜 안정적인 민주정체들은 국가의 구성에 관해 주의하는 것 이외에, 지역 연합을 형성하도록 고무하고, 사적이고 시민적인 조직들을 장려해야 하며, 일반적으로 말해서, (미국 헌법의 제정자들이 약 2000년 뒤에 제안할 것처럼) 다수가 사회에 대해 횡포 부리는 것을 막는 데 도움이 되게 정치적 다양화를 주창해야만 한다. 요약해서 말하자면, 만약 모든 것을 용인함으로써 국가 내에 무절제가 발붙일 수 있게 된다면, 민주정체의 지도자들은 모든 것을 용인할 수는 없다고 아리스토텔레스는 논증한다.

아리스토텔레스가 V권 전체에 걸쳐서 권고하는 정신에 따르면, 그는 민주정체나 과두정체를 위해 가장 중요하게 고려해야 할 것은 절제를 통해서 안정성을 도모하는 것이라고 상정한다. 민주정체들이 더 민주정체적이 되고, 혹은 과두정체들이 더 과두정체적이 될 때, 국가들은 고통을 겪고, 때때로 분열된다.

아리스토텔레스 시대의 민중의 지도자들이 그들의 정체를 파괴하는 하나의 방식은 부자로부터 재산을 몰수하여 그것을 다수에게 분배하는 것이다. 그들이 권력을 강화하기 위해서 사용하는 다른 수단은 외국에서의 모험을 통해서 획득한 돈을 민중들에게 배분하는 것이었다. 아리스토텔레스는, 번영하고 있는 정체에서도, 민중이 받는 것에 습관화될 때, 그들은 언제나 더 많은 것을 요구한다고 밝힌다(따라서 아리스토텔레스는 이런 유형의 민주정체의 구조를 '구멍 뚫린 항아리'로서 기술한다). 번영의 이익을 가지고 행해야만 하는 것은 민중이 너무 가난하지 않도록 그들을 뒷받침하는 것이다. 그와 같은 경제 정책은 가난한 사람들에게 일할 수단을 제공하고, 가난한 사람들에게 공적인 재산을 공동으로 사용할 권한을 허용하는 것을 포함하는데, 큰 규모의 외국 식민지를 가지고 있는 민주정체의 경우에는, 가난한 사람들이 부자가 될 수

있는 더 많은 기회를 가질 식민 도시들에 그들을 보냄으로써 그렇게 한
다. 본질적으로, 아리스토텔레스는 민주정체의 지배자들은 민중의 요
구에 굴복함으로써가 아니라 민중을 중산층으로 전환하려는 목적을 가
진 정책들을 시행함으로써 정체를 가장 이롭게 할 수 있다고 충고한다.

VI. 6-7

민주정체가 그 정체 안에 있는 자유를 왜곡하는 요소들을 억제함으로
써 가장 잘 개혁될 수 있듯이, 과두정체는 국가에서 가능한 한 많은 사
람에게 참정권이 주어지는 방식으로 질서를 갖출 때 이익을 본다.

　과두정체들을 생동감 있고 좋게 유지하는 것은 그것들의 조직화에
관한 기술이다. 아리스토텔레스가 여기서 부의 기준에 근거해서 과두
정체와 민주정체를 구분하는 대신에, 과두정체 지배의 좀 더 긍정적인
속성들 중의 하나를 부각시키고 있다는 것을 주목하라. 많은 인구수로
말미암아 (특히 정체의 방어와 관련해서) 이익을 보는 민주정체들과
달리, 과두정체 지배자들은 훌륭하게 압도할 경우 국정을 잘 처리할 수
있다. 아마도 이것은 아리스토텔레스가 이런 관점에서 과두정체에 관
해 논하고 있는 내용의 많은 부분이 군사적 맥락에서 설명되는 이유를
알 수 있게 해 준다.

　군사력의 네 가지 요소인 기병, 중무장보병, 경무장보병, 해군으로
구성된 과두정체들 가운데 가장 강한 정체는 그 국토가 말들을 사육하
기에 적합한 나라이다. 넓은 지방이라는 선결조건은 왜 이런 정체에 사
는 사람들이 전문적인 기병들이 될 수 있는지를 설명해 줄 뿐만 아니
라, 왜 민중들이 그와 같은 넓은 지역에서 모임을 갖거나 혹은 모여서
부자의 지배를 위협할 기회를 거의 갖지 못할 것인지를 설명해 준다.

　과두정체 지배자들이 그렇게 언제나 운 좋게 지역을 차지하지 못할

것임을 전제하고서, 아리스토텔레스는 그들 가운데서 가능한 한 많은 사람들이 중무장보병과 경무장보병 훈련을 받도록 하고 그들의 아들들의 군사적 교육에 유의하도록 권고한다. 일반적으로, 과두정체가 융통성이 많으면 많을수록, 그것이 튼튼하게 될 가능성은 더 커진다.

　아리스토텔레스는, 과두정체 지배자들은 정치 전면에 나설 때 국가를 위해서 거창한 제물을 바쳐 민중의 환심을 사도록 해야 한다고 주장한다. 요컨대, 부자들은 그들이 다수의 행복을 염두에 두고 있다는 것을 다수에게 확신시켜야 한다. 과두정체 지배자들이 그들의 선의를 입증하기 위해 그들의 부를 사용하는 것보다 더 나은 방법이 있는가? 그러나 아리스토텔레스는 그의 시대에 과두정체 지배자들은 고귀한 방식으로 지배하는 것보다는 자신들의 이익을 챙기는 데 더 관심을 갖기 때문에 그런 종류의 어떤 일도 하지 않았다고 언급한다. 정치적으로 훼손되어서, 민주정체화된 과두정체 지배자들은 그들의 가치를 명예보다는 오로지 (금전적인) 수치로만 생각한다.

VI. 8

아리스토텔레스는 VI권 마지막 장에서 국가 내에서 필수적인 공직들에 대해 논의한다. 과두정체 지배자들은 그들의 업무를 잘 배치함으로써 정체를 튼튼하게 할 수 있다는 그의 권고와 일치되게, 아리스토텔레스는 어떤 공직들은 사회 안에 질서를 산출하는 데 도움을 준다고 상정한다. 공직을 고찰할 때 따라야 할 규칙은 나라의 크기를 고려하는 것이다. 대부분의 나라들은 시장, 공공의 업무, 자연 자원, 국고 그리고 공식 기록들을 감독할 개인들을 필요로 한다. 필수적이지만 사람 쓰기가 가장 힘든 공직은 정의를 감독하고 실행하는 공직이다. 아리스토텔레스는 최선의 사람들은 다른 사람들의 사법적 문제들에 관심을 갖는

것을 좋아하지 않지만, 방종한 사람들이 이 공직을 맡지 못하도록 하는
것은 중요하다고 언급한다.

　그가 과두정체의 유지에 관해서 쓴 것과 일치되게, 아리스토텔레스
는 능력 있는 사람들이 군사적 문제를 감독하는 것이 중요하다는 입장
을 밝힌다. 아리스토텔레스는 또한 국가는 그 재원을 종교와 관련된 공
직자들, 건물들, 예배 행사들에도 써야 한다고 충고한다. 정체들이 존
속하기 위해서는 질서를 잘 유지해야만 하기 때문에, 정체들은 국가의
신들에 유의함으로써 공중도덕을 장려해야 한다는 것이 자연스럽게 귀
결된다. 업무 배치의 주제에 대한 아리스토텔레스의 최종적인 언급은
번영하는 국가들은 여자, 아이들, 체력 단련 그리고 디오니소스 제전의
일들을 감독하는 사람을 임명하는 제도에 자주 특별히 관심을 갖는다
는 것이다. 아리스토텔레스는 단지 이것이 이러한 유형의 국가들에 있
는 관습이라고 말하지만, 민주정체들과 과두정체들을 튼튼하게 하는
맥락에서, 소크라테스가『국가』에서 논쟁적으로 취급하는 문제를 논의
하기 시작할 때는 아마도 더 주의를 기울일 것이다.

결론

아리스토텔레스는 자유에 대한 적절한 규정에 도달하고자 시도하면서
VI권을 시작한다. 올바르게 이해된 자유는 국가의 일들에서 가치가 있
는 것에 대한 충분한 참여와 정치적 자유의 과실을 누릴 기회를 장려한
다. 아리스토텔레스는 국가들이 그들의 공직을 올바르게 배치해야 한
다고 당부하면서 VI권을 끝맺는다. VI권의 첫 부분과 끝 부분에서, 아
리스토텔레스는 최선의 민주정체들과 과두정체들이 정체는 자유와 질
서라는 동등하게 중요한 정치적 요구들을 조화시켜야만 한다는 이해를
바탕으로 인도된다고 가르친다. 가장 나쁜 민주정체들과 과두정체들은

가장 나쁜 유형의 참주정체로 변질되는 경향이 있다. 왜냐하면 그것들은 자유와 질서를 엄격히 산술적으로 규정함으로써 ('나의 개성 혹은 부가 나의 장점과 무관하게 평가될 수 있는가?') 자유와 질서 그리고 결국에는 정체 자체에 해를 끼치기 때문이다.

민주정체와 과두정체에 대한 아리스토텔레스의 좀 더 고무적인 서술은 각각의 변형과 혼합을 설명하고, 민주정체와 과두정체의 지배자들이 자유와 질서에 대한 요구 사이의 균형을 유지하려는 그리고 정치적 공동체들 안에서 이들 각각의 필요성을 이해하려는 목표를 갖고서 다스릴 수 있는 가능성을 열어 놓는다. 만일 이것이 옳다면, 아리스토텔레스의 설명은 과두정체와 민주정체는 그 내부적인 요인으로 말미암아 반드시 가장 나쁜 종류의 참주정체로 타락한다는 『국가』에서의 소크라테스 주장에 대해 재검토할 것을 필수적으로 요구한다. 대부분의 현존하는 나라들은 민주정체의 스펙트럼과 과두정체의 스펙트럼 사이의 어떤 지점에 있기 때문에, 아리스토텔레스의 언급 내용은 더 나아가 정치가들은 자유와 질서에 대한 요구 중 어느 하나를 이데올로기적으로 배제하기보다는 둘의 균형을 맞추는 법을 배우는 것이 중요하다는 것을 제시한다.

연구를 위한 물음들

1. Ⅵ권 2장에서 확인할 수 있는 민주정체의 가정, 믿음 그리고 실천들은 무엇인가? 무엇이 이 정체의 규정적 원리로서 간주되는가?

2. 어떤 종류의 정의(正義)가 '민주정체적인 것으로 동의되는가'?

3. 아리스토텔레스에 따르면, 최선의 종류의 민주정체는 어떤 것인가? 그 이유는?

4. 만일 민중이 뛰어난 사람과 중간 계층의 사람들보다 훨씬 숫자가 많

다면 정체에는 무슨 일이 일어나는가? 그 이유는?

5. 민주정체들을 더 민주정체적인 것으로 만드는 그리고 과두정체들을 더 과두정체적인 것으로 만드는 실천 혹은 정책들은 이러한 각각의 유형의 정체들을 보존하는 데 도움이 되는가? 왜 혹은 왜 그렇지 않은가?

6. 아리스토텔레스는 그 시대의 민중의 지도자들은 민중의 사랑을 받기 위해서 무엇을 한다고 말하고 있는가? 두 가지 예를 인용하라. 그는 그들이 행하는 것을 인정하는가? 왜 혹은 왜 아닌가?

7. 민주정체에서 어떤 방식의 지원이 '[속담의] 구멍 뚫린 항아리'와 같은 것인가? 이런 실천은 개선될 수 있을까? 만일 그렇다면, 어떻게 그럴 수 있을까? 만일 그렇지 않다면, 왜 그렇지 않은가? 탁월한 사람들이 그와 같은 개선에서 역할을 할 수 있을까 혹은 그들의 존재가 문제의 근원이 되는가?

8. 어떤 종류의 과두정체가 '이른바 혼합정체에 가장 가까운 것인가'? 그것은 다른 어떤 종류의 정체와 관계되는가? 그 이유는?

9. 말들을 키우는 데 적합한 지역이 왜 강한 과두정체를 확립하는 데 적절한가?

10. 과두정체 지배자들은 공직을 맡을 때 특별히 무엇을 해야만 하는가? 그 이유는?

11. 아리스토텔레스 시대의 과두정체 지배자들은 위에서 언급된 것을 행하는가? 왜 혹은 왜 아닌가? 그와 같은 사람들에 인도된 정체들은 왜 '작은 민주정체들'과 같은가?

12. 모든 국가에 필수적인 공직들 가운데, 어느 것이 가장 필수적이며 또한 가장 어려운가? 왜 그것은 어려운가?

13. 어떤 종류의 공직이 또한 필수적이며 더 많은 경험과 신뢰를 요구

하는가?

14. 국가는 종교적인 공직, 건물들, 그리고 제전들에 재원을 반드시 써야만 하는가?

15. 번영하는 국가들에는 어떤 공직들이 독특한가? 아리스토텔레스는 그것들을 단순히 관찰하는가 아니면 또한 추천하는가?

『정치학』 VII권

입문

VII권은 다섯 부분으로 가장 잘 구분된다. 1-3장에서, 아리스토텔레스는 최선의 삶의 방식을 논의하고, 개인과 국가는 행복하기 위해서 무엇이 선택할 가치가 있는 것인지를 이해해야만 한다고 논증한다. 도입 부분에서 '적극적이고 정치적인 삶의 방식'의 장점에 대한 아리스토텔레스의 탐구는, 그가 VII권 전체에 걸쳐서 정치적 참여에 대한 찬반양론을 지속적으로 재론할 때, 특히 유덕한 인간을 포함해서 논의할 때, 최선의 정체에 대한 전반적인 고찰에서 중추적인 것이다.

정체가 확립되기 위해서 그것은 물질적 토대, 사람들, 영토, 그리고 적절한 지리적 환경이 필요하다. 그러나 아리스토텔레스는 이러한 조건들과 관련된 이익을 얻음으로써 최선의 정체가 행복하게 되는 것은 아니라고 4-7장에서 독자들에게 주의를 준다. 오히려 국가의 행복은 덕의 성취, 시민들의 탁월함에 의해 제공되는 요소들에 달려 있다. 아리스토텔레스는 8-12장에서 국가들이 계층, 직업 그리고 영토에 의해서 구분될 수 있는 방법을 제안한다. 유덕한 사람들은 그들의 노력이 국가의 행복에 가장 많이 기여할 때 그들의 훌륭함의 과실(果實)을 틀림없이 누릴 것이라는 그의 제안이 특히 중요하다. 아리스토텔레스는 또한 장래의 지배자들 간의 평화로운 관계를 유지하려는 희망을 갖고서 권력을 공유하는 제도를 도입한다. 그러나 이 부분 끝에서, 아리스토텔레스는 외적으로 좋은 것들을 사려 깊게 관리해서 국가의 행복을 보장하려는 어떠한 시도도 행운이 외적인 문제들에서 하는 역할을 우리가 인식하지 못한다면 오도된다고 주의를 준다.

13–15장에서, 아리스토텔레스는 어떻게 시민들이 덕을 지니도록 교육받을 수 있는지를 기술한다. 가장 중요한 것으로, 입법자들은 육체, 욕구, 그리고 지성에 관한 것들의 적절한 질서에 대한 통찰을 갖고서 그들의 정치 교육 체계를 조직해야만 한다. 아리스토텔레스는 16–17장에서, 부부 관계, 출산, 그리고 초기 교육에 대해 논의한다.

VII. 1 – 3

아리스토텔레스는 VII권 서두에서 가장 선택할 가치가 있는 삶의 방식을 파악하는 것은 정치학을 공부하는 학생들로 하여금 이상적인 정체를 가장 잘 생각할 수 있도록 해 준다고 논증한다. 아리스토텔레스는 그의 제안에서 가장 선택할 가치가 있는 삶의 방식이 모두에게 공통적으로 최선의 것인지 혹은 개별적인 차원에서 그러한지 하는 문제는 나중의 논의를 위해 남겨 놓는다.

가장 선택할 가치가 있는 삶의 방식을 확립하기 위한 아리스토텔레스의 출발점은 이 세상의 좋은 것들을 세 그룹, 즉 외적으로 좋은 것들, 육체에 좋은 것들, 영혼에 좋은 것들로 구분하는 것이다. 그는 어떤 유형의 좋은 것들이 어떤 범주에 속하는지에 관해서는 의견이 거의 일치하지만, 사람들은 어떤 유형의 좋은 것들이 다른 것들에 비해 가장 바람직한지에 관해 논쟁한다고 주장한다. 아리스토텔레스에게 있어서,

덕에 의해 인도된 삶의 방식이 가장 선택할 만한 가치가 있다는 것은 의심의 여지가 거의 없다. 왜냐하면 사람들은 덕 있는 삶을 통해서 외적으로 좋은 것들과 육체적으로 좋은 것들을 '획득'하고 '보호'할 수 있는 반면에, 외적으로 좋은 것들이나 육체적으로 좋은 것들은 덕과 연관된 행복을 낳을 수 없기 때문이다. 아리스토텔레스가 VII권 전체에 걸쳐 사용하는 정형화된 표현으로 말하자면, 유덕한 영혼의 소유는 인간 행복을 위한 최선의 수단을 제공하고 그것을 최선으로 실현하는 반면에, 외적인 것들과 육체적으로 좋은 것들의 소유는 행복을 조장할 수 없으며 때때로 사람들을 혼란스럽게 만들어 최선의 목적을 추구하지 못하게 한다.

기껏해야, 외적인 것들은 유용한 도구들이다. 그러나 대부분의 사람들은 외적인 것들의 축적을 행복과 잘못 동일시한다. 이런 잘못된 생각으로 말미암아 사람들은 덕을 추구하는 대신에 소유물을 획득하려고 하기 때문에 최선의 삶을 선택하지 못하게 된다. 아리스토텔레스는 모든 도구와 마찬가지로, 외적인 것들은 그것들의 한계를 갖고 있으며, 과도하게 소유할 때 문제를 야기한다는 입장을 밝힌다. 영혼은 아무리 덕이 많아도 문제가 될 수 없는 반면에, 육체적인 그리고 외적으로 좋은 것들의 지나친 소유는 인간으로 하여금 최선의 삶을 추구하지 못하게 할 수 있다. 더 나아가, 아리스토텔레스는 그의 독자들이 외적인 것들, 육체적으로 좋은 것들, 그리고 덕의 가치를 이들 상호관계를 통해서 판단하도록 간청한다. 그렇게 함으로써, 사람들은 이러한 다른 것들을 소유하는 것보다 덕 있는 사람이 되는 것이 더 나을 뿐만 아니라 각각의 것들의 상대적 가치의 차이가 놀랄 정도로 크다는 것을 인식할 수 있다고 아리스토텔레스는 상정한다. 아리스토텔레스는 이런 주장의 가장 명확한 증거는 신들은 이러한 어떤 것들도 소유함이 없이 '행복하고 복 받은' 이들이라는 사실을 인식할 때 확보된다고 주장한다.

　최선의 삶의 방식은 사람이나 국가에 있어서 동일하다. 아리스토텔레스는 이 점을 주장하기 위해서 아이러니하게도 부의 소유를 사용한다. 그는 부를 척도로서 사용하는 사람들은 부가 국가와 사람에게 똑같이 가치가 있다고 판단한다는 것을 논증한다. 그러나 그의 예는 대부분의 사람들이 개인과 국가의 행복을 측정할 때 같은 기준을 사용한다는 것을 단순히 입증할 뿐이다.

　개인과 국가는 덕 때문에 행복하게 된다고 어떤 사람들이 주장한다는 것은 참일 수 있지만, 1장에서 아리스토텔레스는 대부분의 사람들은 행복을 육체적인 혹은 외적인 것들의 소유에 의해서 판단한다고 제시한다. 이와 같이 아마도 덕 있는 국가가 행복하다는 것은 거의 틀림없지만, 일반적으로 정치에 관심 있는 청중은 그 이상의 확신을 필요로 한다. 왜냐하면 이 지점까지 아리스토텔레스의 분석은 독자들에게 대부분의 사람들은 이 문제를 올바르게 판단할 수 있으며 그들 자신과 국가를 덕 있는 삶에 맡길 수 있다는 것을 거의 확신시키고 있지 못하기 때문이다.

　이것은 아마도 왜 아리스토텔레스가 다른 탐구로, 즉 덕을 동반한 삶이 가장 선택할 만한 가치가 있는 삶의 방식이라고 믿는 사람들은 그런 삶이 일차적으로 정치적인 것인지 혹은 철학적인 것인지에 동의하는지 아니면 동의하지 않는지에 대한 탐구로 전환하는지를 설명해 준다. 그의 시대나 이전에 살았던 '덕을 가장 열망하는' 사람들은 이 문제에 대해 다르게 대답하기 때문에, 아리스토텔레스는 개인과 국가에 있어서 선택할 가치가 있는 것을 잘못 판단하는 사람들의 의견으로부터 논의 방향을 바꾸기 위해서 그들의 경쟁적인 논증들을 사용한다. 동시에, 덕 있는 사람들이 가장 선택할 만한 가치가 있는 삶의 방식을 어떻게 생각하는지를 밝히는 것은 아리스토텔레스로 하여금 행복은 우리의 육체적 욕구를 만족시키거나 외적인 것들을 축적함으로써 생긴다는 통속적인 논증을 비판할 수 있게 해 준다.

덕 있는 사람의 적극적인 삶에 찬성하거나 반대하는 사람들 간에 논쟁의 중심적인 문제는 세상에 '남자다운' 참여가 우리의 덕의 사용을 방해하는지 혹은 보완하는지 하는 것이다. 남자다움의 지지자들은 정치적 삶에 뛰어듦으로써 사람들에게는 그들이 덕을 찬양할 수 있는 더 큰 무대가 주어진다고 논증한다. 그들은 만일 덕 있는 삶이 가장 선택할 가치가 있는 삶이라면, 덕과 사람들 자체의 이로움을 위하여 가능한 한 가장 많은 사람들을 정치적으로 참여시키는 것이 왜 나쁘냐는 의견을 제시한다.

적극적인 정치적 참여를 비판하는 사람들은 정치화된 덕은 곧 다른 사람들을 지배하려는 목적의 수단이 된다고 반대한다. 여기서 아리스토텔레스는 공공의 선이라는 미명하에 덕의 타락을 보여 준 실례로서 좀 더 군국주의적인 정체들을 다양하게 언급한다. VII권 끝에서의 그의 논평이 전제된다면, 시민들을 무엇보다도 일차적으로 군국주의적 성격의 덕 개념을 지향해서 교육한다는 이유로 아리스토텔레스가 스파르타의 정체를 비판하고 있다는 것은 특히 흥미로운 일이다.

독자들은 이 논쟁에서 정치적 활동이 다른 사람들을 정복하는 기술로 언제나 발전하는 것인지 여부에 대해 의문을 갖게 된다. 하나의 정치적 기준에 따라서 행동하도록 제약된 사람들은 곧바로 그들의 노력을 인정받으려고 추구할 것이라는 생각은 매우 설득력이 있다. 달리 말해서, 각자의 개인적 행복의 획득은 덕 있는 삶을 살기 위해 충분한가? 혹은 대부분의 개인들은 다른 사람들과 관계해서 뛰어나다는 것을 증명하는가? 만일 승리자들이 대중의 인정이라는 전리품을 얻는다면, 정치적 공동체에는 정복으로서 재규정된 덕의 전리품이 남아 있는가?

아리스토텔레스의 제안은 이러한 비판이 약간 억지라는 것을 제시하는 한편, 정치 전문가는 지배에 있어서 전문가와 같지 않다고 이의를 제기한다. 승객과 환자들은 다른 사람의 지배에 동의하는 것이 그들에게 이롭다는 것을 알기 때문에, 이들은 각각 선장과 의사들을 자발적으로 고용한다. 그리고 만일 정치 전문가가 국가의 행복을 위해서 요구된다면, 덕 있는 사람들이 정치적 과정에 자발적으로 참여해야 한다는 것이 요구되지 않겠는가? 국가의 과제는 정치적 야망을 가진 덕 있는 사람들에게 덕에 대한 가장 탁월한 찬양(그리고 덕의 사용과 연관된 개인적 영광)은 다른 사람들을 노예처럼 지배하는 것이 아니라 자유민들을 다스리는 데서 생긴다는 것을 확신시키는 노력을 해야만 하는 것이다. 용기, 힘 그리고 군사적 기술의 과시는 국가에서 중요한 일이다. 그러나 지배자들은 국가를 좋게 만듦으로써 그들이 국가를 행복하게 만든다는 것을 이해해야만 한다.

아리스토텔레스에 있어서, 전쟁은, 모든 일 중에서 최고의 활동은 아닐지라도, 필수적이고 고귀한 활동이다. 세상은 사람들이 자주 속고 파당을 이루고 누가 지배해야 하는지에 관해 논쟁하고, 일반적으로 말해 서로 간에 정치적으로 투쟁하는 곳이라는 것을 전제한다면, 정치적 지배자들이 상존하는 전쟁의 가능성을 무시할 수 있다고 생각하는 것은 어리석은 일일 것이다. 입법자들은 국가 안에 시민들이 잘 살고 행복하도록 그들을 고무하는 정치적 공동체들을 구축함으로써 내분의 위협을 가장 잘 경계할 수 있다. 더욱이, 입법자들은 어떤 국가도 고립적으로 존재할 수 없다는 것을 인식함으로써 시민들이 특별한 종류의 군사적 훈련을 통해 국가의 경계를 넘어서 충돌할 가능성에 대비하도록 해야만 한다.

이러한 논의는 이웃나라의 사람들에 관해서 입법자들이 어떻게 인도해야 하는지를 언급하게끔 한다. 아리스토텔레스는 덕 있는 사람들이 적극적인 삶을 살아야만 하는지에 관한 이전의 언급 내용에 의거해 이문제에 대한 대답을 구상한다. 덕 있는 사람들은 정치적 공직을 맡아서는 안 된다고 논증하는 사람들은 그들이 정치적 책임감에서 자유로운 것이 더 낫다고 제시하는 것이며, 정치에 참여하는 사람들이 덕을 유지하는 것은 불가능하다고 주장하는 것이다. 정치는 마음을 혼란스럽게 하고 타락시키기 때문에, 그것은 사람들로 하여금 덕 있는 활동을 못하게 만들어서 덕 있는 사람을 노예로 만든다. 국가와 개인을 비교함으로써, 아리스토텔레스가 VII권 전체를 통해서 보여 주고 있듯이, (아마도 무역, 외국으로의 확장 등으로 규정된 의미에서) 너무 적극적인 국가가 그 행복에 지엽적인 문제들로 말미암아 어떻게 그 자신의 행복으로부터 벗어나고 타락할 수 있게 되는지를 이해하는 것은 쉽다.

그러나 행복은 일종의 활동이기 때문에, 아리스토텔레스는 모든 정치적 활동이 타락시키는 것인지를 검토해야만 한다. 만일 정치적 활동이 덕 있는 사람들을 분명히 타락시킨다면, 그들이 다른 사람들과 연관된 모든 활동에서 벗어나지 않을 경우에, 그들은 덕 있는 상태를 유지할 수 없다. 대신에 아리스토텔레스는 정의롭고 절제 있는 사람들은, 그들이 정의롭고 절제 있는 한, 그들 스스로 유덕한 방식으로 정치에 관여할 수 있다고 상정한다. 어떤 것도 정의롭고 절제 있는 사람들을 그들이 지배하는 사람들과 유사하게 만들지 못한다. 덕 있는 사람들은 정치권력을 획득한다 할지라도 덕 있는 상태로 있을 수 있다. 이런 유형의 정치적 활동의 최선의 예는 동등한 사람들이 서로 지배하고 교대로 지배받는 경우이다.

그러나 덕 있는 사람들은 정치적 활동에 참여함으로써 자유롭게 적극적으로 덕 있는 삶을 추구해야 하는 것과 마찬가지로, 그들은 또한 자유롭게 남으로부터 떨어져 초연하게 있어야 한다. 왜냐하면 덕을 동반한 삶은 반드시 다른 사람들과의 관계에 입각한 것은 아니기 때문이다. 때때로 덕 있는 삶은 사고 혹은 탐구에 참여하는 것과 같은 것이다. 인간은 덕 있게 되거나 혹은 행복하기 위해서 반드시 외적으로 행동할 필요는 없다.

　같은 규칙을 정치적 공동체에 적용해서, 아리스토텔레스는 외부의 영향을 받지 않는 국가들이 비활동적인 것은 아니라고 제시한다. 오히려 이런 국가들은 국내의 공동체들 간의 상호관계를 통해 활동하는 것을 선택하고 있을 뿐이다. 국가는 그 시민들의 반성적인 정도에 따라서 공동의 철학적 삶의 방식을 지향해 갈 수 있다. 그러나 스파르타에 대한 아리스토텔레스의 변치 않는 비판이 분명히 보여 주듯이, 외국과의 분쟁으로부터 벗어난 상태는 또한 자유와 덕에 대립하는 일종의 고립을 낳을 수 있다는 것을 주목하는 것이 중요하다.

VII. 4 - 7

가능한 최선의 정체에서 시민들의 양과 질, 영토와 지리적 조건과 관련해서 우리는 무엇을 희구해야만 하는가? 대부분의 사람들은, 현재 분명히 드러나듯이, 우리가 모든 것을 대규모로 희구해야 한다고 대답하지만, 아리스토텔레스는 정체의 가치를 양적으로 판단하는 것에 비판적이다. 시민, 영토, 지리적 조건을 수보다는 능력의 척도를 사용해서 선택할 가치가 있는 것으로 판단하는 것이 더 낫다. 아리스토텔레스는 우리가 절대로 의사(이를테면, 히포크라테스)를 그의 키에 의해서 판단하지 않을 것이라고 쓰고 있다. 그렇다면 왜 우리는 크기를 최선의 정체를 판단하는 결정 요소로서 사용할 것인가?

　아리스토텔레스가 IV-VII권을 통해서 강조하고 있듯이, 대부분의 사람들은 수를 힘과 동일시하기 때문에 수를 셈으로써 정치적 문제에 대한 의견을 형성한다. 좀 더 세련된 정치 사상가들은 더 큰 것이 더 낫거나 혹은 더 나쁘다고 가정하는 대신에, 어떻게 사물들의 성질이 그것들의 기능을 올바르게 이행할 수 있게 해 주는지를 고찰한다. 아리스토텔레스는 수는 문제가 되지 않는다고 암시하고 있지 않다. 더 정확히 말해서, 그는 사물들의 성질이 우리가 그것들을 얼마만큼 희구해야 하는지를 결정한다고 논증한다. 이러한 방향설정을 하고서, 아리스토텔레스는 인구와 영토 등이 얼마나 많아야 좋은 것인지 하는 문제를 취급한다.

　모든 국가는 인구를 필요로 한다. 그러나 국가가 훌륭하게 다스려지려면, 시민들이 법을 지키고 정치적 제도에 참여할 수 있을 정도로 지배자들은 국가의 인구를 관리할 수 있어야만 한다. 아리스토텔레스는 사실상 VI권에서의 그의 제안, 즉 가장 잘 다스려지는 민주정체와 과두정체들은 자유와 질서라는 규정적 원리를 그들의 통치에 융합한다는 제안을 반복하고 있다. 너무 작은 국가는 자신을 방어하기 위해서 요구되는 자유민들을 갖지 못해서 자족적이지 못할 것이다. 너무 큰 국가는 그 지도자들이 시민들에게 명령하고 재판할 수 없을 것이기 때문에 잘 다스려질 수 없게 될 것이다. 아리스토텔레스는 시민의 인구통계학적 구성에 관한 그의 진단을 국가의 이상적 크기와 지리적 위치를 설명하는 데까지 확장한다. 국가는 자유롭게 평화로이 살 수 있을 정도로 충분히 커야 하면서도, 그것은 돌볼 수 있기에 충분할 정도로 작아야 한다. 그것의 위치와 관련해서, 국가는 이웃 나라들과의 상호 교류를 통해 이익을 얻기 위해서 바다에 충분히 인접해 있어야 하지만, 외국의 요인들에 의해 과도하게 영향을 받는 것을 주의해야 한다.

시민의 특성과 관련해서, 아리스토텔레스는 시민들이 기개와 사고 능력과 재능을 겸비하는 것이 중요하다고 제안한다. 북유럽인들은 기개가 넘치고 자유롭지만 무질서하다. 아시아인들은 사고 능력과 재능을 겸비하고 있고 질서가 있지만, 예속적인 삶을 산다. 그리스인들은, 비록 그들 역시 소집단에서는 다른 특성을 희생시키고 하나의 특성만을 구현하는 경향이 있을지라도, 그들만이 기개, 사고 능력, 재능을 소유하고 있어서 다른 사람들과 관련해서 잘 지배하고 지배를 받을 수가 있다. 아리스토텔레스가 그리스인 모두가 정치적으로 통일된다면, 그들은 모두를 지배할 수 있을 것이라는 의견을 제시할 때 그의 말은 약간 예언적인 것처럼 여겨진다. 마케도니아의 알렉산드로스 대왕의 후대 정치적 업적을 제쳐 놓더라도, 아리스토텔레스는 모든 입법자는 그들의 시민들이 이러한 중요한 요소들을 마음속에 혼합해서 지니는 습관을 들이도록 시도해야만 한다는 의견을 제시한다.

아리스토텔레스가 이 대목에서『국가』에서 수호자에 대한 소크라테스의 교육을 언급하는 것은 적절하다. 아리스토텔레스는 전사 계층의 기개는 자기 나라 사람들에게는 상냥한 태도를 취할 수 있다는 소크라테스의 주장에 동의하지만, 그는 그와 같은 사람들이 외국인들과 서로에게 더 분별 있게 행동하도록 교육될 수 있다는 생각을 더 받아들인다. 본질적으로, 아리스토텔레스는 정체를 수호하는 기개 있는 자들이 또한 사고 능력과 재능을 겸비할 수 있다는 예상을 하지만, 이와 같이 해서 그는 아마도 한 정체 내에서 더 큰 세계주의적인 요소(cosmopolitan element)와 더 작은 세계주의적 요소 사이의 싸움을 완화하고 있다.[32]

---

32   역자 주: 소크라테스는『국가』376b–c에서 수호자들은 모르는 사람들에게는 가혹해야 하고, 아는 사람들에게는 상냥해야 한다고 주장한다. 그러나 아리스토텔레스는

VII. 8-12

아리스토텔레스는 인구, 영토, 그리고 지리적 환경에 대한 논의를 제쳐 놓고, 최선의 국가의 참된 징표는 덕을 향한 시민들의 정치적 지향성이 라는 것을 그의 청중들에게 상기시킨다. 국가는 집과 마찬가지로 그것 의 모든 부분이 가능한 최선의 방식으로 서로를 보완할 때 가장 잘 만 들어진다. 국가는 그 정체 안에서 덕을 구현하고 있는 사람들의 수와 그들이 그렇게 할 수 있는 정도에 기초해서 더 잘 혹은 더 못하게 구성 된다.

국가는 식량, 도구, 무구(武具), 세입과 종교적 의식이 필요하다. 그 러나 국가의 행복에서 가장 필수적인 요소는 시민들 사이의 관계에서 무엇이 정의롭고 유익한지에 관한 정치적 판단이다. 8-12장에서 아리 스토텔레스는 앞에서 언급된 필수적인 것들을 전제할 경우에 국가를 가장 덕이 있는 복합체로 구성하는 부분들을 해명하려는 목적을 갖고 서 사회적 계층과 기능에 대해 논의한다.

아리스토텔레스는 최선의 국가에서 시민들은 덕에 대립하는 삶의 방 식을 살아서는 안 된다는 훈계를 하면서 시작한다. 농사일과 같은 어떤 직업들은 국가의 존속을 위해 필요한 것을 제공하지만, 이것들은 국가 를 덕 있게 만드는 것이 주된 관심사인 사람들이 해서는 안 되는 일들 이다.

그러나 군대 통솔과 정치적 지배와 같은 가장 중요한 일들에 관해서,

아는 사람들에게 상냥해야 한다는 주장에는 기본적으로 동의하지만, 모르는 사람들에 게 가혹해야 한다는 주장에는 반대한다. 수호자들은 아는 사람이든 모르는 사람이든 불의를 저지른 사람에게는 가혹하게 대하고 그렇지 않은 사람들은 가혹하게 대하지 않는 분별 있는 행동을 해야 한다. 저자는 아리스토텔레스가 이런 입장을 취함으로써 더 큰 세계주의적인 요소와 더 작은 세계주의적 요소 사이의 싸움을 완화하는 것으로 보고 있다.

아리스토텔레스는 각기 다른 사람들이 그들의 삶의 가장 적절한 시기에 이러한 기능들을 수행할 제도를 제안한다. 힘을 필요로 하는 일들은 젊은이들 중에서 가장 덕 있는 사람들에게, 그리고 정치권력은 나이가 들어 사려 깊게 생각할 수 있는 덕 있는 사람들에게 맡기는 것이 더 낫다. 여기서 다시 한 번 아리스토텔레스는 한편으로는 기개에 대한 요구와 다른 한편으로는 사고 능력과 재능에 대한 요구가 정치 공동체의 이익을 위해 합쳐지는 제도를 구상하고 있다.

그러나 독자들은 이러한 제도가 어떻게 작동할 것인지에 관해 의문을 가질 수 있다. 덕 있는 사람들 가운데 더 기개가 있는 사람들이 고국이나 외국에서 통치권을 추구하는 것을 무엇이 막는가? 기개가 있는 사람들이 나이를 더 먹었을 때 덜 그렇게 될 것이라는 것을 무엇이 보증하는가? 젊은 장군들과 나이 든 통치자들 사이에 동맹이 형성될 수 있다는 것을 상상할 수 없는가? 아리스토텔레스의 제안은 독자들로 하여금 덕과 정치적 활동의 결합의 장점을 다시 생각해 보도록 자극한다.

이 점은 아마도 9-12장에서 아리스토텔레스가 왜 공직의 소유와 연관해 재산의 분배 문제를 많이 고찰하는지를 설명해 준다. 아리스토텔레스는, 『국가』에서의 소크라테스와 달리, 탁월성에 근거해서 재산을 분배하도록 국가에 권위를 부여한다. 천한 자들에게 그들의 자연적 속성을 넘어서서 공직을 부여해서는 안 되는 것과 마찬가지로, 그들은 국가의 가장 중요한 기능들을 수행하는 데 따르는 보상을 공유해서는 안 된다. 아리스토텔레스가 또한 텍스트의 이 부분에서 종교적 제도를 언급하고 있다는 점을 염두에 둔다면, 아마도 노년의 궁극적 보상은 사제로 임명되는 것일 것이다. 이 세상일을 다 마친 사람들이기 때문에, 사제들은 천상의 일을 평화롭게 관조하면서 즐긴다.

이와 같이 최선의 정체에서 사회적 기능들에 대한 논의의 중심적인 문제는 국가에서 누가 무엇을 맡는지 하는 것이다. 국가의 영토 구분과 관련해서 아리스토텔레스는 국가는 네 부분으로 분할되어야 한다고 상정한다. 즉 이것들은 신들에 대한 공공 서비스를 위한 공동 구역, 공동 식사를 위해 사용되는 공동 구역, 도심부에 있는 사유지, 그리고 도시 변경에 있는 사유지이다. 전체에 걸쳐 있는 한 가지 고찰과 좀 더 특수한 두 가지 관심이 국가의 분할에 대한 아리스토텔레스의 제안을 이끈다. 일반적으로, 재산의 모든 분할은 시민의 특성을 염두에 두고서 이루어져야만 한다. 공유지와 관련해서, 시민들은 신들을 위한 그리고 공동식사 비용을 위한 땅에 배속되는 것이 중요하다고 아리스토텔레스는 제시한다. 사유지의 분할과 관련해서 더 중요한 것은 각 시민들에게 도시 안과 변경 지역 모두에 소유지가 할당되도록 해야 한다는 것이다. 아리스토텔레스의 희망은 지리적으로 국가의 다양한 부분에 사유지를 할당함으로써 내분을 막을 수 있다는 것이다.[33]

아리스토텔레스는 국가의 지리적 입지 선정에 관한 다른 대비를 한다. 국가는 태양, 바람, 물의 공급과 같은 자연적 요소들과 관련해서 좋은 자리에 위치해야 한다. 더 나아가, 국가가 외국의 적들로부터 자신을 지키기 위해서 인공적인 성벽을 사용한다 할지라도 그것은 비겁한 것이 아니다. 예상되는 침략자들이 있는 국가의 존속 기반을 보호 수단이 약화시킨다고 생각하기보다는 덕을 보완하기 위해서 기술을 사용하는 것이 더 낫다.

시민들 간의 연대를 발전시키는 문제와 관련해서, 아리스토텔레스는

---

33   역자 주: 이웃 나라와 접경 지역에 사는 사람들과 도시 안에 사는 사람들은 이웃 나라와의 전쟁 위협을 달리 평가할 수 있다. 이에 대해 한쪽은 과민반응을 보일 수 있고, 다른 쪽은 과소평가할 수 있다. 따라서 시민들이 사유지 가운데 일부는 도시 안에, 일부는 접경 지역에 갖도록 함으로써, 시민들의 내분을 막고 연대감을 키울 수 있다.

지배자들이 공공의 광장을 상행위가 금지되고 민중과 농부들 그리고 천한 사람들이 못 들어가는 '자유로운' 시장과 생산자와 소비자가 교환하기 적합하고 편리한 공동 혹은 필수적인 시장으로 구획하는 것이 본질적이라고 상정한다. 자유로운 시장의 목적은 시민들 간에 존경과 경외감을 낳는 도시 안의 장소를 마련하기 위한 것이다. 중요한 공직자들, 사제들과 군인 계층들은 서로 다르지만 높이 평가된 직업을 가진 사람들 사이의 유대를 강화하기 위해서 이 지역을 사용할 것이다. 공동 시장은 도시 안의 다른 모든 필수적인 연대가 이루어질 수 있는 장소로서 이바지할 것이다. 아리스토텔레스는 자유로운 시장과 공동 시장 사이의 분할은 지방에도 똑같이 이루어져야 한다고 덧붙이는데, 이를 통해 그는 다시 한 번 국가의 지리적 배치는 국가에 대한 폭넓은 헌신을 북돋기 위해서 같은 방식으로 이루어져야 한다는 것이 중요하다고 제시한다.

VII. 13 – 15

국가의 영토, 시장 그리고 사회적인 하부 구조를 조직하기 위한 아리스토텔레스의 자세한 계획으로 말미암아 조심성 없는 독자는 그가 국가는 이성적인 정책을 통해서 행복하게 될 수 있다고 생각한 것으로 믿을 수 있다. 그러나 아리스토텔레스는 정치 사상가들에 의해 구상된 최선의 계획들이 단순히 그것들을 종이 위에 적음으로써 실현될 수 있다고 믿는 것은 어리석은 일이라고 그의 청중에게 상기시킨다. 대신에, 그와 같은 배치를 실행하는 것은 그것의 창안만큼이나 기도(祈禱)의 힘을 필요로 하며, 그와 같은 국가의 현실화는 설계보다는 운수에 더 달려 있다.

  그러나 만일 지도자들이 정체로 관심을 되돌린다면, 그것은 정치 공동체를 위해 헛수고하는 것은 아니다. 왜냐하면 정체를 올바르게 질서 지음으로써, 정치적 지배자들은 그들의 나라가 행복하게 될 수 있는 개연성을 증가시킬 수 있기 때문이다. 정체를 올바르게 질서 짓는 일은 기도나 운의 문제가 아니라 국가의 일차적 목적인 행복과 이러한 목적을 실현하는 최선의 수단에 관한 의도적이고 올바른 선택의 문제이다. 아리스토텔레스는 지도자들이 이러한 두 가지 문제에서 자주 잘못을 범한다고 지적하지만, 그는 정치학을 실천하는 사람들이 국가의 행복을 증진하는 정치에 대한 이해를 발전시킬 수 있는 가능성을 남겨 놓는다. 성공하기 위해서, 지도자들은 덕의 실천이 행복을 얻는 데 본질적이라는 것을 마음에 새겨야만 한다. 모든 인간 활동에 동반하는 보상 혹은 고난과 관계없이, 덕 있는 삶은 언제나 행복을 낳는다.

아리스토텔레스가 VII권 서두에서 주목하듯이, 대부분의 사람들은 행복을 외적인 것들을 획득하는 문제로 생각한다. 그리고 이에 맞게 입법자들은 외적인 것들이 현실적으로 구비되고 증대되기를 기원한다. 그러나 국가의 탁월함은, 만일 그것의 탁월함이 시민들의 덕에 의해 측정되는 것이라면, 행운의 문제일 수 없다. 달리 말해서, 입법자들은 시민들을 탁월하게 되도록 인도할 수 있기 때문에, 국가의 행복은 탁월함을 목표로 사람들을 교육하는 그들의 노력에 달려 있다.

국가를 탁월하게 만드는 것은 그 시민들의 탁월함이다. 아주 단순하다. 그러나 아리스토텔레스에 따르면, 시민들은 어떻게 탁월하게 되는가? 그는 시민들이 개별적으로 탁월하게 되는 것이 최선이라고 대답한다. 그는 모든 사람이 그룹으로서 탁월하게 될 개연성을 인정하지만, 개인들이 어떻게 본성, 습관 그리고 이성을 통해서 탁월하게 될 수 있는지 집중적으로 논의한다. 아리스토텔레스는 인간은 본성상 개별적 인간으로서 발달한다는 의견을 제시한다. 사람들은 성장할 때, 그들의 습관은 더 나은 쪽으로 혹은 더 나쁜 쪽으로 그들의 본성에 영향을 미친다. 인간의 삶을 독특하게 만드는 것은 인간은 설득을 통해서 그들의 이성을 사용하도록 가르쳐질 수 있다는 것이다. 이와 같이, 인간은 추론할 수 있다는 것을 전제한다면, 그들을 정치적으로 가르치려고 시도하는 것은 무익한 일이 아니다.

아리스토텔레스가 정치 교육의 주제를 다루는 방식은 정치 공동체가 지배자와 피지배자로 구성되어 있다는 사실로 말미암아 복잡해진다. 정치 교육은 리더십을 요구하기 때문에, 아리스토텔레스는 첫째로 누가 얼마 동안 지배해야 하는가 하는 문제를 고찰한다. 인간들이 신들이나 영웅들과 다른 만큼 그렇게 서로 다르지는 않다는 것을 전제할 경우에, 일반적 규칙은 서로 유사한 사람들은 교대로 지배하고 지배를 받아야 한다는 것이다.

입법자들에게는 운 좋게도, 연장자에 대한 관습적인 존경과 각자 인생에 있어서 나중에 지배할 기회를 가질 것이라는 자각은 연장자들이 젊은이들을 지배하는 체계를 가능하게 한다. 앞서 아리스토텔레스가 덕 있는 사람들에게 다른 역할을 할당했던 경우처럼, 생물학적 나이에 근거한 인간들 간의 자연적 차이는 훌륭하게 되려는 정체를 구제한다. 이와 같이 정치 교육에 대한 아리스토텔레스의 생각은 인간들은 그들이 먼저 지배받아야만 하는 제도 안에서 정치적 야망을 추구할 경우에 최선의 삶을 얻을 수 있다는 전제에 의존한다.

국가의 구성원이 연장자와 젊은이로 구분되듯이, 인간의 영혼 또한 두 부분, 즉 이성과 이성의 지배를 따를 수 있는 부분으로 구분된다. 개인과 "삶 전체"의 구성에 관한 아리스토텔레스의 정치 교육은 결국은 "열등한 것은 우월한 것을 위해 언제나 존재한다"는 단순한 전제로 귀착된다. 만일 사람들이 그들의 영혼 안에서 그리고 사회 안에서 가장 선택할 가치가 있는 요소들이 지배해야 한다는 것을 확신할 수 있다면, 그들은 행복하게 될 기회를 갖게 된다.

정치에 대한 아리스토텔레스의 설명을 통해서 뚜렷이 부각되는 문제는, 일반적으로 사람들이, 그들이 좋은 정부의 문제를 고찰하려고 할 때에도, 가장 선택할 가치가 있는 삶은 확대와 지배 그리고 정복의 삶이라는 논증을 일반적으로 수용한다는 점이다. 스파르타인들의 경우에 가장 분명히 나타나듯이, 아주 이상하게도, 사람들은 지배가 그들을 행복하게 해 줄 것이라고 생각하면서 다른 사람들에 대한 지배를 추구한다. 그러나 아리스토텔레스가 논증하고 있듯이, 열등한 것은 우월한 것을 위해 언제나 존재한다고 논증하는 것은 더 열등한 자의 노예화를 인정하는 것이 아니라 개인들과 정치 공동체 모두에서 사물의 올바른 질서에 대한 이해를 촉진하는 것이다.

아리스토텔레스의 시대에, 젊은이들의 교육 문제에 민감했던 스파르타인들은 훌륭한 입법자의 모델로서 잘못 찬양을 받았다. 왜냐하면 그들은 주변 나라 사람들을 지배할 수 있게 시민들을 준비시키는 것을 추구했기 때문이다. 아리스토텔레스의 대안적 모델은 자유민들이 스스로 지배받고 싶어 할 방식으로 그들을 지배하도록 가르치지만, 다른 사람들을 노예처럼 지배하도록 가르치지는 않는 정치 교육의 형식이다. 스파르타의 모델은 전쟁에서는 효과적임을 입증하지만 평화 시에는 훨씬 덜 효과적이다. 만일 전쟁 자체가 평화를 누리기 위한 수단이라면, 스파르타의 예는 정치적 행복보다는 군사적 성공에만 집중함으로써 어떻게 사람들이 불행에 빠질 수 있는지를 보여 준다.

여기서 1787년에 제정된 미국 헌법 전문(前文)에 대해 언급하는 것이 도움이 될 수 있다. 미국인들은 최선의 방식으로 "자유의 축복을 확보"할 목적으로, 다른 사람들을 지배하기 위해서가 아니라 "국내의 안

녕을 보장하고" "공동의 방위를 도모하기" 위하여 새로운 연방을 형성한다. 미국은 자유와 질서를 고무하는 이성적인 정치 제도의 확립을 통해서 평화의 향유를 지향하는 아리스토텔레스의 정체의 이념을 부분적으로 현실화하고 있다.

아리스토텔레스는 사람들이 행복을 가장 잘 얻을 수 있도록 그들의 법, 우선권, 교육 그리고 경제를 확립할 수 있지만 여전히 정치적 역경을 겪을 수 있다는 것을 인정한다. 어떠한 정치 공동체나 시민도 고립해서 있을 수 없기 때문에, 국가와 개인은 위험이 어떤 순간에도 닥칠 수 있다는 것을 명심하고서 맞서 싸워야 한다. 한편으로는 절제, 용기 그리고 인내의 덕을, 다른 한편으로는 철학과 정의의 덕을 소유하는 것은 최선의 국가와 최선의 사람으로 하여금 좋거나 나쁜 운과 관계없이 행복에 도달할 수 있게 해 준다. 절제, 용기 그리고 인내는 전시에 비겁함과 대항할 필수적인 방어책을 국가와 사람들에게 제공한다. 그리고 철학과 정의는 사람들이 평화 시에 그들의 행복을 누릴 수 있도록 해 준다.

아리스토텔레스는 스파르타의 정체가 그 시민들을 전시에 용기 있고, 절제 있고 활기 있는 상태가 되도록 적절하게 만들었지만, 그들의 여가를 훌륭하게 누리는 방법을 시민들에게 교육하지 못했다고 언급한다. 철학에 의해 보완된 정치 교육이 결여되어 있어서, 스파르타인들은 평화 시에 삶의 탁월한 것들을 훌륭하게 사용하지 못했다. VII권 전체에 걸쳐 아리스토텔레스가 누누이 강조하듯이, 칼로 흥했던 스파르타의 정체는 더 나쁜 것을 더 좋은 것과 구별할 수 없어서 칼로 망했다. 오히려 스파르타인들은 평화 시에 전쟁을 준비하고, 그들의 여가를 군사적인 추구를 위해서만 쓰고, 고립된 정치적 생존을 위하여 이타심을 발휘한다.

중요한 것은, 아리스토텔레스가 스파르타인들의 훈련이 그 자체로 나쁜 것이라고 제시하고 있지 않다는 점이다. 그러나 그가 VII권 앞부분에서 한 구분으로 되돌아가면, 스파르타인들은 그들의 국가에 무엇이 최선인지에 대해 잘못 생각하고 있다는 것이 분명해진다. 즉 그들은 국가의 행복을 증진하기 위해서 육체, 욕구 그리고 이성이 어떤 이치로 감독되거나 교육되어야 하는지 하는 문제를 적절하게 취급하지 못했다. 아리스토텔레스는 사람들은 태어나서 성인으로 성장하기 때문에, 그들의 육체는 영혼에 앞서 돌보아야 하고 그들의 욕구는 지성에 앞서 돌보아야 한다는 의견을 제시한다. 그러나 "열등한 것은 우월한 것을 위해 언제나 존재하고", 물리적 생존이 아니라 이성이 우리 본성의 최고의 목적이기 때문에, 국가의 정치 교육 체계는 덕의 사용을 목적으로 구조화되어야 한다. 그러므로 모든 것은 개인과 국가의 유형의 발달의 개선을 염두에 두고 행해져야만 하지만, 궁극적으로는 철학적 방향설정이 국가가 어느 정도 참으로 축복받은 장소가 되는지 결정할 것이다.

VII. 16-17

VII권에서 아리스토텔레스의 논의는 시민들의 육체를 어떻게 이상적인 상태로 습관을 들이게 할 수 있는지 하는 것에 대한 탐구로 끝난다. 그는 첫째로 출산 시기는 인간 수명을 고려하여 정해져야 한다고 제안한다. 안전한 분만, 혈통의 질, 그리고 공공 관습의 보호라는 견지에서 볼 때, 이상적으로는 30대 중반의 남자들이 18살 정도의 여자들과 그래서 15-20살 정도 나이 차이로 결혼하는 것이 좋을 것이다. 아리스토텔레스는 또한 불구의 아이들을 유기할 것을 제안하고, 어떤 경우에는 낙태를 허용할 것, 그리고 그들의 교육이 "본성에 있어서 부족한 요소를 보충"할 수 있을 나이까지 빈틈없이 지켜보면서 아이들의 음식, 활동, 보살핌을 규제해야 한다고 제안한다.

연구를 위한 물음들

1. 무엇이 가장 선택할 가치가 있는 삶의 방식인가?

2. 가장 선택할 가치가 있는 삶의 방식은 국가와 개인에게 같은 것인가?

3. 가장 선택할 가치가 있는 삶의 방식에 동의하고서도 사람들은 어떤 문제들에 대해 다른 방식으로 대답하는가? 그 이유는?

4. 위 질문과 관련하여 왜 그것은 "진리가 어느 쪽에 있는지에 대해 적지 않은 차이를" 낳는가?

5. 어떤 삶의 방식이 어떤 사람에 의해서 진짜 사람에게는 유일한 것이라고 믿어지는가?

6. 대부분의 사람들에 따르면 무엇이 정치적으로 적극적인 유일한 방식인가? 그들의 국가는 이웃 국가들에 대해 어떻게 관계하는가? 그들의 법의 목표 혹은 방향설정은 무엇인가?

7. 위의 견해에 대해 아리스토텔레스는 어떤 특별한 반응을 보이는가?

8. 이웃 나라의 사람들과 관련하여 입법자들의 책임은 무엇인가? 어떤 다른 책임 혹은 일과 연관해서 그러한가?

9. 아리스토텔레스는 위 3번에서 언급된 문제에 어떻게 대답하는가? 그는 자신의 대답을 뒷받침하기 위해서 어떤 점들을 지적하는가?

10. 그의 대답은 개인과 국가 모두에 적합한가? 설명해 보라.

11. 아리스토텔레스가 4-6장과 11장에서 말한 것에 근거해서, 예를 들어, 미국의 지리적 확장, 그것의 시민 수와 이민 수에 관해 무엇을 말할 수 있는가?

12. 한편으로는 '기개'의, 그리고 다른 한편으로는 '사고 능력'의 긍정

적이고 부정적인 측면들은 무엇인가? 시민들은 왜 양자를 지녀야만 하는가?

13. "여러 종류의 그리고 다양한 국가 그리고 여러 종류의 정체가 있는 이유"는 무엇인가?

14. 국가의 필수적인 구성 요소는 무엇인가? "모든 것 중에서 가장 필수적인 것"은 무엇인가?

15. 최선의 정체에서, 시민들은 어떤 삶의 방식을 피해야만 하는가? 그 이유는?

16. 최선의 정체에서, 같은 사람이 국가를 방어하기도 하고 다스려야 하는가? 설명해 보라.

17. 최선의 정체에서, 영토는 어떻게 구획되는가? 그 이유는?

18. 국가의 행복 혹은 탁월함은 우연에 의존하는가?

19. 무엇이 국가를 탁월하게 만드는가?

20. 어떤 세 가지 요인으로 사람들은 좋고 탁월하게 되는가?

21. 덕에 있어서 동등하거나 유사한 사람들은 어떻게 그들 자신을 지배해야 하는가? 그 이유는?

22. 어떤 자연적 구분이 그러한 지배 방식을 촉진하는가? 설명해 보라.

23. "열등한 것은 우월한 것을 위해 언제나 존재한다"는 아리스토텔레스의 진술을 개인과 "삶 전체"의 구성과 관련하여 설명해 보라. 설명은 정치적으로 상관되는가?

24. 국가에는 어떤 덕들이 있어야만 하는가?

25. 육체, 욕구 그리고 지성은 어떤 이치에 따라 감독되거나 교육되어야만 하는가?

『정치학』 VIII권

입문

『정치학』의 마지막 권이자 가장 짧은 VIII권은 『정치학』의 이전의 많은 부분들처럼 성인 시민의 교육에 관심을 갖지 않고 혹은 일차적으로 관심을 갖지 않고 젊은이들의 교육에 관심을 갖는다. 아리스토텔레스는 그것이 무엇보다도 입법자들의 관심 사항이어야 한다고 말한다. 그래서 『정치학』의 종결 부분은 정치의 초점을 간결하게 그리고 아마도 비타협적으로 확립한다.

이 권은 탁월함의 본성에 대한 일반적 문제로부터 그것을 얻는 수단의 문제로 나아가고, 이것이 여기서 주제의 대부분을 차지한다. 탁월함은 여가를 함축하는데, 아리스토텔레스는 여가에 의해서 단순히 자유로운 시간이나 기분 전환을 의미하지 않고 아마도 교양을 쌓기 위한 활동과 유사한 것을 뜻한다. 왜냐하면 그와 같은 반성적인 활동은 잘 사는 삶뿐 아니라 정치적 덕이나 지배에 본질적인 판단 능력을 함양하기 때문이다. 따라서 아이들의 교육은 그들을 반성적인 인생, 즉 사려 깊은 삶에 다가가게 하고 준비시키는 것이어야만 한다. 이러한 접근과 준비는 주로 음악을 포함한다. 그러나 모든 종류의 음악이 반성을 위한 성향을 함양시키는 것은 아니기 때문에, 초기 교육 프로그램을 만드는 것은 다양한 종류의 음악에 대한 지식과 그것들 각각이 영혼에 미치는 효과에 대한 지식, 달리 말해서 음악적 전문성과 철학을 요구한다. 그렇다면, 추론해 볼 때, 만일 정체의 첫 번째 관심 사항이 아이들의 영혼이어야 한다면, 그 입법자와 지배자들은 음악적 그리고 철학적 영혼을 지녀야만 한다.

VIII. 1 - 4

아리스토텔레스는 한 정체의 문화는 그것의 정치적 구조와 조화를 이루어야 한다 — 예를 들어, 민주정체적 문화 혹은 성품은 민주정체와 조화를 이루어야 한다 — 는 것을 의미하려는 듯이, 교육은 정체를 튼튼하게 하기 위해서 특정한 정체에 고유한 성품을 함양해야만 한다는 것을 언급함으로써 시작한다. 그렇지만, 그는 조화 혹은 정치적 탁월함은 탁월함 자체를 위한 것이어서는 안 된다는 듯이, 더 나은 그리고 너나쁜 성품들이 있다고 언급한다.

그러면, 만일 탁월함이 전체로서의 국가를 위한 목적이라면, 교육은 사적인 것이 아니라 공동의 것, 즉 "모두에게 동일한 것"이어야만 한다.

어떤 종류의 공공 교육이 최선의 것인가? 2장은 교육이 실용적, 도덕적 혹은 지적인 것 중 어느 것이어야 하는지 하는 문제를 제기한다. 달리 말해서, 교육은 훌륭한 시민을 양성해야 하는가 아니면 비범한 인간을 양성해야 하는가? 철학적인 삶의 방식과 정치적인 삶의 방식 가운데 어느 것이 우월한지에 대한 VII권의 논쟁은 적어도 성인의 경우에는 철학 편을 들어 문제를 처리하는 것으로 여겨졌다. 이제 아이들에 초점을 맞추어서, 아리스토텔레스는 그들은 유용하고 필수적인 일들과 기술들을 배워야만 하지만, 자유민에게 적합하지 않거나 혹은 노예적인 것 그리고 그들을 천박하게 만드는 것, 즉 덕 있는 습관이나 행동에 관여할 수 없게 하는 것들이 아니라 자유민에 적합한 것만을 배워야 한다고 말한다. 천박한 활동들은 돈을 받고 하는 일과 닮았다. 왜냐하면 그것들은 아이들이 건강을 해치지 않을 정도로 어느 정도까지 또한 종사해야 하는 '연구' 혹은 '적절하게 이해된 여가'에 정신을 적합하지 못하게 만들어서 정신을 약하게 만들기 때문이다. 즐거움 혹은 덕을 위해서가 아니라 단순히 숙련을 위한 연구는 역설적으로 천박한 활동의 결과를 낳아서 육체를 약하게 하거나 망가뜨린다.

더 구체적으로, 3장은 아이들이 체육 활동뿐만 아니라 쓰는 법과 그리는 법을 배워야만 한다고 우리에게 알려 준다. 체육은 건강과 힘을 유지하게 해 줄 뿐만 아니라 용기를 길러 준다. 초기 교육은 또한 음악을 포함해야만 하는데, 이는 보통 생각할 수 있듯이 단순히 오락이나 휴식을 위해서가 아니라 연구하거나 혹은 여가를 선용할 수 있는 성향을 키우기 위한 것이다.

여가에 대한 논의가 계속되는데, 여기서 관심을 갖는 문제는 아이들의 교육만이 아니라 자유민에게 적합한 활동들에 관한 것이다. 여가 (그리스어로는 'schole'인데, 이 말은 'scholarship'의 어원이다)는 "즐거움, 행복, 복된 삶"을 포함한다. 어떤 목적을 위해서 기도되는 일과 달리 여가는 목적 그 자체이다. 이 점을 현대식으로 표현하자면, 여가는 중간에 휴식을 갖는 노동의 삶에 대한 대안이 된다. 그리고 호메로스의 오디세우스가 권위로서 간주된다면, 음악 — 특히 가인(歌人)에 귀 기울이는 것 — 은 가장 좋은 종류의 여가이다.

아리스토텔레스는 몸 교육이 마음 교육에 선행해야 하며, 습관에 의한 교육이 이성을 통한 교육에 앞서야 한다는 것을 명백한 것으로 선언함으로써 3장을 끝맺는데, 이렇게 해서 4장의 주제인 체육 교육을 도입한다.

체육 교육의 범위와 목적에 대한 주제를 언급하면서, 4장은 VII권 2장에서 정치적 삶의 방식을 주인의 지배(mastery), 통치(domination) 그리고 폭군적 지배(tyranny)로부터 구별한 논의를 상기시킨다. 체조, 스포츠 그리고 다른 종류의 체력 단련은 지나칠 수도 있고 모자랄 수도 있다. 너무 지나치게 그것들을 시키면 성장을 방해하고, 상해를 입히고 공격적이고 싸우는 기질을 키울 수 있는 반면에, 너무 적게 시키면 아이들을 겁 많게 만든다. 오히려 훈련의 목적은 용기와 고귀함이어야만 한다. 즉 싸우려고만 하는 성향이 아니라 명예로운 이유 때문에 싸우려는 의지이어야 한다. 늑대가 아니라 사자의 성향이다. 이와 같이 아리스토텔레스는 잘못 인도된 체력 단련이 젊은이의 몸을 해칠 수 있다고 언급한다 할지라도, 그는 그것이 아이들의 영혼 혹은 성품에 미치는 효과에 초점을 맞추고 있다.

VIII. 5 – 7

5장은 음악을 진지하게 검토한다. 그것의 힘은 무엇인가? 무엇 ─ 놀이, 휴식 혹은 덕 ─ 을 위한 것인가? 만일 덕이라면, 체육이 몸에 영향을 미치듯이 음악은 성향에 영향을 미치는가? (그러나 4장은 체육이 또한 성향에 영향을 미친다는 것을 표명했다) 혹은 음악은 마음에 영향을 미칠 수도 있는가?

다른 문제는 소년들이 실제로 음악을 연주해야 하는지 아니면 단지 듣기만 해야 하는지 하는 것이다. 만일 그들이 연주에 몰두한다면, 그들이 그것을 진지하게 받아들이지 않을 때보다 음악은 더 좋아질 것이다. 그러나 이 논증이 유지된다면, 그들은 또한 요리에도 몰두해야만 한다 ─ 이것은 얼마나 이상한 결론인가! 달리 말해서, 문제는 **음악**을 최선의 것으로 만드는 방법이 아니라 **소년들**을 최선의 존재로 만드는 방법에 관한 것이며, 이것은 음악이 성품 혹은 마음에 영향을 미치는지 하는 것과 같은 문제를 포함한다. 제우스가 시인들을 위해서 리라를 연주하고 노래한다고 암시하는 것은 버릇없는 일일 것이다.[34]

---

34 역자 주: 아리스토텔레스는 아이들이 남이 연주하는 것을 즐기는 대신에 스스로 연주할 필요가 있는지 하는 문제를 제기하면서, 시인들은 제우스가 몸소 노래하거나

이 문제에 대한 대답 속에서, 음악은 마음과 성품을 개선할 뿐 아니라 즐겁게 하는 힘을 가지고 있다는 점이 나타날 것이다. 오락으로서, 그것은 편안하고 그래서 즐거운 것이다. 마음을 개선하는 것은 또한 고귀하면서도 즐거운 것인데, 음악은 이런 특징을 갖고 있다. 따라서 우리 모두는 음악은 가장 즐거운 것들의 범주에 속한다고 주장하고 그것을 사교 모임에서 기대한다. 음악은 배움에 단순히 즐거움을 더해 주기 때문에 음악이 낳는 즐거움은 아이들의 교육에 음악을 포함하는 것을 정당화하는 것처럼 여겨지지만, 음악이 고통을 완화하고 배우는 능력을 발휘하게끔 하는 힘을 갖고 있다는 점이 음악을 교육에 포함시키는 것을 더 잘 정당화해 줄 것이다. 그렇다면 그것은 더욱 거의 필수적으로 동반되어야 할 것이다. 그러나 즐거움을 더해 주든 혹은 고통을 경감해 주든지 간에, 음악은 교육의 목적을 숨기고 있어서 어떤 사람들로 하여금 즐거움을 그것의 목적으로 그리고 삶의 목적으로까지 잘못 생각하도록 이끈다.

더구나, 영감을 불어넣는 음악의 효과로부터 명백히 알 수 있는 것은 그것이 교육을 단순히 보완하는 것이 아니라 교육을 형성하는 것이라는 점이다. 왜냐하면 영감은 성품과 연관된 열정이기 때문이다. 우리의 성품 혹은 영혼에 영향을 끼침으로써, 음악은 판단에 영향을 미치는 힘을 갖는다. 리듬과 선율은 노여움, 침착함, 용기, 절제와 같은 감정이나 마음의 상태를 불러일으키는데, 이것들은 훌륭한 성품과 고귀한 행위들에 대한 우리의 인식과 향유를 방해하거나 촉진한다. 그와 같은 인식과 향유는 실제로 우리를 훌륭하고 고귀하게 만든다.

우리의 영혼에 음악이 미치는 힘의 정도는 다른 지각될 수 있는 것

키타라를 연주하는 것으로 묘사하지 않는다는 사실을 거론한다.

들, 예를 들어, 만질 수 있고, 맛볼 수 있고 혹은 볼 수 있는 것들과 비
교할 때 더 명백해진다. 이러한 것들 가운데, 단지 가시적인 것들 — 형
태와 색깔 — 만이 성품이나 성향을 나타낼 수 있다. 여기서, 5장 중간
부분에서, 아리스토텔레스는 다음과 같은 두 가지 요점을 구분하면서
도 융합하고 있다. 한 가지는 우리의 감각에 영향을 미치는 것들이 성
품이나 성향을 묘사하는 능력과 관계된다. 토끼의 부드러운 털과 레몬
의 신맛은 성품의 성질이나 특성을 나타내지 않는 반면에, 스케치, 회
화 혹은 조각은 이를테면, 용감함, 동정심, 분노, 위엄 혹은 기만을 나
타낼 수 있다. 그러나 용감한, 동정적인, 분노하는 혹은 사악한 사람들
에 대한 묘사가 용감함을 북돋우고, 동정심을 일으키고 분노를 야기하
거나 나쁜 일로 유혹하지는 않는다. 즉 우리의 성향을 바로 변화시키지
는 않는다. 적어도 음악이 할 수 있는 정도로 그렇게 하지는 못한다고
아리스토텔레스는 덧붙인다. 이로써 두 번째 요점이 드러난다. 즉 (들
을 수 있는) 소리와 비교해 볼 때 (볼 수 있는) 이미지들 또한 성품의
특성을 묘사하는 능력이 우리의 마음을 움직이는 그것들의 능력과 관
계가 없는 것은 아니라는 사실을 보여 준다. 우리가 그와 같은 성질이
나 특성을 느끼면 느낄수록 우리는 더욱더 그것들을 파악하고, 인지하
고 혹은 '얻게 된다'. 그리고 우리는 모습보다는 소리를 통해서 그것들
을 더 느끼게 된다. (따라서 음악을 듣는 경험을 강화하기 위해서, 듣
는 사람은 때때로 눈을 감아야 한다.) 그렇지만 회화와 조각은 아이들
에게 어느 정도 영향을 미칠 수 있기 때문에, 그들에게 노출되는 이미
지들은 훌륭한 혹은 고귀한 행동들과 성품을 묘사해야만 한다. 그럼에
도, 그들의 마음을 더 움직이는 것, 즉 그들이 듣는 음악의 종류에 가장
주의를 기울여야만 한다.

　그래서 아리스토텔레스는 5장 끝에서 고대의 수많은 음악의 선법(旋

法) 혹은 스타일을 분석한다. 특히 혼성 리디아 선법, 도리아 선법, 프리기아 선법을 분석한다. 첫 번째 것은 듣는 사람들을 슬프거나 고통스럽게 만들고, 두 번째 것은 차분하고 침착하게, 그리고 세 번째 것은 열광적이고 열정적이게 만든다. 음악은 영혼을 움직이는 힘을 갖고 있고, 그 자체로 즐거움을 주는 것이기에 아이들의 교육을 위해 적합하다. 왜냐하면 아이들은 그들을 즐겁게 해 주지 않는 것을 받아들이지 않기 때문이다.

아이들은 연주나 노래를 실제로 해야 하는지 아니면 단지 음악을 듣기만 해야 하는지 하는 문제를 언급한 뒤, 6장은 전자를 옹호하는 두 가지 논증으로 시작한다. 능동적인 참여는 그들이 음악을 더 잘 판단할 수 있도록 해 주며, 또한 열중할 필요가 있는 아이들을 열중할 수 있게 해 주기 때문이다. 아리스토텔레스는 이 논증들을 결정적인 것으로 간주하고, 단지 어느 나이에 아이들이 악기를 연주하고 노래를 해야 하는지 하는 문제만을 곧바로 제기한다. 목적은 판단 능력의 함양이기 때문에, 연주하고 노래하는 것은 어린 나이에 이루어져야만 한다. 일단 판단 능력이 함양되면, ― 예를 들어 고귀한 곡조를 광적인 것과 구분할 수 있는 능력은 정치적 덕을 위한 토대가 되기 때문에 ― 젊은이들은 음악 교육을 그만 받을 수 있다. 음악 교육을 연장하거나 솜씨를 늘리려고 하는 것은, 힘과 체력을 필요로 하는 군사적 그리고 정치적 노력을 포함하는 다른 활동들에 종사하는 우리의 능력을 위태롭게 한다. 따라서 아이들의 음악 교육은 전문적인 성과를 목표로 해서는 안 된다. 그들은 경연에 참가해서도 안 되고 경연하면서 생겨난 기발한 연주 묘기를 시도해서도 안 된다. 동시에, 입증되었듯이, 아이들은 음악을 단순히 즐겨서는 안 된다. 그들은 예능인이 되지 않고서도 좋은 음악을 인식하고 평가할 수 있는 법을 배워야 한다.

음악을 올바로 평가하고자 하는 목표는 좋은 음악적 감각을 함양하지 못하는 악기들, 특히 아울로스(aulos)와 현악기들을 아이들의 교육에서 배제할 것을 요구한다. 아울로스로 부는 음악은 흥분시키는 경향이 있어서 교육적인 효과보다는 감정의 해소를 추구하는 드라마의 공연에만 적합하다. 또한 아울로스를 불면서 노래를 할 수는 없다. 아울로스에 대한 열광은 모든 예술과 지식을 가리지 않고 추구한 것이 특징이었던 그리스에서의 여가 증대에서 비롯되는데, 이 열광은 덕의 함양을 위해 아울로스가 적합하지 못하다는 것을 경험적으로 알게 된 이후에 사라졌다. 현악기들도 유사한 역사를 갖는다. 전설에 따르면, 아테나 여신은 그녀가 발명한 아울로스가 그것을 불 때 그녀의 얼굴을 보기 싫게 만들기 때문에 그것을 던져 버렸다고 한다. 그러나 아리스토텔레스는 아울로스 연주가 정신에 도움이 되지 않기 때문에 그녀가 그렇게 했으리라고 보는 것이 더 그럴듯하다고 말한다. 분명히 아울로스와 현악기들에 대한 연주 요구, 기술적 숙련, 육체적인 손재주는 음악 자체에 대한 올바른 평가를 방해한다.

이 권의 마지막 장은 어떤 종류의 선법과 리듬이 교육에 적합한지 하는 문제를 취급하면서, 이에 대해 자세한 대답을 원하는 사람들은 음악과 철학에서의 전문가들을 참고하게 하고, 단지 실제로 인정된 구분을 확인하고 일반적 논의만을 하고자 한다고 선언한다.

실제로, 철학자들이 선율을 세 가지 범주로 구분한 것은 음악의 사용을 안내해 준다. 이런 구분에 따르면, 선율은 성품, 행동 혹은 열광에 관계하고, 각각의 종류는 세 가지 목적, 즉 교육, 감정의 정화, 휴식 중의 하나에 이바지한다. 어린아이들을 위해서는 음악은 그들의 교육에 초점을 맞추어서 성품을 가장 잘 표현하는 선율을 사용해야만 한다. 대조적으로, 성인 시민들을 위한 드라마 공연에서의 합창은, 그들의 감정

정화 혹은 정서적 이완에 초점을 맞추어서, 행동과 열광을 불러일으키는 선율을 사용해야 한다. 예를 들어, 합창은 청중에게 연민과 공포를 일으켜서, 그들의 감정을 정화해서 그들을 평온하게 한다. 그와 같은 이완은 해(害)가 없는 즐거움이다. 단순히 즐거움, 오락 혹은 휴식을 목표로 하는 음악은 품팔이꾼, 직공 등과 같은 사람들을 포함하는 교육 받지 못한 청중들에게만 사용해야 하는데, 이런 음악은 관람객들의 영혼이 왜곡되어 있듯이 그 선법들이 왜곡되어 있고, 지나치게 긴장되고 과장된 선율로 구성되어 있다.

그러므로 『국가』의 소크라테스는 교육을 위해서 도리아 선법과 더불어, 반음계의 프리기아 선법을 추천해서는 안 되었다. 프리기아 선법은 도취하고 격정에 빠지게 하기 때문에 아울로스와 마찬가지로 듣는 사람을 흥분시킨다. 대조적으로, 장중한 도리아 선법은 용기를 고취한다. 따라서 디오니소스 신에 대한 찬가들은, 고대의 디티람보스가 그러하듯, 도리아 선법을 사용할 수 없다. 이 점은 필록세노스의 『미시아인들』의 작곡 실패가 잘 보여 주고 있다.[35] 그렇다면, 다른 선법들에 비해, 도리아 선법은 양극단 사이의 중간에 위치하고 있어서 아이들 교육에 가장 적합하다.

연구를 위한 물음들

1. 아이들을 위한 훌륭한 교육의 구성 요소들은 무엇인가? 그 이유는?
2. "여가"란 무엇인가?
3. 4장에서의 체육 교육에 대한 논의는 VII권 2장에서의 정치적 삶의

---

35 역자 주: 필록세노스(philoxenos)는 키테라 출신의 디티람보스 시인(기원전 435–380)인데, 그는 『미시아인들』이라는 이름의 디티람보스를 도리아 선법으로 작곡하려다 실패하고, 이런 찬가에 더 적합한 프리기아 선법으로 돌아갔다고 한다.

방식에 대한 논의를 어떻게 보완하는가?

4. 교육은 "음악"을 포함해야 하는가? 어떤 종류의 음악인가? 그 이유는 무엇인가?

5. 학생들은 음악을 연주해야 하는가, 그것을 듣기만 해야 하는가 아니면 둘 다 해야 하는가? 그 이유는?

수용과 영향

입문

아리스토텔레스의 동시대인들은 『정치학』의 정치 해설에 대해 어떻게 반응했으며, 그의 계승자들은 이 책이 나온 이후에 세기를 거치면서 그것에 어떻게 반응했는가? 이 장은 이러한 문제들을 다룬다.

  아리스토텔레스의 정치적 견해 중 특히 세 가지 측면은 그 시대의 지배적인 견해에 도전한다. (1) 국가는 자연적인 것이며 그 목적을 달성하기 위하여 인간에 의해 변화될 수 있다는 그의 주장은 국가는 신들의 선물이며 그래서 그것의 운명은 신들에게 종속되어 있다는 견해에 도전했다. (2) 국가의 기능은 덕의 증진이라는 아리스토텔레스의 주장은 그것의 기능은 자유를 극대화하는 것이라는 민주정체에 대한 아테네인들의 견해에 도전했다. 그리고 (3) 국가는 (덕의 추구의 한 조건인) 평화를 위해서만 전쟁을 해야 한다는 그의 견해는 국가는 승리와 정복을 위해서 전쟁을 해야 한다는 고대의 견해에 도전했다(달리 말해서, 아리스토텔레스는 남자다움에 대한 전통적인 견해를 재고(再考)했다). 따라서 그리스 국가들의 지속적인 전쟁에 반대를 하고 새롭게 일어난 '정적주의' 운동(Quietist movement)을 조직했던 그의 동시대인들은 그의 견해를 환영한 반면에, 다른 사람들은 이런 견해들로 말미암아 혼란을 겪었다.[1]

I. 마르쿠스 툴리우스 키케로(Marcus Tullius Cicero: 기원전 106－43)

기원전 384년 아리스토텔레스의 죽음과 기원전 1세기 중반 키케로 작품들의 출현 사이에, 정치철학의 발전은 중단되었거나 혹은 단편적인 논의들만이 있었다. 이러한 휴지기는 키케로의 기여를 더욱더 가치 있는 것으로 만들고 있다. 왜냐하면 키케로는 그 기간에 — 기독교 시기 이전의, 헬레니즘 시대로서 알려졌으며 그리스의 이념으로부터 로마의 이념으로 넘어가는 3세기 동안 — 이루어졌던 사상들의 움직임을 모으고 세련되게 하고 확장하는 데 기여하고 있기 때문이다.[2] 키케로는 또한 그가 아리스토텔레스 저작들을 부흥시키는 데 했던 주목할 만한 역할 때문에도 중요하다.[3] 정말로, 그의 저작 『의무론』 서두에서, 키케로는 그에 대한 이 철학자의 커다란 영향을 인정한다. 아테네에서 가정교사의 지도하에 있던 그의 아들 마르쿠스의 성장에 관해 염려하면서, 키케로는 마르쿠스에게 자신의 저작들을 추천하면서 다음과 같이 말한다. 그것들은 "소요학파의 저작들과 크게 다르지 않다. 왜냐하면 그들과 나는 소크라테스와 플라톤의 추종자가 되기를 열망하기 때문이다. 너는 나의 강요 없이 그 내용에 대해 스스로 판단해야만 한다."[4]

　　키케로는 아리스토텔레스의 "지식의 놀라운 폭"에 대해 찬탄하면

1　L. B. Carter, *The Quiet Athenian*, Oxford : Clarendon, 1986을 참조하라.

2　Sabine, George Holland and Smith, Stanley Barney, 'Introduction'. In Cicero, Marcus Tullius. *On the Commonwealth*. Indianapolis : Bobbs–Merrill Educational Publishing, 1976. 39–40쪽.

3　P. G. Walsh는 다음과 같이 주목한다. "아리스토텔레스와 그의 계승자 테오프라스토스 사후에 소요학파의 영향력은 거의 2세기 동안 쇠퇴했고, 로도스의 안드로니코스의 영향하에 기원전 1세기에 새롭게 힘을 얻었다. 아리스토텔레스의 저작은 이 시기에 세상에 알려지게 되었고, 『니코마코스 윤리학』은 경쟁 학파들 간에 '최고선'에 관한 논쟁을 자극했다." 'Introduction to Cicero', *On Obligations*, trans. P. G. Walsh. Oxford University Press, 2000. xxxi쪽.

4　같은 책, 1. 2.

서,[5] 그 자신의 『수사학자』에서 수사술에 대한 아리스토텔레스의 견해
를 매우 높이 평가하고, 그의 『수사학』과 『토피카』를 여러 번 인용한
다.[6] 그럼에도 키케로는 철학과 대중 연설의 기술을 엄격하게 구분할
때는 전체적으로 철학을 비판한다.

"[철학자들]은 학자들과 대화를 하는데, 그들은 이들의 마음을 움직이기
보다 진정시키는 것을 더 좋아한다. 그들은 마음을 사로잡기보다 가르치
려는 목적을 위해 자극적이지 않고 논쟁적이지 않은 주제들에 관해 이런
방식으로 대화를 한다. … 예의 바르고 학구적이어서 … 그들의 스타일은
공공 생활에서 훌륭한 연설을 위해 필요한 활력과 자극성을 결여하고 있
다. 그들은 대중의 변덕스러운 생각을 사로잡을 단어나 구절들을 갖추지
못하고 있다. 그것은 운율에 맞게 배열되어 있지 않고, 구조적으로 허술하
다. 그 안에는 노여움도, 미움도, 사나움도, 격정도, 영리함도 없다. 그것
은 순결하고 순수한 그리고 얌전한 처녀라 불릴 수 있다."[7]

그렇다면 놀라운 일은 아니지만, 키케로는 수사술에 대한 그의 평가
와 일치되게, 아리스토텔레스와 달리 철학적 덕 대신에 정치술을 최상
의 것으로 평가한다.[8] 정치가는 최선의 정부 형태, 즉 군주정체, 귀족정
체, 민주정체의 복합체 안에서 최고의 덕을 발휘한다. 『공화국에 대하
여』 그리고 『법률』이란 제목의 두 대화편에 제시된, 국가와 정치술에
대한 키케로의 이론은, 정치철학의 방향을 바꾸고 있는, 위에서 언급된

---

5   *Orator*, trans. H. M. Hubbell. Cambridge: Harvard University Press, 1988. 5
쪽.
6   같은 책, 46, 114, 172, 192, 194, 214, 218, 228쪽.
7   같은 책, 62–4쪽. 나는 구절의 순서를 약간 변경했다.
8   *On the Commonwealth*, 106쪽.

헬레니즘 시대 사상들의 움직임을 특히 반영한다고 볼 수 있다. 왜냐하면 완전한 정치가 혹은 왕은 신의 행위를 본받아 행위하고 법을 구현하며, "참된 법, 즉 올바른 이성은 … 자연에 일치하는 것이며, 모든 사람에게 적용되는 것이고 불변하고 영원한 것이기 때문이다."[9]

만일 지배자들이 공리주의적인 입장이나 다른 고려 사항에 우선권을 부여하지 않고 올바른 이성에 따라서 공평무사하게 다스린다면, 국가는 모든 인간성에 공통적인 정의의 보편적인 원리를 구현할 것이다. "그것은 로마에 하나의 규칙을 그리고 아테네에는 다른 규칙을 정하지 않을 것이며, 오늘 하나의 규칙을 정하고 내일 다른 규칙을 정하지도 않을 것이다. 모든 사람을 언제나 구속하는 영원하고 불변적인 하나의 법칙이 있을 것이다."[10] 이 점에 있어서, 국가에 대한 키케로의 개념은 정치적 자유주의의 본질적인 도덕 개념에 기초한 보편적 사회의 이념을 앞서 보여 주고 있다.[11]

그러나 신과 같은 보편적인 규칙의 요구에 부응하는 정치가들은 신 자체를 믿을 필요는 없지만, ― 그들은 키케로처럼 회의주의자일 수 있다[12] ― 그들은 나라에 대한 명예와 의무를 믿을 필요가 있다. 정말로, 『의무론』에서, 키케로는 명예는 유일한 혹은 최고의 선이라고 결론짓

---

9 *On the Commonwealth*. 'Introduction'. 95, 215쪽. 이 작품은 대화편이고 대화자인 Laelius가 이 주장을 하기 때문에, 그것이 키케로 자신의 견해를 표명하고 있다는 확실성은 있을 수 없으나 논증의 논리는 이 언급이 지배적인 견해, 그래서 아마도 키케로와 같은 견해를 구성한다는 것을 보여 준다.

10 같은 책, 216쪽.

11 같은 책, 38, 99쪽. 그렇다면, Sabine와 Smith에 따를 때, "우리는 국가에 대한 키케로의 개념은 아리스토텔레스가 그렇게 심오한 분석을 했던 도시 국가와 카라칼라의 칙령(The Edict of Caracalla)이 상징하고 있고 표명했던 세계 국가 사이의 중간 단계를 특징짓는다고 정당하게 주장할 수 있다."

12 같은 책, 231쪽 주 31.

고, 지지를 위해 아리스토텔레스에 호소하고는, 명예를 유용성과 연관
시킨다.

"만일 우리가 명예로운 것을 신봉하도록 태어났다면, 그리고 이것이 (제
논이 생각했듯이) 우리의 유일한 추구이거나 혹은 적어도 (아리스토텔레
스가 논증하듯이) 그 밖의 모든 것보다 헤아릴 수 없이 더 큰 무게를 갖는
것으로 간주되어야만 한다면, 필연적인 결론은 명예로운 것이 유일한 혹
은 최고선이라는 것이다. 이제 선한 것은 확실히 유용한 것이며, 그래서
명예로운 것은 어떤 것이든 유용한 것이다."[13]

더구나, 아리스토텔레스처럼, 키케로는 인간의 법은 시민들 간의 명
예뿐만 아니라 그들의 행복 추구를 장려해야 한다고 믿었다.[14] 그래서
키케로는 아리스토텔레스적인 어떤 가치를 유지하는 한편, 정치철학
을, 이를테면 자연법과 신성한 권리와 같은 후대의 발전을 향해 나아가
게 했다.

II. 성 아우구스티누스(Saint Augustine: 354 – 430)

최초의 주목할 만한 기독교 정치사상가인 히포(Hippo)의 주교 성 아우
구스티누스는 플라톤의 편을 들며 아리스토텔레스의 견해를 부정했다.
그의 대작 — 천 페이지가 넘는 저작 —『신국론』에서, 그는 단지 한 단
락만을 아리스토텔레스에게 할애했고, 애매한 칭찬만을 했다.

---

13   *On Obligations*, 3.35; 또한 Sabine and Smith, 'Introduction'. 참조. *On the Commonwealth*, 98-9쪽.

14   *On the Commonwealth*, III. Sabine와 Smith는 "단순한 공리주의적 견해에 대립
하는, 국가의 최고의 윤리적 기능에 대한 믿음은 스토아학파와 에피쿠로스학파 사이
에서 중요한 문제였다"고 주목한다(231쪽 주 11).

"내가 다른 모든 사람보다 플라톤주의자들을 선택한 이유는, 특히 그들이 누리는 평판과 명성이 하늘과 지구의 창조자인, 하나의 신에 대한 그들의 개념의 우월성에 비례하기 때문이다. 후대의 판단은 그들을 다른 철학자들보다 훨씬 높게 평가한다. 어느 정도로 뛰어난지는 후속적으로 일어난 일을 통해 밝혀진다. 아리스토텔레스(플라톤의 제자이며 탁월한 천재이고, 문학적 스타일에 있어서는 플라톤과 비교가 안 되지만 일반적인 수준보다는 훨씬 높은 인물)는 '소요학파'(이 이름은 논의하는 동안에 걸어 다니는 그의 습관에서 유래했다)라고 불리는 학파를 창시했고, 그의 뛰어난 평판에 힘입어, 그의 스승이 생존하고 있을 때조차도, 수많은 제자들을 그의 학파에 끌어들였다. 플라톤 사후에, 그의 조카 스페우시포스와 그의 수제자 크세노크라테스가 아카데미아라 불렸던 그의 학원을 계승했다. 그래서 그들과 그들의 계승자들은 '아카데미아학파'라 불렸다. 그럼에도, 최근의 가장 주목할 만한 철학자들은 '소요학파'나 '아카데미아학파'란 명칭을 거부하고, '플라톤주의자들'이라고 불리는 것을 선택했다."[15]

아리스토텔레스에 대해서는 이 정도로 그친다!

III. 알파라비(Alfarabi: 870 – 950), 아베로에스(Averroes: 1126 – 1198) 그리고 마이모니데스(Maimonides: 1135 – 1204)

성 아우구스티누스와 마찬가지로, 이슬람교와 유대교의 중세 정치 철학자들은 그들의 종교적 공동체 안에서 그리스 철학의 출현에 의해 제기된 문제, 즉 한편으로는 신성하게 계시된 법과 신앙의 요구들과, 다른 한편으로는 이성과 철학적 탐구의 요구들 사이의 적어도 외견상의

---

15 St Augustine, *Concerning the City of God against the Pagans*. Trans. Henry Bettensen. London : Penguin Books, 1984. 315–16쪽.

충돌의 문제에 부딪혔다. 그러나 그들 모두가 성 아우구스티누스가 했던 것처럼 철학을 신학의 시녀로, 즉 이성의 힘이 약하다고 가능한 한 전제하고, 전능한 유일신, 그분의 길, 그리고 예수 그리스도에 대한 신앙을 통해서 그분에 이르는 길을 분명히 하고 설명하는 수단으로 만듦으로써 충돌을 해소하지는 않았다. 정말로 비-서구권의 어떤 사상가들은 충돌을 의미 있는 것으로 보았고 유일한 해결책은 하나가 다른 하나를 지배하는 것이라고 생각한 반면에, 다른 사람들은 그것을 사소한 것으로 보았고 그것들의 융합이 가능하다고 생각했다. 따라서 그들은 특정한 종교와 인간의 정신에, 그리고 마찬가지로 신적인 권위와 관습적인 권위에 동시에 헌신하는 실천적 어려움을 다른 식으로 평가하였다.

이 논쟁에 기여했던 비-서구권 사상가들은 그 과정에서 또한 아리스토텔레스 철학의 부흥에 기여했다. 그러나 대부분의 경우에, 그들은 법, 정의, 정부와 같은 정치철학의 일반적 주제들에 대해 체계적인 논문을 쓰지 않았고, 논리학, 형이상학, 윤리학에 대한 아리스토텔레스의 저작만큼 그의 『정치학』에 초점을 맞추지는 않았다.

이슬람 정치철학의 창시자인 알파라비도 마찬가지였다. 그는 『정치가의 금언』, 『플라톤의 철학』, 『훌륭한 나라』를 썼다. '두 번째 스승' — 아리스토텔레스 이후 두 번째로 가장 중요한 철학적 원천 — 으로서 알려진, 알파라비는 바그다드가 이슬람의 문화 중심지였을 때 거기서 가르쳤고, 서구철학이 드러낸 새로운 문제, 즉 정치적 삶은 계시된 종교를 어떻게 수용해야만 하는지 하는 문제에 대한 입장을 밝힘으로써 서구철학을 이슬람 세계에 통합하는 데 이바지했다. 플라톤과 아리스토텔레스를 모두 인용해서, 알파라비는 정치 질서는 정치술을 통해서 행복, 즉 영혼의 건강을 산출해야 한다고 말했다. 그래서 정치가는 영혼과 정치에 대한 지식이 모두 필요하다. 영혼에 대한 지식은 그것의 가장 귀중한 부분, 즉 지성을 드러내는데, 지성은 신적인 문제를 알고 "창조자를 깨닫게 되고", 그래서 그분의 위엄을 찬미한다.[16] 이처럼 지각할 수 있는 영혼 안에 있는 지성은 인간을 신과 자연에 연관시킨다.

> "[영혼]은 자연적인 감각을 지니고 있기 때문에 지성과 자연 사이의 중간에 있는 것과 같다. 이와 같이 마치 그것은 그 한쪽 끝은 우리가 언급했던 접근 방식에 따라서 창조주와 연결되어 있는 지성과 결합되어 있고, 그 다른 쪽 끝은 그 위치에 있어서는 아니지만 밀도에 있어서는 영혼을 따르는 자연과 결합되어 있는 것과 같다."[17]

영혼은 불변의 신을 알 수 있기 때문에, 그것은 불사적이다. 그래서 알파라비에 따르면, 플라톤과 아리스토텔레스의 인식론은 옳다. 즉 배움은 상기이다. 동시에 알파라비는 (1) 지성 그리고 그것의 이성적 힘과 철학을 신에 종속시키고, (2) 이성과 철학을 근거 있는 것으로 간주하고, (3) 아리스토텔레스의 플라톤과의 유사성을 지적하고, (4) 수용된 플라톤주의의 신적인 측면을 재확인한다.[18]

정말로, 알파라비는 이성의 주장과 계시의 주장의 양립가능성 혹은 통일성을 보여 주려고 할 뿐만 아니라, 그렇게 함으로써 플라톤과 아리스토텔레스를 조화시키고자 한다. 그는 그들의 차이를 피상적인 것으로 간주하고 논리, 생성 그리고 윤리에 대한 그들의 견해가 실질적으로 동일하다고 믿었다. 예를 들어, 그들은 신이 이 세계를 만들었고 그가

---

16 *Alfarabi, The Political Writings: Selected Aphorisms and Other Texts.* Trans. Charles E. Butterworth. Ithaca: Cornell University Press, 2001. ix, xi-xii, 7, 9, 164-8쪽.

17 같은 책, Aphorism #74, 164쪽.

18 같은 책, 119-27, 150-4쪽.

(신적인) 형상들을 본으로 해서 만들었다고 동의한다. 만일 그렇지 않다면 존재하게 된 모든 것은 우연히 존재하게 되었을 것이다. 그리고 그들은 모두 "선한 행위와 악한 행위에 대한 보상"을 믿었다.[19]

간단히 말해서, 플라톤과 아리스토텔레스의 조화, 그리고 이슬람과 플라톤의 조화를 논증함으로써, 알파라비는 서구 철학과 이슬람 종교 사이의 필연적인 연관성을 증명하고자 추구했다.

그러나 알파라비 이후에 몇 세기가 지나, 적어도 아베로에스란 이름의 또 다른 이슬람 철학자의 눈으로 볼 때, 아리스토텔레스는 플라톤을 능가했다. 아베로에스는 아리스토텔레스에 대한 수많은 주석서 이외에 플라톤의 『국가』에 대한 하나의 주석서만을 썼고, 아리스토텔레스가 '궁극적인 인간 정신'을 지녔다고 말했다. 한편 라틴계의 학자들은 아베로에스의 정신을 존경했다. 13세기에서 17세기 중반에 이르기까지, 그들은 그의 주석에 따라 틀에 박힌 방식으로 아리스토텔레스를 읽었다.

이슬람의 믿음에 대한 그리스 철학에 의해 제기된 도전에 반응해서, 아베로에스는 코란은 신의 계획에 대해 반성하도록 지시함으로써 철학에 권한을 위임했다는 것을 논증하는 논문을 썼다. 아베로에스 자신은 신의 계획에 대한 반성적 고찰을 통해서 이슬람 철학자 아비센나(Avicenna: 980-1037)의 주장에 반대하여, 제멋대로의 우연성이 아니라 신적인 인과적 필연성이 세계를 창조했다는 결론을 내렸다. 즉 신은 영원한 질료에 질서를 부여했다. "신, 복되고 고귀한 자는 창조자, 존재를 부여한 자, 그리고 우주를 존속시키는 자이다. 그분이 찬양받고 그분의 권능이 고귀하게 되기를!"[20]

---

19   같은 책, 129-45, 153-7, 162, 165-7쪽(Aphorisms #77-9).

20   Averroes, 'The Decisive Treatise, Determining What the Connection is

미리 앞서 있는 영원한 존재에 의해 만들어진 그래서 시간적으로 앞서는 것이 아닌 영원한 세계는 세계의 질료와 시간의 동시성을 가리키지만, 그로 말미암아 과거와 미래의 시간은 유한한지 혹은 무한한지 하는 문제를 야기한다. 아베로에스에 따르면, 플라톤과 그의 추종자들과 같은 변증법적 신학자들은 미래의 시간과 미래의 존재는 무한한 반면에, 과거의 시간과 과거의 존재는 그렇지 않다고 주장한다. 그러나 대조적으로 아리스토텔레스와 그의 학파는 과거와 미래 모두의 시간과 존재는 무한하다고 주장한다. 아베로에스는 무한한 시간과 존재는 "미리 앞서 있는 영원한 존재를 … 닮았다"고 지적한다. 동시에 그는 그것은 같은 것은 아니라는 것을 인정한다. 왜냐하면 영원한 질료는 원인에 의해 생겨나고 소멸할 수 있는 반면에, 미리 앞서 있는 영원한 존재는 그렇지 않기 때문이다. 분명히 플라톤적인 그리고 아리스토텔레스적인 견해는 진리를 포함하고 있다. 아베로에스는 다음과 같이 결론짓는다. "이와 같이 세계에 관한 이론들은 서로 잘 구별되지 않기 때문에 그것들 중 어떤 것들은 불신을 형성하는 것으로서 그리고 다른 것들은 그렇지 않은 것으로서 평가되어야만 한다."[21]

알파라비와 아베로에스의 영원주의에 반대해서, 유대교의 철학자 마이모니데스는 영원성을 위한 아리스토텔레스의 논증은 논증적인 것이 아니라 가능성을 보여 주는 형이상학적인 기도였다고 논증했다. 비록 세계의 영원성에 대한 주장은 사실상 신을 부정할지라도, 마이모니데스는 '영원한' 은 불변의, 지속적인, 그리고 비물체적인 것 ─ 이 모두

Between Religion and Philosophy'. In *Medieval Political Philosophy*. p. 173 : *The Cambridge Dictionary of Philosophy*. 2nd edn. Ed. Rovert Audi. Cambridge : Cambridge University Press, 1999. 63쪽.
21 'The Decisive Treatise'. 173–4쪽.

는 신의 속성 — 을 의미하기 때문에 그것이 수사학적인 혹은 대중도
이해할 수 있는 가치를 지닌다고 주장한다. 그의 걸작 『혼란에 빠진 자
들을 위한 안내』에서, 그는 먼저 영원주의의 문제를 지적하고, 그다음
에 그것이 왜 "굉장히 중요한 ⋯ 참된 의견"인지를 다음과 같이 설명한
다. 즉 "만일 세계가 시간 속에서 창조되었다면, 신성이 있을 것이다.
그리고 만일 그것이 영원한 것이라면, 어떤 신성도 없을 것이다." 그러
나 마이모니데스는 전자는 논증될 수 없고 단지 주장될 수 있는 반면
에, 후자는 신성을 가리킨다고 말한다.

> "만일 ⋯ 세계가 영원하다면, 세계 속에서 발견되는 모든 물체와는 다른
> 어떤 존재가 있다는 것이 필연적으로 귀결된다. 즉 물체도 아니고 물체 안
> 에 있는 힘도 아니고, 하나이며 영원하고 영속적인 존재, 어떤 원인도 갖
> 지 않고 변화할 수 없는 존재, 그렇다면 이것이 신성이다. ⋯ 이런 이유 때
> 문에 당신은 내가 세계의 영원성을 지향하는 논증에 의해서 [신성의 존재
> 를] 확립하고 있다는 것을 언제나 알게 될 것이다. 이는 내가 세계의 영원
> 성을 믿기 때문이 아니라 내가 어떤 측면에서도 논쟁의 여지가 없는 논증
> 적인 방법을 통해서 신, 고귀한 자의 존재를 우리의 믿음 속에 확립하기를
> 원하기 때문이다."[22]

정말로, 마이모니데스에 따르면, 육체적으로 건강한 인간들은 자연
적으로 신에 대한 앎을 추구하도록 구성되어 있다.

> "그러한 사람은 그가 가능태로부터 현실태로 나아가서 완전무결한 인간

---

22   'Guide of the Perplexed'. In *Medieval Political Philosophy*. Ed. Ralph Lerner
and Muhsin Mahdi. Ithaca: Cornell University Press, 1972. 196-7쪽.

지성과 순수하고 잘 조절된 도덕적 습관을 얻을 때까지 지식과 지혜를 획득한다. 모든 그의 욕망은 이러한 존재의 비밀에 대한 학문과 그것의 원인에 대한 지식을 얻고자 하는 것으로 향해 있고, 그의 생각은 고귀한 문제들로 언제나 향해 있으며, 그는 단지 신성에 대한 지식 그리고 그분의 일과 이와 관련해서 믿음을 가져야 한다는 것에 대한 반성적 고찰에만 관심을 갖는다. 그의 생각은 동물적인 것들을 멀리하고 이런 것들에 대한 욕망은 사라진다. (나는 먹는 것, 마시는 것, 성교에 의한 쾌락, 그리고 일반적으로, 아리스토텔레스가 우리에게 수치스러운 감각이라고 말하면서『윤리학』에서 설명했던 촉각에 의한 쾌락을 선호하는 것을 의미한다. 그가 말했던 것은 얼마나 훌륭하며, 그것이 수치스러운 것이라는 것은 얼마나 진실인가! 왜냐하면 우리는 다른 짐승들과 마찬가지로 우리가 동물인 한에 있어서만 그것을 가지며, 인간성의 개념에 속하는 어떤 것도 그것에 적합하지 않기 때문이다. …)[23]

마이모니데스에 따르면, 잘 다스려지는 나라는 인간 생활의 이런 모델을 그 시민들에게 부여할 것이며, "행복을 가져다주는 것으로 보이기만 하는 것들에서 사람들이 쾌락을 느껴 그것들만을 쫓지 못하게 하기 위해 그것들을 버리도록 그들의 도덕적 습관을 형성시킴으로써" 그들을 행복을 향해 나아가게 하고 불행으로부터 벗어나게 할 것이다. 덧붙여서, 정의의 규칙들 ― 법률 ― 이 그들의 연대를 명령해야만 한다. 그래서 마이모니데스는 지배자들의 통치 방식에서의 결함들을 교정하기 위하여 그의 동시대인들에게 고대 철학의 작품들을 추천한다. "이러한 모든 것에 대해서, 철학자들은 아라비아어로 번역된 많은 책들을

갖고 있으며, 번역되지 않은 것들은 아마도 더 많을 것이다. 이 시대에, 이 모든 것 — 나는 정체들과 법률을 의미한다 — 이 배제되어 있고, 사람들은 신의 명령에 의해 통치되고 있다."[24]

IV. 성 토마스 아퀴나스(Saint Thomas Aquinas: 1225 – 1274)

성 토마스 아퀴나스는 그에 앞선 기독교인 성 아우구스티누스가 아리스토텔레스의 칭찬에 인색했던 만큼이나 그를 많이 주목하고 매우 칭찬한다. 아리스토텔레스의 저작들이, 서구 세계에서 사라지거나 혹은 읽히지 않고 있다가, 13세기에 재발견되고 (처음으로 William of Moerbeke에 의해) 라틴어로 번역되었을 때, 도미니크회의 수도사 토마스는 그것들에 일생을 바쳤고, 그것들과 기독교의 양립가능성을 엄밀하게 논증했다. 대조적으로, 토마스의 동료들인 가톨릭 학자들의 공동체는 아리스토텔레스의 저작들을 '이교도' — 즉 예수 탄생 수세기 전에 살았던 한 사람 — 의 작품들로서 비난하였는데, 이 작품들은 19세기에 다윈의 『종의 기원』에 의해 야기된 것과 유사한 반응을 일으켰다. 그들의 공공연한 비난에 맞서서, 토마스는 아리스토텔레스의 논증들은 로마 가톨릭의 신앙과 양립가능하다는 것을 입증하기 시작했고, 이것은 그의 방대한 미완의 작품 『신학 대전』을 낳았다.

이 작품의 많은 부분은 이전 철학자들과 신학자들의 논증들보다 『정치학』에서의 아리스토텔레스의 논증들이 논리적으로 우월하다는 것을 보여 주기 위해서 그의 논증들을 반복하고 있지만, 그것의 종교적 그리고 신학적 교의들의 통합은 화해를 모색하는 토마스의 도전을 보여 준다. 특히, 상황들을 배제하고서 엄격한 도덕적 금지로 구성된 그의 자

---

24   Maimonides, 'Logic', chapter XIV [Political Science] in *Medieval Political Philosophy*, 189–90쪽.

연법 개념은 상황들에 주의하는 도덕적 고찰로 구성된 아리스토텔레스의 자연권 개념과 상충하는 것처럼 보인다. 게다가, 성 토마스가 반항하는 이교도에 대해 사형을 허용한 것은 아리스토텔레스가 권고하는 것보다 더 성직자의 판단이 시민에게 영향력을 행사하도록 만들고 있다.[25] 그래서 학자들은 성 토마스의 노력이 신앙 혹은 계시와 이성의 양립가능성을 설득력 있게 논증했는지 아닌지 혹은 단지 한쪽에 의해 인도된 삶과 다른 쪽에 의해 인도된 삶 사이의 긴장을 드러내는 데에만 성공한 것은 아닌지 논쟁을 벌였다. 어떤 경우이든, 성 토마스는 아리스토텔레스를 서구 세계에 재소개했고 그의 논증들이 기독교 신앙에 의해 쉽게 부정될 수 없다는 것을 확실히 했다.

V. 단테 알리기에리(Dante Alighieri: 1265‒1321) 그리고 파도바의 마르실리우스(Marsilius of Padua: 1275‒1342)

『신곡』의 저자인 단테 알리기에리는 정치와 관련된 그의 저작 때문에 알려지지는 않았을지라도, 그의 덜 읽혀진 『제정론』(De Monarchia: 1312년경) 때문에 여기서 간단히 언급할 가치가 있다. 성 토마스처럼, 단테는 아리스토텔레스에게서 많은 것을 이끌어 내면서 정치적 삶에 대한 기독교적인 해석을 펴고 있다. 그러나 성 토마스와 달리, 단테는 교황보다도 더 권위적인 세계 정부, 특히 신으로부터 직접 군주의 권위를 부여받음으로써 정당화된 군주 제국의 필요성을 주장한다.[26]

또한 성 토마스 아퀴나스와 같이, 파도바의 마르실리우스는 그가

25　*Summa Theologica*, I‒II, Question 94, Fourth and Fifth Articles; II‒II, Question 11, Third Article. 성 토마스는 교회가 이교도들을 추방해서 그들의 운명을 세속 법정의 판단에 위임하는 것을 허용한다.

26　Dante, 'On Monarchy', Trans. Philip H. Wicksteed, in *Medieval Political Philosophy*, 418‒38쪽.

'신적인 철학자' 혹은 '이교도 현자'라고 부른 아리스토텔레스의 추종자임을 밝힌다. 정말로, 그의 저작『평화의 옹호자』(1324)는『정치학』에 대한 중세의 부록처럼 읽힌다. 그는 국가의 목적은 좋은 삶을 확보하는 것이며, 그러한 삶은 실천적인 덕과 지적인 덕의 결합에 의해 특징지어진다는 아리스토텔레스의 입장에 분명히 동의한다. 그리고 그는 형이상학적 사변은 정치적 활동보다도 우월하다는 것에 동의한다.[27]

그러나 마르실리우스의 중요한 관심사항은 성직자들 혹은 교황의 권력의 정치적 규칙이었다. 그는 시민 사회의 가장 심각한 병폐, 즉 성직자에 의한 정치적 권위의 수임(受任)을 언급하지 않은 것에 대해 아리스토텔레스를 비판하면서도 양해한다. 물론 아리스토텔레스는 이러한 병폐를 목도할 수 없었다. 왜냐하면 그것은 우연적이라 할지라도 기독교 계시의 기적의 귀결이었기 때문이다. 아리스토텔레스가 이미 다른 심각한 정치적 병폐들을 분석했기 때문에, 마르실리우스는 그가 이것을 그리고 오직 이 병폐만을 취급할 것이라고 말한다.

마르실리우스는 교회가 궁극적인 정치적 권위라는 주장과 교황에 의한 보편적인 신학적-정치적 지배를 지지하지 않았다. 그는 그 어떠한 종교적 권위 — 사제, 주교, 교황 — 가 신성한 권리에 의해서 정통적인 것과 이단적인 것을 법적으로 구속력이 있는 방식으로 명령하거나 강제하고 결정하는 힘을 갖는다는 것을 부정한다. 교회의 힘을 제한함으로써, 그는 강화된 세속적 정치적 권위를 옹호한다.

마르실리우스는 그의 정치적 세속주의와 연관해서 정치신학과 정치

---

27 *Defensor Pacis*, I.4.1, 4; I.6.9. 이 책에 대해 정보를 주는 좀 더 포괄적인 주석을 위해서는, Leo Strauss, 'Marsilius of Padua'. In *History of Political Philosophy*. 3rd. edn. Ed. Leo Strauss and Joseph Cropsey. Chicago: University of Chicago Press, 1987. 276-95쪽을 참조하라.

철학을 구별한다. 달리 말해서, 그는 그의 저작에서 논증될 수 있는 정치적 가르침과 단지 신에 의해 계시되는 것이기 때문에 논증될 수 없는 것을 구분해서 언급한다. 과거에, 정치적 질서의 문제에 대한 대답은 이성이 아니라 신앙의 관점에서 주어졌다.

　마르실리우스는 중세의 많은 정치적 사유의 독단론을 비난했지만, 기독교 자체를 비난한 것은 아니다. 오히려 그는 그것에 관해 가장 학식이 있다고 주장하는 사람들에 대해 회의적인 태도를 취했다. 사제들이 아니라 민중들이 지배를 해야만 하고, 참으로 신앙이 있는 시민들 — 교회의 원래 의미 — 만이 그렇게 해야만 한다. 신앙을 증진하기 위하여, 신의 법이 공포되어야만 한다. 그러한 공포가 사제들의 고유한 기능이다. 더구나, 마르실리우스에 따르면 — 아리스토텔레스와 불일치하게 — 그러한 기능은 중요성에 있어서 통치의 활동을 능가한다. 이런 관점에서, 마르실리우스는 성 토마스 아퀴나스처럼, 기독교적인 아리스토텔레스주의자처럼 보인다.

VI. 마르틴 루터(Martin Luther: 1483-1546)와 장 칼뱅(Jean Calvin: 1509-1564)

마르틴 루터는 독일의 수도사이자, 비텐베르크 대학의 철학 교수, 그리고 종교 개혁의 지도자였으며, 교황에 의한 권위 남용을 주장하면서 독일의 기독교 귀족에 대한 공개서한을 1520년에 발표했다. 그의 비난의 목록에는, 대학 교육에 대한 비판과 자연, 영혼 그리고 덕의 주제들에 관해 기독교인들을 잘못 인도하고 있는 '눈먼 이교도' 아리스토텔레스에 대한 대학의 가르침이 포함되어 있는데, 이 주제들은 다음과 같이 루터가 거명하고 있는 저작들과 마찬가지로 『정치학』에 함축되어 있다.

"이제, 나의 충고는 여태까지 최고의 것으로 간주되어 왔던 아리스토텔레스의 책들인 『자연학』, 『형이상학』, 『영혼론』, 『윤리학』은 자연을 취급한다고 공언하는 다른 모든 책과 함께 모두 폐기되어야 한다는 것인데, 이러한 책들로부터 우리는 자연적인 것들이나 정신적인 것들에 대해 아무것도 배울 수 없다. 게다가, 아무도 그가 의미하는 것을 이해할 수 없었고, 많은 시간이 낭비되었으며 많은 고귀한 영혼들이 쓸데없는 많은 노고, 연구 그리고 비용으로 고통을 겪었다. 나는 어떠한 도공(陶工)도 이러한 책들에서 발견되는 것보다 자연적인 것들에 대해 더 많은 지식을 갖고 있다고 감히 말하고자 한다. 내 마음은 이러한 저주받을, 거만한, 악랄한 이교도가 그의 거짓된 말을 가지고 얼마나 많은 최선의 기독교인들을 기만하고 길을 잃게 했는지를 보고서 너무나 슬프다. 신은 우리의 죄 때문에 그를 역병으로서 보냈다."

루터는 아리스토텔레스가 영혼은 육체와 함께 죽는다고 잘못 가르쳤으며 기독교의 덕들과 정면으로 대립하는 덕들을 조장한다고 계속해서 말한다("아, 모든 기독교인이 그와 같은 책들을 피할 수 있기를!" 하고 그는 외친다).[28] 그럼에도 루터는 학생들에게 연설과 설교하는 것을 교육하기 위해서 대학의 교과 과정에 아리스토텔레스의 『논리학』, 『수사학』, 『시학』을 포함시키는 것을 승인했다.

　프랑스의 신학자이자 종교개혁가인 장 칼뱅은 아리스토텔레스에 대해서 루터와 거의 정반대되는 견해를 가졌다. 그는 교양 과목들과 특히 그리스와 로마의 수사술과 철학을 존중하고, 더욱이 플라톤, 아리스토텔레스, 키케로에서의 '이성의 목소리'를 찬양했는데, 그는 이들을 때

28　Luther, Martin. 'Address to the German Nobility'. In *The Prince, Utopia, Ninety-Five Theses*. New York: The Collier Press, 1910. 338쪽.

때로 인용했다.[29]

"신이 … 우리에게 예정된 방식으로 우리가 그분에게 다가가서 그분의 이
미지에 참여하기 전에 여기서 그의 창조물을 관조하도록 바랄 때: 만일 우
리가 그 모든 것을 모독한다면 그리고 아무것도 알기를 원하지 않는다면,
그것은 신에게 대드는 것이요 그분이 우리가 하기를 원했던 선, 즉 최고의
선이며 가장 존중받아야만 할 것을 포기하는 것이 아니겠는가? … 신은
인간들의 지성을 부정하기 위해서 이 세계에 인간들을 존재하게 한 것이
아니다. 왜냐하면 그는 인간들이 노새나 말과 같이 되기를 원하지 않기 때
문이다. 그는 인간들에게 이성을 부여하였고 그들이 이해하기를 원했
다."[30]

칼뱅은 또한 자연적 종속과 위계에 대한 아리스토텔레스의 생각을 지
지한다.

"치안 판사에게 복종할 수 없는 사람들, 그들의 아버지와 어머니에게 거역
하는 사람들, 주인 혹은 여주인의 지배를 견딜 수 없는 사람들은, 전체 자
연의 질서를 거스르지 않는 그리고 사람들이 말하듯, 하늘과 땅을 뒤섞지
않는 어떤 사람하고도 그들이 함께할 수 없다는 것을 충분히 보여 준다.
[더욱이,] 다른 사람들보다 높은 위치에 있는 사람은 누구나 부지런히 그
들을 개선하는 것을 목표로 해야 한다."[31]

29   William J. Bouwsma, *John Calvin: A Sixteenth-Century Portrait*. New York: Oxford University Press, 1988. 99, 114쪽.
30   Serm. No. 103 on Job, 522-3; cf. *Institutes*, II, ii, 16.
31   Serm. No. 36 on Deut., 313; Comm. Is. 2:3.

이성과 자연적 질서를 칭찬했을지라도, 고전에 대한 칼뱅의 분명한 찬탄은 엄숙함보다는 오히려 열광의 분위기를 풍긴다.

> "데모스테네스 혹은 키케로를 읽어라, 플라톤, 아리스토텔레스 혹은 그런 부류의 다른 사람들을 읽어라. 나는 그들이 놀라울 정도로 당신을 유혹하고, 기쁘게 하고, 마음을 움직이고, 사로잡을 것임을 인정한다. 그러면 당신은 그러한 신성한 독서에 의지하라."[32]

그의 말년에, 칼뱅은 고전 휴머니즘에 대한 그의 열광을, 비록 또한 목사들을 위한 것이기도 했지만, 아리스토텔레스가 했듯이, 미래의 정치지도자들을 위한 아카데미를 설립함으로써 실천에 옮겼다. 칼뱅은 고전에 몰두했지만 이것이 그의 신앙을 결코 대신하지는 않았는데, 그는 특히 아리스토텔레스가 신의 섭리보다 자연의 질서와 자연적 성질에 현실태와 가능태가 속한다고 생각한 것 때문에 그를 비판했다. 칼뱅에 따르면, 이러한 자연의 질서와 자연적 성질은 신의 유일한 도구들은 아니지만 그의 도구들이다. 아리스토텔레스는 "천재성과 학식에 있어서 뛰어났지만", 칼뱅에 따르면 그는 "많은 잘못된 사변"을 표명했다.[33]

VII. 프랜시스 베이컨(Francis Bacon: 1561-1626) 그리고 토머스 홉스(Thomas Hobbes: 1588-1679)

마키아벨리와 데카르트와 함께 프랜시스 베이컨과 토머스 홉스는 새로운 자연과학을 모델로 해서 인간에 대한 학 — 인식론과 정치학 — 을 성립시킴으로써 근대 사유의 기초를 확립했다. 13세기 서구에 아리스

---

32   Comm. Ezek. 9:3-4.
33   Bouwsma, op. cit., 14, 164쪽; Comms. Gen. 19:24, Ps. 107:43.

토텔레스를 재소개했던 성 토마스 아퀴나스 덕분에, 새로운 생각을 도입하고자 추구했던 그와 같은 후대의 정치철학자들은 기독교의 정치적 주장들(주로, 왕의 신성한 권리)뿐만 아니라 아리스토텔레스의 주장에 대해서도 논쟁을 벌였다.

베이컨은 인간의 자연정복을 원했는데 아리스토텔레스가 단순히 말로만 작업했다고, 즉 삼단논증을 완벽하게 만들고, 범주들을 만들고 이론들을 비판하기만 했다고 불평했다. 그렇게 해서 아리스토텔레스는 "변증술의 소리"가 "자연의 소리"를 대신하게 만듦으로써 자연적 증명과 실천적 기술의 기초를 위태롭게 했다. 간단히 말해서, 그는 자연철학을 사물로부터 분리하고 경험을 배제함으로써 "자연철학을 타락시켰다".[34]

더욱이, 베이컨은 그의 동시대인들이 자연철학만이 아니라 군사학과 정치학과 관련해서도 아리스토텔레스보다 "전례(前例)에서, 경험에서" 그리고 "시간의 교훈에서" "훨씬 앞서" 있다고 생각한다.[35]

그러나 베이컨은 그의 비판을 이론의 문제에만 제한하지 않는다. 그의 논박하는 에세이, 「철학자들에 대한 반박」은 아리스토텔레스가 "조급하고 완고한 성품을 갖고 있으며 … 끊임없이 반대주장을 하는 데 관심을 갖고 있고, 과거에 대해 적대적이고 경멸적이며 의도적으로 불분명한 입장을 취한다. 또한 그가 지니고 있는 다른 많은 성질들은 진리에 대한 탐구자가 아니라 학교 선생의 분위기를 풍긴다"고 주장한다.[36]

17세기 중반에 살았던 영국인 토머스 홉스는 아리스토텔레스의 성

---

34 *The Philosophy of Francis Bacon*. Ed. Benjamin Farrington. Liverpool: Liverpool University Press, 1964, 19, 42, 83, 112쪽.

35 같은 책, 115쪽.

36 같은 책, 112쪽.

품에 대한 신랄한 비평을 쓰지는 않았을지라도, 베이컨과 마찬가지로 자연에 대한 아리스토텔레스의 형이상학적 독해와 그것의 정치적 함축을 비판한다. 홉스의 걸작 『리바이어던』에 따르면, 자연이 인간에게 준 유일한 지시 혹은 목적은, 격렬하고 예기치 못한 죽음에 대한 두려움을 각 개인이 자발적으로 이성에 의해서 다음과 같은 명령으로 바꾸어서 이해하라는 것이다. 즉 네가 너 자신의 생명을 보존하기 위해서 해야만 하는 것을 하라. 각 사람의 그러한 근본적인 이기심이 전제된다면, 안전을 교환 조건으로 인간들의 공동체에서 권위를 확립하기 위한 집합적 동의는 인간들이 취할 수 있는 가장 이성적인 행위 과정이다. 이와 같이 개인적인 자기 보존은 사회계약을 낳는 동인이 되고 — 아리스토텔레스가 생각하듯이 단순히 집단적 삶의 시작 혹은 조건이 아니라 — 그것 자체가 집단적 삶의 목적임을 보여 준다.

VIII. 장 자크 루소(Jean-Jacques Rousseau: 1712-1778)와 아담 스미스(Adam Smith: 1723-1790)

장 자크 루소는 자연적 인간이 자기 보존에 대한 본능을 갖고 있다는 점에 대해서 홉스와 동의하는데, 이것이 그 자체로 아리스토텔레스의 견해와 상충하는 믿음은 아니다. 하지만 또한 루소는 홉스처럼, 그러나 아리스토텔레스와 달리, 인간은 자연적으로 혼자라고 믿는다. 따라서 언어나 정의감은 자연적 인간에게서 발달하지 않는다. 그래서 인간이 사회 속에서 살기 위해서, 그는 변해야만 한다. 사회 혹은 국가는, 아리스토텔레스가 말하듯이, 인간의 자연적 경향이나 속성으로부터 기인하는 것이 아니라, 인간들을 함께 모이게 하고 그렇게 하는 과정에서 그들의 바로 그 본성을 변화시키는 일련의 우연적 사건들로부터 기인하는 것이다. 그러면 그렇게 변화된 본성은 숙고해서 사회를 창조할 수 있는데, 사회는 그의 원래의 자유를 되찾게 하지는 못할지라도, 집합적, 일반의지를 통해서라도 그의 개인적 의지를 보존할 수 있게 해 준다.

일반의지는 빈번한 집회와 시민들의 평등함을 인정하는 것에 의존할 것이다. 불평등은 제도나 권리의 토대가 될 수 없다. 비록 루소가 부정확하게 과두정체와 귀족정체 간의 아리스토텔레스의 구분을 무시했기 때문일지라도, 정말로, 그는 아리스토텔레스를 엘리트주의라고 비난하고 있으며, 그래서 오늘날에도 여전히 눈에 띄는, 아리스토텔레스의 정치적 견해에 대한 계급 분석을 조장하고 있다. 그렇지만, 루소는 아리스토텔레스가 공공의 경제와 사적인 경제를 구분한 점에 대해서는 그를 인정하고, 그와 마찬가지로 사회는 작아야 하고 균형을 갖추어야만 한다고 주장한다.[37]

아담 스미스는 아리스토텔레스의 정치학보다 그의 윤리학을 더 언급할지라도, 동시대 사람인 루소와 비교해서, 아리스토텔레스와 더 많은 견해를 공유한다. 스미스가 윤리적 행위를 "공평무사한 관찰자" ― 자신과 타자를 상황적 맥락에서 객관적으로 평가하는 내적인 관점 ― 에 의해 감독된 행위로서 기술하고 있는 『도덕 감정론』에서, 그는 『니코마코스 윤리학』에서의 예의바름과 중용의 상관적 개념들에 대한 아리스토텔레스의 기여를 인정한다. 유사하게, 그는 어떤 감정과 정념을 표현하기 위해 어떤 운율의 시가 적합한지에 대한 아리스토텔레스 『시학』의 견해에 찬성하면서 이를 인용한다. 대조적으로, 스미스는 불구일 경우와 과잉 인구 상황에서 공적인 유용성을 고려하여 낙태를 정당화하

---

37 Jean-Jacques Rousseau, *On the Social Contract and Second Discourse*를 참조하라.

는『정치학』에서의 아리스토텔레스 입장에 반대한다.[38]

IX. 미국 초기 정치가들(1783 - 1790)

미국 정치체제의 창립자들도 아리스토텔레스를 참고하였다. 1787-
1788년 미국 헌법을 작성하기 전인 1783년에, 제임스 메디슨(James
Madison)은 그가 의회가 참고할 도서로 추천한 일련의 책들 가운데 아
리스토텔레스의『정치학』을 포함시킨다.[39] 비록 학자들은 미국 초기 정
치학자들이 고전들을 어느 정도 알고 있으며 의존하고 있는지에 대해
논쟁을 벌이지만, 여러 사람들은 그들이 고안한 공화주의 정부 이론은
고대의 정치적 통찰과 입헌 원리를 반영한다고 결론 내린다. 새롭게 제
안된 정부 형태에 대한 아리스토텔레스의 직접적인 영향을 보여 주는
최선의 증거는 존 애덤스(John Adams)의 저작에서 나타난다. 1787년
에 발간된 그의『미국 헌법의 옹호』는 공화정체를 민주정체보다 더 나
은 정부 모델로 생각하고 있을 뿐만 아니라 아리스토텔레스의『정치
학』을 인용하고 있는데, 이는 애덤스가 그것을 '조심스럽게 그리고 비
판적으로' 읽었다는 것을 입증한다.[40]

　　아리스토텔레스의 이상적인 정체에 대해서는 비판적이지만, 애덤스
는 혼합정체(polity) 혹은 대부분의 상황에 있어서 최선의 정체에 대한
아리스토텔레스의 개념으로부터 자유의 세 가지 조건을 도출한다. 이

---

38   Smith, Adam. *The Theory of Moral Sentiments*. Indianapolis: Liberty Classics,
1982. 주 196, 210쪽, 269-73쪽.

39   Madison, James. 'Report of Books'. In *The Papers of James Maidson*. Ed.
Robert A. Rutland et al. Chicago: University of Chicago Press, 1962-1977. vol. 6,
76-7쪽.

40   Miller Jr., Fred D. 'Aristotle and American Classical Republicanism'. In *Jus-
tice v. Law in Greek Political Thought*. Ed. Leslie G. Rubin. Lanham, MD: Row-
man & Littlefield Publishers, Inc., 1997. 184쪽.

조건들은 법의 지배, 정치적으로 선거권이 있는 중간 계층, 그리고 귀
족정체적, 과두정체적, 민주정체적 요소들의 혼합이다. 이 세 가지가
어떤 한 개인이나 그룹이 제어되지 않은 채로 정치적 영향력을 행사하
고 지배하는 것을 막아 준다. 동시에, 그는 덕이 없는 민중에 의한 지배
를 자유에 대한 위협으로서 간주하였다.[41]

유사하게, 알렉산더 해밀턴, 제임스 매디슨, 존 제이에 의해 작성된
『연방주의자 논문들』(*The Federalist Papers*)은 고대 그리스와 이탈리
아의 작은 민주정체들이 빠져들기 쉬운 병폐를 치료하는 데 도움을 주
기 위한 것으로 공화정체의 형태를 추천한다.[42] 매디슨은 『연방주의자』
#10에서 다음과 같이 쓴다.

공화국에서, [대표자들]은 공공의 견해들이 선택된 일단의 시민들을 통과
하게 함으로써 그것들을 세련되게 하고 확장하는데, 이들의 지혜는 그들
나라의 참된 이익을 가장 잘 식별할 수 있으며 그들의 애국심과 정의에 대
한 사랑은 일시적이거나 부분적인 고려들 때문에 나라를 희생시킬 가능성
이 가장 적을 것이다. 그와 같은 규제하에서, 민중의 대표자들에 의해 표
명된 공공의 목소리는 그것이 특정한 목적을 갖고 모인 민중들 자체에 의
해 표명될 때보다 공공의 선에 더 부합할 가능성이 크다.

작은 영역과 반대로 확대된 영역은 더 나은 특성을 지닌 더 많은 개
인들을 포함하고 그 가운데서 대표자들을 선출함으로써 대표자들이 민

41   같은 책, 184-8쪽.
42   『연방주의자』 #9 서두에서, 해밀턴은 다음과 같이 언급한다. "그리스와 이탈리아
의 작은 국가들의 역사를 그들이 지속적으로 겪었던 혼란과 그들을 참주정체와 무정
부상태의 극단 사이에 끊임없이 처하게 했던 일련의 혁명에 대한 공포와 혐오감을 느
끼지 않고서 이해하는 것은 불가능하다."

중을 배반할 가능성을 차단한다. "만일 큰 공화국에서 적합한 특성을 지닌 사람들의 비율이 작은 공화국보다 작지 않다면, 큰 공화국이 더 많은 선택지가 있을 것이고 결과적으로 적합한 선택을 할 개연성이 더 커질 것이다."[43]

이와 같이, 아리스토텔레스의 혼합정체처럼, 비록 명시적으로 그에게 공을 돌리고 있지는 않을지라도, 창립자들의 공화주의적 구상은 정치적 자유의 맥락에서 덕이 있는 리더십을 장려한다.

1790년에, 연방주의자 제임스 윌슨은 아리스토텔레스에 관한 그로티우스(Grotius)의 언급을 인용한다.

"철학자들 가운데, 아리스토텔레스는, 당신이 주제들을 취급하는 그의 방법 혹은 그의 구분의 명료함 혹은 그의 논거의 중요성 그 어느 것을 고찰하든지 간에, 중요한 위치를 차지할 응분의 가치가 있다. 나는 이 위대한 인물의 권위가 지나간 몇 세기 동안에 전제적인 것으로 변질되지 않았기를 바랄 뿐이다. 그래서 아리스토텔레스가 그렇게 많은 고생을 해서 발견한 진리가 아리스토텔레스 자신의 이름에 의해서 억압되면 안 되는 것처럼 그 어떤 것에 의해서도 억압되지 않았으면 좋겠다.[44]

그러나 토마스 제퍼슨과 같은 다른 창립자들은 아리스토텔레스에 관해 더 애매한 입장을 취했다.[45] 더욱이, 그들은 아리스토텔레스와 다른 고전 사상가들의 사상을 이용했지만 그들 자신의 사고의 독립성을 결

---

43 『연방주의자』 #10.

44 Richard, Carl J. *The Founders and the Classics: Greece, Rome, and the American Enlightenment*. Cambridge: Harvard University Press, 1944. 230쪽.

45 예를 들어, 같은 책 97쪽과 Miller, 'Aristotle and American Classical Republicanism'. 191쪽을 참조하라.

코 버리지 않았다.[46] 그들의 대규모의 저작과 폭넓은 논쟁은 『연방주의
자』#1이 제기하는 문제에 대답한다. 인간들의 사회는 진정으로 "반성
과 선택을 통해 좋은 정부를 확립"할 수 있다.

X. 알렉시 드 토크빌(Alexis de Tocqueville: 1805‒1859)과 존 스튜어트 밀(John Stuart Mill: 1806‒1873)

1831년에, 프랑스 귀족의 후예이며 베르사이유 궁정의 구성원이었던
알렉시 드 토크빌은 미국의 교도행정을 연구하기 위해서 친구와 함께
미국으로 떠났고, 이 나라의 번영하는 민주주의에 감명을 받아서, 동시
에 『미국의 민주주의』라는 대작을 쓰기 위한 조사를 시작했다. 정체 혹
은 정부의 특성 — 민주정체적이든 혹은 다른 방식으로이든 간에 —
이 시민들의 삶의 방식을 결정한다고 주장한 아리스토텔레스와 달리,
토크빌은 그와 반대의 결론을 내린다. 즉 나라의 삶의 방식, 정치적 문
화 혹은 관습이 정체의 특성을 결정한다는 것이다. 이 견해는 또한 토
크빌의 동시대인들인, 이데올로기가 성공적인 정체의 열쇠가 된다고
생각했던 프랑스 지식인들에 도전한다. 시민사회에서 특정한 관습 혹
은 정신적 습관의 함양은 민주주의를 유지해 준다. 그러한 것들이 없을
때 시민들은 정부와 이데올로기의 전제적 경향에 취약할 수 있다.

   토크빌은 또한 그리스와 로마의 고대 민주정체들은, 특권과 조건의
불평등에 기초했기 때문에, 그러한 정체들에서 상위 계층의 사람들은
모든 인간이 같고 평등하다는 것을 믿지 못했고 상상할 수도 없었다고
생각했다. 이런 관점에서 그는 아리스토텔레스에 대해 당연히 비판적
이었다.

---

46   Richard, *Founders and Classics*, 230쪽.

"고대의 모든 작가는 주인들로 이루어진 귀족정체의 일부이었다. 혹은 그들은 적어도 그들 눈앞에서 귀족정치가 당연하게 확립되는 것을 보았다. 그러므로 그들의 정신은, 여러 방향으로 확대된 후에도, 그런 방향으로 제한되게 되었다."[47]

그러나 역설적인 책인 『미국의 민주주의』에서 여기에 포함시키기에는 너무나 많은 언급들은 자유를 너무 지나친 평등에 반대되는 것으로서 인정함으로써 귀족정체의 가치를 인정한다. 즉 자유가 지배하는 곳에서는, 사람들 간의 구분이 반드시 생겨날 것이다. 한편 그러한 구분은, 법률가들의 경우처럼, 다시 자유를 증진할 것이다. 토크빌은 법률가들이 그들이 획득한 지식 때문에 교육받은 사람들 중에서 구별되는 계층을 형성하고, 민중들의 개별적 권리들을 지키고 그들에게 그것들에 관해 가르침으로써 민중들에 봉사한다고 말한다.

"법을 특별히 연구한 사람들은 그들의 일로 해서 질서의 습관, 형식에 대한 어떤 감각, 규칙적인 일련의 관념들에 대한 일종의 본능적인 사랑을 지니게 되는데, 이러한 것들은 그들을 민주주의의 혁명적인 정신과 무반성적인 열정에 자연적으로 강하게 대립하도록 만드는 것들이다. … 법률가 집단은 노력하지 않고서도 민주주의의 자연적 요소들에 혼합될 수 있고 그것들과 행복하고 지속적인 방식으로 결합될 수 있는 유일한 귀족정체적 요소이다. … 법률가의 정신과 민주주의의 정신의 이러한 혼합 없이, 민주주의가 오랫동안 사회를 지배할 수 있을지 나는 의심한다. 그리고 만일 공화국의 일들에 있어서 법률가들의 영향력이 민중의 힘에 비례해서 증대되

47　Alexis de Tocqueville, *Democracy in America*. Trans. and ed., Harvey C. Mansfield and Delba Winthrop Chicago: University of Chicago Press, 2000. 413쪽.

지 않는다면, 우리 시대에 공화국이 존립할 희망이 있을 수 있다고 나는 믿을 수 없다."

사람들은 배심원들로 봉사함으로써, 사법적인 언어, 법과 그들의 권리 ― 이것들은 개인의 자유가 다중의 태도 혹은 다수의 의지에 의해 침해받지 않도록 지켜 준다 ― 를 배운다고 토크빌은 설명한다.[48] 정말로, 아리스토텔레스를 인용하고 있지는 않지만, 토크빌 역시 『미국의 민주주의』를 통해서 소수 의견에 대한 다수 의견의 전제적 경향을 지적한다.

토크빌은 "과학적, 상업적, 그리고 산업적" 교육이 민주정체의 사회적 그리고 정치적 필요에 더 잘 이바지한다고 믿었을지라도, 고전 교육을 칭찬할 때 또한 그의 귀족주의적인 측면을 드러낸다.

민주정체의 작가들에게 본성적으로 부족한 성질들을 고대의 문헌들보다 더 뚜렷하게 드러나게 하는 문헌들은 없다. 그래서 이러한 것들보다 민주주의 시대의 연구에 더 적합한 문헌은 없다. 그러한 연구는 이 시대에 내재해 있는 문학적 결점들과 싸우기 위해 무엇보다도 가장 적합하다. … 그리스어와 라틴어는 모든 학교에서 가르쳐서는 안 된다. 그러나 본성 혹은 행운으로 말미암아 학문을 연마하도록 운명이 정해져 있거나 혹은 그러한 취향을 갖고 있는 사람들이 고대 문헌을 완전히 정복하고 완전히 그 정신에 몰두할 수 있게 해 주는 학교를 발견하는 것은 중요하다. 이를 달성하기 위해서, 나쁘게 행해진 피상적인 연구가 필수적인 연구를 잘 수행하는 것을 방해하는 다수의 나쁜 대학들보다 소수의 우수한 대학교들이 더 가

---

48   같은 책, 251-8쪽.

치가 있을 것이다.

　민주주의 국가에서 학문적으로 탁월하게 될 야망을 갖고 있는 모든 사람은 고대의 작품들로부터 자주 영양을 공급받아야만 한다. 그것이 건강한 식사이다.[49]

요약하자면, 토크빌은 미국의 현대 민주주의를 찬양했지만, 그는 귀족정체적인 어떤 가치와 특징들은 강요된 평등과 평범함을 자유와 탁월함으로 하여금 견제할 수 있게 함으로써 그것을 강화할 것이라고 믿었다.

토크빌처럼, 존 스튜어트 밀은 민주주의 공화국들은 다수의 횡포, 특히 "사회적 횡포 … 지배적인 의견과 감정의 횡포"[50]에 의해 취약할 수 있다고 생각한다. 그것들의 취약성은, 다른 사람들과 같이 생각하고 행동하도록 압력을 넣는, 평등의 원리에 대한 강한 집착으로부터 유래한다. 한편 순응하도록 하는 압력은 집단적인 평범함을 낳는다. 이와 같이, 아리스토텔레스처럼, 밀은 민주주의가 탁월함을 침해한다고 생각한다. 『자유론』에서, 밀은 "하나의 매우 단순한 원리를 갖고서" 순응시키려는 사회적 압력에서 개인들을 자유롭게 함으로써 탁월함을 증진하려고 한다. 즉 개인적으로든 집단적으로든, 누구도 자기 보호를 위해서가 아니고서는 다른 사람의 행위의 자유를 방해할 수 없다. 그러한 자유의 원리는 사상과 언론의 자유로 확장된다고 밀은 논증한다. 자유의 최대화는 개별성이 번영하리라는 것을 그리고 더 좋은 생각과 행위가 나타나리라는 것을 보증한다.[51] 『공리주의에 대하여』에서, 밀은 또한

49　같은 책, 451-2쪽.
50　Mill, John Stuart. *On Liberty*. Ed. Gertrude Himmelfarb. New York: Penguin Books, 1982. 63쪽.

"최대 다수의 최대 선"을 증진하기를 원한다. 인간들은 그들의 쾌락 혹은 행복에 의해서 '좋음'을 저울질하면서, 고상한 쾌락을 저급한 쾌락들과 구별하고 전자를 선택한다. 이와 같이, 밀은 행복은 우리의 정신을 해치는 충동들과 활동들을 절제하는 데 달려 있다고 논증하는 아리스토텔레스의 성품에 대한 이론을 받아들인다. 그러나 아리스토텔레스와 달리, 밀은 그와 같은 행복 혹은 최고선이 최대 다수에 의해 공유될 수 없다는 것 혹은 개별성의 확대가 탁월함의 확대를 보증하지 않는다는 것을 인정하지 않는다.

XI. 칼 마르크스(Karl Marx: 1818-1883)

의심할 바 없이, 칼 마르크스는 아리스토텔레스를 찬양한다. 그는 "고대의 가장 위대한 사상가", "그들 가운데 가장 박학한 지성"이라고 말했다. 그럼에도 그는 아리스토텔레스의 주장을 수용하기도 하지만 폐기하기도 한다. 예를 들어, 자연을 과정으로 보는 마르크스의 새로운 역사 개념 — 인간 노동을 통한 자연과 인간의 생성 — 은 모든 비-역사적 개념들을 추상적인 것으로서 거부한다. 그리고 그의 역사 개념이 목적론을 유지하고 있다 할지라도, 그것은 아리스토텔레스의 것과 같은 개별주의적 형이상학이 아니라 헤겔의 것과 같은 역사적 변증법이다. 마르크스에 따르면, 노동 혹은 생산 체계들, 혹은 달리 말해서 다양한 종류의 경제는, 인간의 노동이 전적으로 자유로워질 — 자발적이고

---

51 그러므로, Shirley Robin Letwin은 다음과 같이 언급한다. "『자유론』은 보통 사람이 원하는 대로 살 권리를 옹호하는 것이 아니었다. 그것은 그런 사람에 대한 공격에 더 가까운 것이었다." *The Pursuit of Certainty*. Cambridge: Cambridge University Press, 1965. 301쪽. 또한 Himmelfarb, Gertrude. *On Liberty and Liberalism: The Case of John Stuart Mill*. San Francisco: Institute for Contemporary Studies, 1990 을 참조하라.

비강제적일 — 때까지, 혁명적인 충돌을 통해서 오랜 시간에 걸쳐 그것들의 물질적 모순들을 제거한다. 그 결과로서 성립하는 노동자들의 공동체는 어쩔 수 없이 혹은 재화를 축적하기 위한 목적으로 일하는 것이 아니라 노동의 즐거움을 위해 일한다. 따라서 자본주의에 대한 마르크스의 비판은 또한 두 가지 점에서 아리스토텔레스의 공로를 인정한다. 첫째로, 그가 '경제적인 것'과 '돈을 위한 것'을 구분한 공로이다. 즉 유용한 물품의 획득 혹은 교환을 위한 돈 대(對) 과잉의 물품 획득과 교환의 매개로서 돈의 사용을 넘어선 돈의 축적의 구분이다. — 전자는 제한되어 있지만, 후자는 무제한적이다. 둘째로, 자본주의하에서 노동 착취의 역설을 설명하기 위해서, 그는 옷감을 짜는 베틀 북과 같이 시간과 노동을 줄여 주는 도구들도 직공을 필요로 한다는 아리스토텔레스의 관찰에 의존한다. 즉 기계가 효율적이면 효율적일수록 노동 시간을 연장시켜서 생산성을 최대화하려는 유발 요인은 더욱더 커진다. 요약해 보면, 마르크스와 아리스토텔레스는 세계와 인간의 본성에 관해서 의견을 달리했지만, 그들은 축적을 위한 생산성은 인간을 충족시키기보다는 소외시킨다는 데 동의한다.[52]

　마르크스 이후에, 아리스토텔레스에 대한 좀 더 혼합되고 복잡한 20세기의 반응이 나타났다. 이들 중 어떤 사람들은 현대적인 의제에 아리스토텔레스의 사유를 적용했고, 숙고해서 그의 논증들의 어떤 것을 생략하거나 대치했다.

52　Marx, Karl. 'Economic and Philosophic Manuscripts of 1844: Selections', 78쪽: 'Capital: Selections', 229n–230n, 294쪽: Engels, Friedrich. 'Socialism: Utopian and Scientific', 616쪽 in *The Marx–Engels Reader*. Ed. Robert C. Tucker. New York: W. W. Norton & Company, Inc. 1972.

XII. 레오 스트라우스(Leo Strauss: 1899-1973), 한나 아렌트 (Hannah Arendt: 1906-1975), 마이클 오크쇼트(Michael Oakeshott: 1901-1990) 그리고 존 롤스(John Rawls: 1921-2002)

4명의 20세기 정치철학자들은 아리스토텔레스의 생각을 다양한 방식으로 소화해서 1970년대에 그에 대한 새로운 관심을 불러일으키는 데 이바지했다. 어떤 사람이 그를 가장 잘 대변하는가? 레오 스트라우스는 아리스토텔레스 사유의 역설들 — 그것의 낯설고 익숙한, 상식적이고 철학적인, 고대적이고 현대적인 측면들 — 을 포착하고, 그 자신의 사유 속에 특히 플라톤과 아리스토텔레스에게로 거슬러 갈 수 있는 '자연권'에 대한 생각을 결합한다. 한나 아렌트는 공공의 삶을 인간 번영의 열쇠로 확인했다는 이유로 아리스토텔레스를 옹호한다. 마이클 오크쇼트는 그의 '시민 연합'의 개념, 즉 역사적인 애매성에 의해서 혼란스럽게 되지 않는 이상적인 조건에 대한 개념을 명료하게 하기 위해서 — 홉스와 헤겔과 함께 — 아리스토텔레스를 이용한다. 그리고 존 롤스는 '일차적인 선들'(primary goods)을 설명하기 위해서 '아리스토텔레스적인 원리'에 호소한다. 인간들은 더 쉬운 활동보다는 그들의 능력에 맞는 활동들에 도전하기를 선택하기 때문에, 그들은 그것들에 종사하기 위해 요구되는 조건들, 즉 권리와 자유, 기회와 권력, 그리고 수입과 부를 가질 자격이 있다. 그렇다면, 정의로운 사회는 인간 번영의 이러한 조건들을 튼튼히 하는 것이다.[53]

---

53 Strauss, Leo. 'On Aristotle's Politics'. In *The City and Man*. Chicago: The University of Chicago Press, 1964 and *Natural Right and History*. Chicago: University of Chicago Press, 1957; Arendt, Hannah. *The Human Condition*. Chicago: University of Chicago Press, 1958. chapters I and II; Oakeshott, Michael. *On Human Conduct*. Oxford: Clarendon Press, 1975. 109-11쪽; and Rawls, John. *A*

사람들 간에 결과적으로 생기는 발전의 불균형을 이야기하는 롤스의 입장을 수정해서, 마르타 누스바움(Martha C. Nussbaum : 1947-)은 경제학자 아마르티아 센(Amartya Sen)과 함께 특히 가난한 비서구권 나라들의 여성들에게 권한을 부여할 정책들을 제안한다. 이렇게 정책 위주로 아리스토텔레스를 사용하는 것과 대조적으로, 알래스데어 매킨타이어(Alasdair MacIntyre : 1929-)는 아리스토텔레스의 정치적 이상들은 전후관계상 그것들이 특정한 구조를 갖고 있는 공동체에 의존하고 있기 때문에, 현대인들에게 접근될 수 없다고 생각한다.[54] 이러한 예들은 아리스토텔레스가 해석되는 무수한 방식들 가운데 단순한 샘플에 불과한 것들이다. 그리고 이것들은, 자극적인 모든 이차 문헌이 그렇듯이, 독자들에게 『정치학』 원전으로 돌아가 제안된 해석들을 확증하거나 논박하도록 요구한다.

Theory of Justice. Cambridge : Harvard University Press, 1971. 92, 424-33쪽을 참조하라.

[54]　Nussbaum, Martha C. and Sen, Amartya. *The Quality of Life.* Oxford : Oxford University Press, 1933 ; MacIntyre, Alasdair. *After Virtue : A Study in Moral Theory.* Notre Dame : University of Notre Dame Press, 1981 and *Whose Justice? Which Rationality?* Notre Dame : University of Notre Dame Press. 1988을 참조하라.

더 읽어야 할 책들

I. 『정치학』 권장 판본들과 번역서들

Politics. Trans. Ernest Barker. Oxford: Clarendon, 1968.

_____. Ed. Alois Dreizehnter. Studia et Testmonia Antiqua VII. Munich: Wilhelm Fink Verlag, 1970.

_____. Trans. Carnes Lord. Chicago: University of Chicago Press, 1984.

_____. 4 vols. Ed. W. L. Newman. Oxford: Clarendon, 1887–1902. Rpt. Arno Press, 1973.

_____. Trans. H. Rackham. Loeb Classical Library, 1944.

II. 『정치학』에 대한 일반 해설서

Barker, E. *The Political Thought of Plato and Aristotle*. New York: Dover, 1959.

Barnes, Jonathan. *Aristotle*. New York: Oxford University Press, 1982.

Bien, Günter. *Die Grundlegung der politischen Philosophie bei Aristoteles*. Freiburg/Munich: Verlag Karl Alber, 1973.

Coby, Patrick. 'Aristotle's Four Conceptions of Politics'. *Western Political Quarterly* 39, no. 3 (1986): 480–503.

Cooper, John M. *Reason and Human Good in Aristotle*. Indianapolis: Hackett, 1986.

Davis, Michael. *The Politics of Philosophy: A Commentary on Aritotle's Politics*. Lanham, MD: Rowman & Littlefield, 1996.

Frank, Jill. *A Democracy of Distinction: Aristotle and the Work of Politics*. Chicago: University of Chicago Press, 2005.

Gadamer, Hans-Georg. *The Idea of the Good in Platonic-Aristotelian Philosophy*. Trans. P. Christopher Smith. New Haven: Yale University Press, 1986.

Grene, Marjorie. *A Portrait of Aristotle*. Chicago: University of Chicago Press, 1963.

Jaffa, Harry V. 'Aristotle'. In *History of Political Philosophy*. 2nd. edn. Ed. Leo Strauss and Joseph Cropsey. Chicago: University of Chicago Press, 1972. pp. 64-129.

Keyt, David. 'Three Fundamental Theorems in Aristotle's Politics'. *Phronesis* 32, no. 1 (1987): 54-79.

Kraut, Richard. *Aristotle: Political Philosophy*. Oxford: Oxford University Press, 2002.

Lord, Carnes. 'Aristotle'. In *History of Political Philosophy*. 3rd edn. Ed. Leo Strauss and Joseph Cropsey. Chicago: University of Chicago Press, 1987. pp. 118-54.

_____. 'The Character and Composition of Aristotle's Politics'. *Political Theory* 9, no. 4 (1981): 459-78.

Morall, John B. *Aristotle*. London: George Allen & Unwin, 1977.

Mulgan, Richard. *Aristotle's Political Theory: An Introduction for Students of Political Theory*. Oxford: Clarendon, 1977.

Pellegrin, Pierre. 'La "Politique" d'Aristote: Unité et fractures éloge de la lecture sommaire', *Revue Philosophique de la France et de L'étranger* 177, no. 2 (1987): 129–59.

Randall, John Herman, Jr. *Aristotle*. New York: Columbia University Press, 1960.

Riedel, Manfred. *Metaphysik und Metapolitik: Studien zu Aristoteles und zur politischen Sprache der neuzeitlichen Philosophie*. Frankfurt am Main: Suhrkamp Verlag, 1975.

Ritter, Joachim. *Metaphysik und Politik: Studien zu Aristoteles und Hegel*. Frankfurt am Main: Suhrkamp Verlag, 1969.

Romilly, Jacqueline de. *La loi dans La pensée grecque: Des origines à Aristote*. Paris: Société d'Édition 'Les Belles Lettres', 1971.

Ross, W. D. *Aristotle: A Complete Exposition of His Works and Thought*. New York: Meridian, 1959.

Salkever, Stephen G. *Finding the Mean: Theory and Practice in Aristotelian Political Philosophy*. Princeton: Princeton University Press, 1990.

Schmidt, James. 'A Raven with a Halo: The Translation of Aristotle's Politics'. *History of Political Thought* 7, no. 2 (1986): 295–319.

Simpson, Peter L. Phillips. *A Philosophical Commentary on the 'Politics' of Aristotle*. Chapel Hill, N.C.: University of North Carolina Press, 1998.

Smith, Steven B. 'Goodness, Nobility, and Virtue in Aristotle's Political Science'. *Polity* 19, no. 1 (1986): 5–26.

Strauss, Leo. 'On Aristotle's Politics'. Chapter 1 in *The City and Man*. Chicago: University of Chicago Press, 1964.

Swanson, Judith A. *The Public and the Private in Aristotle's Political Philosophy*. Ithaca: Cornell University Press, 1992.

Voegelin, Eric. *Plato and Aristotle*, vol. 3 of *Order and History*. Baton Rouge: Louisiana State University Press, 1957.

III. 윤리학과 정치학 사이의 관계

Adkins, A. W. H. 'The Connection between Aristotle's *Ethics* and *Politics*'. *Political Theory* 12, no. 1 (1984): 29–49.

Aristotle. *The Nicomachean Ethics*. Trans. David Ross. Rev. ed. Oxford: Oxford University Press, 1980.

Bodéus, Richard. *Le philosophe et la cité: Recherches sur les rapports entre morale et politique dans la pensée d'Aristote*. Paris: Société d'Edition 'Les Belles Lettres', 1982.

Irwin, T. H. 'Moral Science and Political Theory in Aristotle'. *History of Political Thought* 6, no. 1/2 (1985): 150–68.

Vander Waerdt, P. A. 'The Political Intention of Aristotle's Moral Philosophy'. *Ancient Philosophy* 5, no. 1 (1985): 77–89.

IV. 자연의 주제

Ambler, Wayne H. 'Aristotle's Understanding of the Naturalness of the City'. *The Review of Politics* 47, no. 2 (1985): 163–85.

Aristotle. *Metaphysics*. Trans. Hugh Tredennick. Cambridge: Harvard University Press, 1933, 1935.

Voegelin, Eric. 'What is Right by Nature?' In *Anamnesis*. Trans. and ed. Gerhart Niemeyer. Notre Dame: University of Notre Dame Press, 1978. pp. 55–70.

V. 가정과 여자

Booth, William James. 'The New Household Economy'. *American Political Science Review* 85, no. 1 (1991): 59–75.

_____. 'Politics and the Household: A Commentary on Aristotle's *Politics* Book One'. *History of Political Thought* 2, no. 2 (1981): 203–26.

Clark, Stephen R. L. *Aristotle's Man: Speculations upon Aristotelian Anthropology*. Oxford: Clarendon, 1975.

_____. 'Aristotle's Woman'. *History of Political Thought* 3, no. 2 (1982): 177–91.

Elshtain, Jean Bethke. 'Aristotle, the Public–Private Split, and the Case of the Suffragists'. In *The Family in Political Thought*. Ed. Jean Bethke Elshtain. Amherst: University of Massachusetts Press, 1982. pp. 51–65.

Fortenbaugh, W. W. 'Aristotle on Slaves and Women'. In *Ethics and Politics*, vol. 2 of *Articles on Aristotle*. Ed. Jonathan Barnes, Malcolm Schofield, and Richard Sorabji. London: Gerald Duckworth, 1977. pp. 135–9.

Horowitz, Maryanne Cline. 'Aristotle and Woman'. *Journal of the History of Biology* 9, no. 12 (1976): 183–213.

Keuls, Eva C. *The Reign of the Phallus: Sexual Politics in Ancient Athens*. New York: Harper & Row, 1985.

Lacey, W. K. *The Family in Classical Greece*. Ithaca: Cornell University Press, 1968.

Loraux, Nicole. *Les enfants d'Athena: Idées athéniennes sur la citoyenneté et la division des sexes*. Paris: François Maspero, 1981.

Morsink, Johannes. 'Was Aristotle's Biology Sexist?' *Journal of the History of Biology* 12, no. 1 (1979): 83–112.

Saxonhouse, Arlene W. 'Family, Polity, and Unity: Aristotle on Socrates' Community of Wives'. *Polity* 15, no. 2 (1982): 202–19.

Swanson, Judith A. 'Aristotle on Nature, Human Nature, and Justice: A Consideration of the Natural Functions of Men and Women in the City'. In *Action and Contemplation: Studies in the Moral and Political Thought of Aristotle*, ed. Robert C. Bartlett and Susan D. Collins. Albany, NY: State University of New York Press, 1999. pp. 225–47.

_____. Review Essay of *Feminist Interpretations of Aristotle*, ed. Cynthia A. Freeland. *Ancient Philosophy* 20 (2000): 501–13.

VI. 노예제, 획득과 공적 경제

Ambler, Wayne H. 'Aristotle on Acquisition'. *Canadian Journal of Political Science* 27, no. 3 (1984): 486–502.

_____. 'Aristotle on Nature and Politics: The case of Slavery'. *Political Theory* 15, no. 3 (1987): 390–410.

Castoriadis, Cornelius. 'From Marx to Aristotle, from Aristotle to Us', *Social Research* 45, no. 4 (1978): 667–738.

Dobbs, Darrell. 'Aristotle's Anticommunism'. *American Journal of Political Science* 29, no. 1 (1985): 29–46.

_____. 'Natural Right and the Problem of Aristotle's Defense of Slavery', *The Journal of Politics* 56, no. 1 (1994): 69–94.

Finley, M. I. *The Ancient Economy*. 2nd edn. Berkeley: University of California Press, 1985.

_____. 'Aristotle and Economic Analysis'. In *Ethics and Politics*, vol. 2 of *Articles on Aristotle*. Ed. Jonathan Barnes, Malcolm Schofield, and Richard Sorabji. London: Gerald Duckworth, 1977. pp. 140–58.

Mansfield, Harvey C., Jr. 'Marx on Aristotle: Freedom, Money, and Politics'. *Review of Metaphysics* 34, no. 2 (1980): 361–67.

Meikle, Scott. 'Aristotle and the Political Economy of the Polis'. *Journal of the Hellenic Studies* 99 (1979): 57–73.

Nichols, Mary P. 'The Good Life, Slavery, and Acquisition: Aristotle's Introduction to Politics'. *Interpretation: A Journal of Political Philosophy* 2, no. 2 (1983): 171–83.

Polanyi, Karl. 'Aristotle Discovers the Economy'. In *Primitive, Archaic, and Modern Economies: Essays of Karl Polanyi*. Ed. George Dalton. Boston: Beacon, 1968. pp. 78–115.

VII. 시민권과 정치적 지배

Collins, Susan D. *Aristotle and the Rediscover of Citizenship*. Cambridge: Cambridge University Press, 2006.

Develin, Robert. 'The Good Man and the Good Citizen'. *Phronesis* 18, no. 1 (1973): 71–9.

Faulkner, Robert. 'The Gentleman-Statesman: Aristotle's(Complicated) Great-Souled Man'. Chapter 2 in his *The Case for Greatness: Honorable Ambition and Its Critics*. New Haven: Yale University Press, 2007.

Frede, Dorothea. 'Citizenship in Aristotle's Politics'. In *Aristotle's Politics: Critical Essays*. Ed. Richard Kraut and Steven Skultety. Lanham, MD: Rowman & Littlefield, 2005. pp. 167–84.

Mansfield, Harvey C., Jr. 'Aristotle: The Executive as Kingship'. Chapter 2 in his *Taming the Prince: The Ambivalence of Modern Executive Power*. New York: The Free Press, 1989.

Mulgan, Richard. 'Aristotle and the Value of Political Participation'. *Political Theory* 18, no. 2 (1990): 195-215.

Schofield, Malcolm. 'Sharing in the Constitution'. *Review of Metaphysics* 49 (1995-1996): 831-58.

Swanson, Judith A. 'Prudence and Human Conduct: A Comparison of Aristotle and Oakeshott'. In *Vernunft und Ethik im politischen Denken Michael Oakeshotts*. Ed. Michael Henkel/Oliver Lembcke. Darmstadt: Wissenschaftliche Buchgesellschaft, 2009.

Zuckert, Catherine H. 'Aristotle on the Limits and Satisfactions of Political Life'. *Interpretation: A Journal of Political Philosophy* 2, no. 2 (1983): 185-206.

VIII. 정의, 법, 정체(政體) 유형들과 정체 변화

Brunschwig, Jacques. 'Du mouvement et de l'immobilité de la loi'. *Revue Internationale de Philosophie* 34, no. 133-34 (1980): 512-40.

Gagarin, Michael. *Early Greek Law*. Berkeley: University of California Press, 1986.

Kalimtzis, Kostas. *Aristotle on Political Enmity and Disease: An Inquiry Into Stasis*. Albany, NY: State University of New York, 2000.

Lindsay, Thomas. 'Aristotle's Qualtified Defence of Democracy through "Political Mixing."' *The Journal of Politics* 54 (1992): 101-19.

MacDowell, Douglas M. *The Law in Classical Athens*. London: Thamas and

Hudson, 1978.

Mansfield, Harvey C., Jr. 'Aristotle: The Absent Executive in the Mixed Reigme'. Chapter 3 in his *Taming the Prince: The Ambivalence of Modern Executive Power*. New York: The Free Press, 1989.

Mulgan, Richard. 'Aristotle's Analysis of Oligarchy and Democracy'. In *A Companion to Aristotle's* Politics. Ed. David Keyt and Fred D. Miller, Jr. Oxford: Blackwell, 1991. pp. 307–22.

Newell, W. R. 'Superlative Virtue: The Problem of Monarchy in Aristotle's "Politics."' *Western Political Quarterly* 40, no. 1 (1987): 159–78.

Ober, Josiah. 'Aristotle's Natural Democracy'. In *Aristotle's Politics: Critical Essays*. Ed. Richard Kraut and Steven Skultety. Lanham, MD: Rowman & Littlefield, 2005. pp. 223–43.

Ostwald, Martin. *From Popular Sovereignty to the Sovereignty of Law: Law, Society, and Politics in Fifth–Century Athens*. Berkeley: University of California Press, 1986.

_____. 'Was There a Concept *agraphos nomos* in Classical Greece? In *Exegesis and Argument: Studies in Greek Philosophy Presented to Gregory Vlastos*. Ed. E. N. Lee, A. P. D. Mourelatos, and R. M. Rorty. Assen: Van Gorcum, 1973. pp. 70–104.

Polin, Raymond. *Plato and Aristotle on Constitutionalism: An Exposition and Reference Source*. Brookfield, VT: Ashgate Publishing Company, 1998.

Swanson, Judith A. 'Aristotle on Public and Private Liberality and Justice'. In *Aristotelian Political Philosophy Volume I*. Ed. K. I. Boudouris. Athens: International Center for Greek Philosophy and Culture & K. B., 1995. pp. 199–212.

_____. 'Aristotle on How to Preserve a Regime: Maintaining Precedent, Privacy, and Peace through the Rule of Law'. In *Justice v. Law in Greek Political Thought*. Ed. Leslie G. Rubin. Lanham, MD: Rowman & Littlefield Publishers, Inc., 1997. pp. 153-82.

_____. 'Aristotle on Liberality: Its Relation to Justice and Its Public and Private Practice'. *Polity: The Journal of the Northeastern Political Science Association* 27 (Fall 1994): 3-23.

Winthrop, Delba. 'Aristotle on Participatory Democracy'. *Polity* 11, no. 2 (1978): 151-71.

IX. 최선의 정체

Bartlett, Robert C. 'The "Realism" of Classical Political Science: An Introduction to Aristotle's Best Regime'. In *Action and Contemplation: Studies in the Moral and Political Thought of Aristotle*. Ed. Robert C. Bartlett and Susan D. Collins. Albany, NY: State University of New York Press, 1999. pp. 293-313.

Huxley, George. 'On Aristotle's Best State'. *History of Political Thought* 6, no. 1/2 (1985): 139-49.

List, Charles J. 'The Virtues of Wild Leisure'. *Environmental Ethics* 27 (2005): 355-73.

Lord, Carnes. *Education and Culture in the Political Thought of Aristotle*. Ithaca: Cornell University Press, 1982.

Mara, Gerald M. 'The Role of Philosophy in Aristotle's Political Science'. *Polity* 19, no. 3 (1987): 375-401.

Solmsen, Friedrich. 'Leisure and Play in Aristotle's Ideal State'. *Rheinisches*

Museum fur Philogie 107 (1964): 193–220.

Stocks, John Leofric. ʼScholeʼ. *Classical Quarterly* 30 (1936): 177–87.

Vander Waerdt, P. A. ʼKingship and Philosophy in Aristotleʼs Best Regimeʼ. *Phronesis* 30, no. 3 (1985): 249–73.

찾아보기